Baltikum

Wegweiser zur Geschichte

Begründet vom
Militärgeschichtlichen Forschungsamt

Herausgegeben vom
Zentrum für Militärgeschichte und
Sozialwissenschaften der Bundeswehr

Wegweiser zur Geschichte
Baltikum

Im Auftrag des
Zentrums für Militärgeschichte und
Sozialwissenschaften der Bundeswehr
herausgegeben von

Bernd Lemke

unter Mitarbeit von
Stefan Maximilian Brenner, Thomas Martinez Perez
und Ole Christian Schneider

FERDINAND SCHÖNINGH 2018

Umschlagabbildung: Besucher der Auftaktveranstaltungen am 29. Juni 2017 anlässlich der EU-Ratspräsidentschaft Estlands vom 1. Juli bis 31. Dezember 2017 mit Flaggen der EU und Estlands. *picture alliance/ZUMAPRESS.com*

Bibliografische Information der Deutschen Nationalbibliothek

Die Deutsche Nationalbibliothek verzeichnet diese Publikation in der Deutschen Nationalbibliografie; detaillierte bibliografische Daten sind im Internet über www.dnb.de abrufbar.

Internet: www.schoeningh.de

Redaktion und Projektkoordination:
Zentrum für Militärgeschichte und Sozialwissenschaften der Bundeswehr, Fachbereich Publikationen (0860-01)
Koordination, Lektorat, Bildrechte: Michael Thomae
Satz und Layout: Carola Klinke
Karten und Grafiken: Daniela Heinicke, Frank Schemmerling

Druck und Bindung: Druckhaus Plagge GmbH, Meppen

ISBN 978-3-506-79331-7

Inhalt

Vorwort 9
Einleitung 11

I. Historische Entwicklungen

Vorgeschichte und Dunkles Zeitalter 15
Uwe Sperling

Litauen und Livland im Mittelalter 23
Anti Selart

Der Deutsche Orden in Preußen und in Livland 33
Klaus Militzer

Das Baltikum in der Frühen Neuzeit 45
Ralph Tuchtenhagen

Aufstieg und Niedergang benachbarter Mächte 57
Martin Meier

Die baltische Region im Russischen Reich 1795 bis 1917 67
David Feest

Die Entstehung Estlands, Lettlands und Litauens 1917 bis 1920 79
Karsten Brüggemann

Die baltischen Staaten in der Zwischenkriegszeit 91
Kaarel Piirimae

Begegnungsraum oder Brückenkopf? Ostpreußen und das Memelland 1918 bis 1945 101
Bernd Lemke

Das Baltikum im Zweiten Weltkrieg 109
Rolf-Dieter Müller

Verfolgung und Vernichtung der Juden im Baltikum 121
Jochen Tauber

Die baltischen Republiken während des Kalten Krieges 131
Kaarel Pirimae

II. Strukturen und Lebenswelten

Die Unabhängigkeit Estlands, Lettlands und Litauens 1990/91 141
Bernd Lemke

Wirtschaft, Gesellschaft und soziale Entwicklung in den baltischen Staaten seit der Unabhängigkeit 147
Rolf Winkelmann

Kirchen und religiöse Gruppen im Baltikum 159
Aušrelė Pažėraitė

Kultur in den baltischen Staaten 171
Kevin C. O'Connor

Ethnische Minderheiten und Minderheitenpolitik in Estland, Lettland und Litauen 181
Katja Wezel

Die NATO-Erweiterung und die baltischen Staaten 191
Mark Webber

Geopolitische Ziele der Russischen Föderation 203
Derek Averre

Die Bedeutung der Exklave Kaliningrad für die Russische Föderation 213
Ingmar Oldberg

Die Auswirkungen der hybriden Kriegführung Russlands auf die Sicherheit der baltischen Staaten 217
Gediminas Vitkus

Baltische Freiwilligenverbände: Paramilitärischer Heimatschutz als Antwort auf hybride Kriegführung? 227
Stefan Maximilian Brenner

Die Sicherheit Mitteleuropas aus der Perspektive Polens 233
Justyna Zając

Regionale Akteure östlich des NATO-Bündnisses: Aserbaidschan, Armenien, Georgien, Ukraine 241
Kamal Makili-Aliyev

Der Ostseeraum im Spannungsfeld geostrategischer Interessen 253
Robin Allers und Paal Sigurd Hilde

Anhang

Geschichte im Überblick 262
Kalender 275
Erinnerungsorte 277
Literatur und neue Medien 282
Abkürzungen 298
Register 300

Vorwort

Die baltischen Staaten fanden in den letzten Jahren immer stärkere Beachtung in der Öffentlichkeit. Dies geht nicht zuletzt auf die Entwicklung in Osteuropa zurück, die durch den Konflikt im Osten der Ukraine und vor allem durch die völkerrechtswidrige Besetzung der Krim durch Russland im Februar 2014 geprägt ist. Estland, Lettland und Litauen gehören zwar seit 2004 zur NATO und zur EU, sind aber von den Konflikten jenseits der Bündnisgrenzen aufgrund ihrer Geschichte als ehemalige Sowjetrepubliken und ihrer geografischen Lage in erheblichem Ausmaß betroffen. Bereits der kurze Krieg zwischen Russland und Georgien im Jahr 2008 hat zur Beunruhigung beigetragen.

Die NATO hat sich daher auf ihrem Gipfel in Warschau im Juli 2016 entschlossen, im Rotationsverfahren Truppen nach Estland, Lettland und Litauen zu schicken, um Bündnissolidarität zu demonstrieren und Unterstützung zu leisten (Enhanced Forward Presence). Dadurch soll der politisch-diplomatischen Position der Allianz der nötige Nachdruck verliehen werden. Auch die seit 2015 bestehende Eingreiftruppe, die Very High Readiness Joint Task Force, die wiederum der NATO Response Force unterstellt ist, dient diesen Zielen. Sie kann bei Bedarf rasch in entsprechende Einsatzräume verlegt werden. Mit diesen Instrumentarien, die auf Vorläufer und Traditionen der NATO seit den 1960er Jahren zurückgreifen (die Allied Mobile Force), soll den baltischen Bündnispartnern mehr Sicherheit vermittelt und die Lage in der Region insgesamt stabilisiert werden.

Die deutschen Soldatinnen und Soldaten, die sich im Rahmen der NATO an diesen Missionen beteiligen, müssen sich mit der komplexen Entwicklung des Baltikums in Vergangenheit und Gegenwart vertraut machen. Diesem Ziel dient das neueste Werk aus der bewährten Reihe »Wegweiser zur Geschichte«. Der vorliegende Band ist insofern ein Novum, als erstmals NATO-Nationen behandelt werden, die darüber hinaus Teil der Ostseeregion sind, deren Anrainer neben anderen Staaten die Bundesrepublik Deutschland ist. Von daher ist das Buch auch für eine breite zivile Leserschaft von Interesse.

Für die Erarbeitung des Bandes danke ich zunächst dem Herausgeber Dr. Bernd Lemke sowie Major Dr. Stefan Maximilian Brenner, Thomas Martinez Perez (Potsdam) und Ole Christian Schneider (Berlin) für ihre Mitarbeit. Für das Lektorat zeichnet Michael Thomae verantwortlich. Den Satz übernahm Carola Klinke, die Karten und Grafiken wurden von Daniela Heinicke und Frank Schemmerling erstellt. Vor allem aber danke ich den Autorinnen und Autoren, die durch ihre Beiträge dieses Buch erst ermöglicht haben. Dem »Wegweiser zur Geschichte. Baltikum« sowie der ganzen Reihe wünsche ich viel Erfolg.

Dr. Jörg Hillmann
Kapitän zur See und Kommandeur
des Zentrums für Militärgeschichte
und Sozialwissenschaften der Bundeswehr

Einleitung

Die baltischen Staaten und Völker sind integraler Bestandteil der europäischen und auch der deutschen Geschichte. Geprägt nicht zuletzt durch die geografische und geopolitische Grundsituation, standen die Menschen auf dem Gebiet der heutigen Staaten Estland, Lettland und Litauen in stetem Kontakt mit anderen Völkern bzw. Volksgruppen. Sie unterlagen daher immer Einflüssen von außen, auch in Form zahlreicher Kriege und kriegerischer Konflikte. Die Bevölkerung verstand es indes, eigene Traditionen zu pflegen, trotz massiver Bestrebungen von Nachbarmächten, ihre Kultur dort durchzusetzen.

Bereits die Vor- und Frühgeschichte zeigt deutliche Einflüsse anderer Kulturkreise, bedingt etwa durch den Handel der Wikinger mit Russland und sogar dem Orient. Die mittelalterliche Geschichte wurde nachhaltig durch die Tätigkeit des Deutschen Ordens geprägt. Unter dessen Herrschaft wanderten viele Deutsche ein, die insbesondere in Estland und Lettland über Jahrhunderte die Oberschicht bildeten. In Litauen setzten sich dagegen polnische Einflüsse durch. Gerade der litauische Adel näherte sich kulturell der benachbarten Aristokratie an und verschmolz teilweise mit ihr. Seit dem 14. Jahrhundert gewann die polnisch-litauische Union immer mehr an Boden. Sie entwickelte sich zu einer frühneuzeitlichen Großmacht, die im 15. Jahrhundert den zunehmend durch innere Kämpfe geschwächten Deutschen Orden besiegte und durch erhebliche Gebietszuwächse schließlich bis vor Moskau reichte. Doch diese Union zerfiel infolge ständiger Verwicklungen in Kriege sowie wegen innerer Zerwürfnisse. So machte sie den aufsteigenden Nachbarmächten Platz. Das weitere Schicksal der baltischen Region entschied sich im 18. Jahrhundert, als Russland die bisherige Großmacht Schweden besiegte und die polnischen Teilungen von 1772, 1793 und 1795 durch Österreich, Russland und Preußen neue Verhältnisse schufen. Neben Russland, das sich das Baltikum einverleibte, profitierte vom Niedergang Schwedens und der polnisch-litauischen Union insbesondere das aufstrebende Preußen, das mit Ostpreußen über eine direkte Landbrücke ins Baltikum verfügte.

Das 19. Jahrhundert war einerseits vom Bemühen des Zarentums geprägt, die baltischen Völker mittels Sprache und Religion näher an Russland zu binden. Andererseits entstand ein baltisches Nationalbewusstsein, das vor allem von bäuerlichen Kleinbesitzern, städtischen Gewerbetreibenden und Intellektuellen getragen wurde. Im 20. Jahrhundert wurde die Region, wie ganz Europa, von Krieg, Revolution und Zerstörung erfasst. Im Ersten Weltkrieg verliefen die Frontlinien mitten durch das Baltikum; später war es Schauplatz wechselvoller Kämpfe zwischen Freikorps und bolschewistischen Truppen.

Die Niederlage der Mittelmächte 1918 und der Versailler Vertrag führten erstmals in der Geschichte zur Gründung der eigenständigen baltischen Staaten Estland, Lettland und Litauen. Die Zeit zwischen 1918 und 1940 ist, obwohl die drei Völker erhebliche Probleme zu gewärtigen hatten, bis heute ein wichtiger Aspekt des nationalen Bewusstseins.

In den 1930er Jahren wurden die baltischen Staaten rasch in den Auseinandersetzungen der totalitären Diktaturen zerrieben. Sie fielen, und dies trägt durchaus Züge bitterer Ironie, dem einzigen bedeutenderen Abkommen zwischen Deutschland und der Sowjetunion, dem Hitler-Stalin-Pakt, zum Opfer. Die Niederlage des nationalsozialistischen Deutschland 1945 führte erneut zur Eingliederung in die Sowjetunion. Diese ging wie im 19. Jahrhundert einher mit massiven Anstrengungen zur Russifizierung.

Eine neuerliche Wende kam mit den Reformen durch Michail Gorbatschow und mit dem Untergang der Sowjetunion. Schon vor 1989/90 strebten die baltischen Völker aktiv nach ihrer Unabhängigkeit, beispielsweise während der »Singenden Revolution«. Jedoch blieben sie von der strategisch-politischen Gesamtlage abhängig. Mit ihren Forderungen nach Unabhängigkeit trugen sie jedoch zum Zusammenbruch der Sowjetunion bei. Mit deren Zerfall 1991 erhielten sie endgültig ihre Unabhängigkeit. 2004 traten die baltischen Republiken der NATO und der EU bei.

Heute sind Estland, Lettland und Litauen westlich orientierte Staaten und Nationen, die jedoch in unmittelbarer Randlage zur Großmacht Russland liegen, militärstrategisch vielleicht ein wenig vergleichbar mit der Lage Berlins bis 1989. Nicht ignoriert werden dürfen die große wirtschaftliche Abhängigkeit von Russland, insbesondere in Rohstofffragen, die vor allem in Estland und Lettland zahlenmäßig starken russischen Minderheiten sowie die Beziehungen zu anderen Nachfolgestaaten der Sowjetunion, mit denen sich die baltischen Staaten besonders verbunden fühlen. Diese Aspekte werden in eigenen Beiträgen gewürdigt. Die geografische Dimension darf ebenfalls nicht vernachlässigt werden. Vilnius, die westlichste der baltischen Hauptstädte, liegt doppelt so weit von Brüssel entfernt wie von Moskau.

Der Band umfasst 25 Beiträge, ist ausgestattet mit reichhaltigem Bild- und Kartenmaterial sowie mit Infokästen zu markanten Aspekten. Eine Auswahl an wissenschaftlicher und belletristischer Literatur, an Internetadressen und Filmen, ein Verzeichnis der wichtigsten Gedenk- und Feiertage sowie bedeutender Erinnerungsorte bieten Möglichkeiten zu weiterer Beschäftigung und Vertiefung. Abgeschlossen wird die Publikation mit einem chronologischen Überblick zur Geschichte des Baltikums und einer Klappkarte zu den Erinnerungsorten.

Wie jeder Band der Reihe ist auch dieser in zwei Hauptteile gegliedert. Im historischen Teil (rot) wird die geschichtliche Entwicklung auf breiter Basis dargestellt. Der Teil »Strukturen und Lebenswelten« (blau) bietet, aufbauend auf dem roten Teil, aktuelle Information zur sozialen, wirtschaftlichen, politischen und religiösen Lage in den drei Ländern. Dabei sollen auch die unterschiedlichen Mentalitäten in den Blick genommen werden.

Jeder Wegweiser kann von der Homepage des ZMSBw heruntergeladen (http://www.zmsbw.de/html/einsatzunterstuetzung/) und im Buchhandel erworben werden.

Es würde hier zu weit führen, allen zu danken, die sich um diesen Wegweiser verdient gemacht haben. Gar zu lang wäre die Liste der zu bedenkenden Personen geworden. Ich danke an dieser Stelle aufrichtig und von Herzen allen, die direkt oder indirekt zum Entstehen dieses Bandes beigetragen haben.

Es ist beabsichtigt, die Bände der Wegweiser-Reihe entsprechend den Notwendigkeiten und Entwicklungen zu aktualisieren. Wir freuen uns daher über Anregungen und Kritik, wofür die Kontaktdaten auf der vorderen Umschlaginnenseite des Bandes genutzt werden können.

Bernd Lemke

akg-images/World History Archive

Aus der Vor- und Frühgeschichte des Baltikums sind praktisch keine Schriftquellen überliefert. Die Hinterlassenschaft besteht im Wesentlichen aus Artefakten, Denkmälern, Fundplätzen und Kulturlandschaften, also aus archäologischen Quellen. Die Kontextualisierung und Analyse, etwa mit naturwissenschaftlichen Methoden, kann diese Quellen indirekt historisch lesbar machen.

Als Naturraum ist das Baltikum relativ uneinheitlich in Bezug auf Klima und Landschaftsformen. Die topografischen Faktoren beeinflussten die Siedlungs- und Wirtschaftsweisen, und damit die jeweilige materielle und geistige Kultur. Die Formen und Wege der Wechselbeziehungen des Baltikums mit anderen Regionen, zu denen neben europäischen Gebieten zeitweise auch Teile des Orients gehörten, waren auch deshalb unterschiedlich. Ein Beispiel für solche Interaktionen sind islamische Silbermünzen wie die hier abgebildeten. Sie wurden in Lettland gefunden. Eine der Münzen (rechts) wurde mit christlichen Symbolen, einem Kreuz und einem Vogel, überprägt.

Vorgeschichte und Dunkles Zeitalter

Das Baltikum als westlicher Ausläufer der osteuropäischen Tiefebene hat ein merkliches Klimagefälle: Die Ostsee prägt Wetter und Witterung der Küsten- und Inselgegenden, und das kontinentale Ostklima aus der russischen Tiefebene sorgt seinerseits für extremere jahreszeitliche Temperaturen im baltischen Binnenland. Die Landschafts- und Vegetationsformen (und die Bodenqualität) sind Folgen der eiszeitlichen Vergletscherung und des Eismassendrucks. Die hügeligen Landschaften der Jung- und Endmoränen im Zentral- und Südbaltikum haben die ackerbaulich besten Böden. Der Norden und der Nordwesten des heutigen Estland sind dagegen ausgesprochen flach. Die Landschaft dort hat nur eine dünne Bodendecke auf Karstuntergrund, die nur eingeschränkt Ackerbau zuließ. Noch bis in das Spätmittelalter hinein war der Großteil der Region dicht bewaldet. Erst danach folgte die Rodung und Urbarmachung größerer Flächen.

Das Baltikum als Siedlungsraum

Das Baltikum wurde seit dem Spätpaläolithikum (10./9. Jt. v.Chr.) bevölkert. Bis in die Jungsteinzeit (3. Jt. v.Chr.) waren die Flüsse, Seen und Waldgebiete wichtigste Nahrungserwerbsquellen. Noch im 5. Jt. v.Chr. spezialisierten sich die im Baltikum siedelnden Menschengruppen vorwiegend auf Fisch- und Robbenfang. Daneben ist lediglich die Elchjagd nachgewiesen. Die Träger der mesolithischen Kunda-Kultur (7.–5. Jt. v.Chr.) in Estland, Lettland und Nordlitauen hinterließen an Siedlungsplätzen wie Kunda und Zvejnieki hochspezialisierte Geräte und Jagdwaffen aus Knochen und Elchgeweih (Fischspeere, Harpunen u.a.). Ab etwa 4000 v.Chr. kamen sporadische Ackerbautätigkeiten hinzu (Fundplatz Sventoij: Hanf- und Hirsekörner). Hausrind, Pferd und Hausschwein sind in dieser Zeit ebenfalls für einige Plätze nachgewiesen (Šventoji und Kretuonas-See). Es blieb bei der Präferenz der Siedlungen in Gewässernähe.

In der Zeit der für ihre frühe Keramik (reichverzierte spitzbödige Töpfe) bekannten Narva-Kultur (6.–4. Jt. v.Chr.) entwickelten die Menschen ihre Fang- und Jagdtechniken und richteten ihre Lebensweisen noch stärker auf Ressourcen aus den Gewässern aus. Die Flüsse und Seen wurden auch hydrologisch-biologisch zu ergiebigeren Nahrungsquellen (größere Artenvielfalt). Zum erweiterten Speiseplan und der Erschließung neuer Siedlungsräume kamen neue Transport- und Interaktionsmöglichkeiten über Gewässernetze. Dafür sprechen die Verbreitung von Importgegenständen aus Flint oder Bernstein aus süd- und südwestbaltischen Gebieten und das Auftreten stil- und technikgleicher Keramik im ganzen Baltikum. Erst im 3. Jt. v.Chr. (Zeit der Schnurkeramik und der bootsförmigen Steinäxte) wurde hier neben dem Fischfang zunehmend gemischte Landwirtschaft praktiziert (Viehhaltung, ergänzend Feldbau). Wohnplätze wurden dauerhafter bewohnt. Das spätneolithische Schnurkeramik-Phänomen steht für einen sich intensivierenden Kulturaustausch, u.a. durch Migration, mit allmählichen Differenzierungen im Siedlungswesen.

In der Folgezeit wurden die Menschen dieser Ostseeregion insgesamt mehr und mehr Viehzüchter und Bauern. Fischfang und Jagd blieb vorwiegend Sache der Insel- und Küstenbewohner. Erst um 1200 v.Chr. (jüngere Bronzezeit), im europäischen Zusammenhang vergleichsweise spät, traten grundlegende Neuerungen in der Siedlungs- und Wirtschaftsorganisation ein. Es entstanden geschlossene, nun permanent bewohnte, dorfähnliche Siedlungen. Man bringt dies vor allem mit zunehmend agrarisch ausgerichteten Wirtschaftsweisen in Verbindung und mit differenzierten, vermutlich erblichen oder besitzrechtlichen Verhältnissen der Menschen zu Land und Boden sowie mit agrartechnischen Neuerungen. In Estland gelang der Nachweis ältester Feldflursysteme (Baltic fields) für diese Zeit. In der späten Bronzezeit entstanden befestigte Höhensiedlungen, stets in verkehrsstrategisch günstiger Küsten- oder Flusslage, mehrere davon entlang der unteren Düna.

Das Baltikum verfügt über keine bedeutenden natürlichen Bodenschätze. Wirtschaftliche Ressourcen boten sich etwa durch den Fischreichtum der Ostsee und der Binnengewässer. In Neolithikum und Bronzezeit trug der Robbenfang im estnisch-lettischen Insel- und Küstenraum maßgeblich zur Lebenserhaltung bei. Die Tran-, Fleisch- und Lederprodukte werden später auch den Gütertausch (etwa Metalle) mit anderen Regionen begünstigt haben. Bewohner des Samlands und des südwestlichen Litauen reagierten ab der Römischen Eisenzeit (1–450 n.Chr.) auf die große Nachfrage nach Bernstein (lat. *glesum*) im Mittelmeerraum. Dort muss eine intensive Sammeltätigkeit eingesetzt haben, die den Kulturaustausch und Importstrom für Jahrhunderte vorantrieb. Bernstein wurde bereits seit der Mittleren Steinzeit in Kult und Religion geschätzt. Zum massenhaft gehandelten Rohstoff wurde das fossile Harz erst nach der Zeitenwende. Später, in der Wikingerzeit (9.–12. Jh.), verhalfen die Eisenerzvorkommen auf Saaremaa zu Wirtschafts- und Handelskraft. Schriftquellen berichten auch von Schiffsbau und Pelzhandel im Baltikum, doch erhaltungsbedingt ist dazu wenig Archäologisches überliefert.

Das Baltikum als Kontaktraum

Ab etwa 2500 v.Chr., dem Schnurkeramik-Horizont, öffnete sich die Region bereits Einflüssen aus Ostmitteleuropa. In der Bronzezeit (1800–500 v.Chr.) wurden die Kontaktnetze erweitert. Bronzen (Kupfer-Zinn-Legierungen) wurden zunächst über den schlesisch-großpolnischen Raum (Aunjetitzer Kultur) in das südliche Baltikum importiert. Metallanalysen an litauischen Bronzen benennen die Ostalpen und die Westkarpaten als geologische Kupferquellen. Später nahmen die Metallimporte ihren Weg über Südskandinavien und das polnische Oder-Weichsel-Gebiet ins Baltikum. Einzelne Bronzefunde kamen aus russischen Regionen entlang der Wolga.

Der Bronzeguss selbst ist im Baltikum für etwa 30 Höhensiedlungen belegt (Gussformen, Tiegel). Dennoch sind nur wenige Bronzen aus Gräbern und Hort- oder Schatzfunden überliefert. In Asva, Ķivutkalns, Brikuļi und Narkūnai ist die massenhafte Herstellung von Lanzenspitzen, Beilen sowie von Hals- und Armringschmuck nachgewiesen. Diese Fundplätze sind deshalb wichtige archäologische Quellen in der Diskussion der sozioökonomischen Rolle und Funktion der Metalle in der Bronzezeit. Um 500 v.Chr., mit Beginn der Vorrömischen Eisenzeit, fanden die Höhensiedlungen ein Ende (Brandhorizonte), und mit ihnen die organisierte Verarbeitung und Verteilung der Bronze.

In einen aktiveren Austausch mit Europa trat das Baltikum im ersten Jahrhundert n.Chr., zunächst über das Samland (heute Oblast Kaliningrad) und das südwestliche Litauen. Jene Küstengegenden gelangten auch in den Fokus römischer Geschichtsschreiber wie Tacitus und Plinius d.Ä.: als von »Aisten« bewohnte Gebiete, in denen das für die Römer so begehrte Bernstein günstig zu erwerben sei. Das südliche Baltikum avancierte von nun an zum wichtigen Rohstofflieferanten. Die »Bernsteinstraße« führte über die untere Weichselregion, mit Handelsplätzen der polnischen Wielbark-Kultur, durch die Mährische Pforte hin zur nördlichen Adriaküste. Das römische Aquileia gilt als Hauptabnehmer des baltischen *glesum*. Den Seeweg nahm der Bernstein über germanische Rheinprovinzen (via Ostsee). Im Gegenzug gelangten römische Münzen, Glasperlen und Fibelschmuck (Fibeln = Gewandnadeln) im 2. und 3. Jh. in küstennahe Gebiete nördlich der Memel (Litauen). Bernsteinschmuck wurde auch im Baltikum verarbeitet, jedoch nicht auf dem Technik- und Produktionsniveau der Plätze in den nördlichen Provinzen des Römischen Reichs oder im Barbaricum.

Im 6. Jh. wurden Verbindungen mit dem Merowingerreich geknüpft. Dafür sprechen Fibeln und Gewandschließen aus dem Mittelrheingebiet, die vermutlich über den Nord-Ostsee-Weg kamen. Es gab auch Verbindungen zum Donauraum und in das Karpatenbecken, wie Grabfunde Litauens mit awarischen Trensen (das Mundstück beim Zaumzeug des Pferdes) und Steigbügeln zeigen. Andere Richtungen weisen in das Dnepr-Gebiet, etwa die vielen im Baltikum begehrten Fibeln mit Email-Einlagen. Die skandinavischen Kontakte ebbten zwischenzeitlich ab, bis es zum Ende der Mittleren Eisenzeit (8. Jh.) auf der kurländischen Halbinsel zu einer verstärkt nordischen Einflussnahme kam, verbunden mit der Ansiedlung neuer Bevölkerungsgruppen aus Gotland und Ostschweden (Gräberfelder von Grobin-Seeburg). Der jüngste Sensationsfund zweier Schiffsbestattungen mit zwei Gruppen aufwendig bewaffneter und von Kampfverletzungen gezeichneter Krieger (8 bzw. 34 Mann) im estnischen Salme zeugt von der militärisch-politischen Präsenz einer mutmaßlich ostschwedischen Kriegerelite auf Saaremaa und in Kurland. Möglicherweise wurde eben diese Insel- und Küstenregion im Bereich der handelsstrategisch wichtigen Dünamündung bereits im 8. Jh. zu einer umkämpften Interessenssphäre seefahrender nordischer Stammesverbände der Svear und Götar.

Geopolitisch wirklich bedeutend wurde das Baltikum erst zu Beginn der Wikingerzeit um 800, als sich Handelsverbindungen (mit Geldverkehr und Märkten) zwischen Nordeuropa und dem alten Russland etablierten. Gemäß den Schatzhorten und Gräbern dieser Zeit müssen die Fernhandelsaktivitäten der Wikinger beträchtliche Auswirkungen auf die Region gehabt haben. Insbesondere Estland entwickelte sich offensichtlich zu einem geopolitisch sensiblen Knotenpunkt: Von hier stammt die höchste Zahl (über 5000) an arabischen Silberdirhems im Baltikum (Prägungen des 10. Jh. aus Samarkand, Taschkent, Bagdad). Der arabische Münzsilberstrom versiegte zur Mitte des 11. Jh. und wurde in der Folge komplett durch deutsche und angelsächsische Denare und Pfennige ersetzt. Das Baltikum beteiligte sich nun aktiv an Entwicklungen auf europäischen Schauplätzen.

Das Baltikum und seine vielen Völker

Das Baltikum wird gern aus der Perspektive einer geopolitischen Randlage gesehen, aber wenig beachtet wird seine Rolle als kultureller und ethnischer Schmelztiegel, nicht zuletzt auch durch die politisch-militärische Präsenz Polens. In dieser topografisch uneinheitlichen Großregion siedelten schon früh ostseefinnische und baltische Gruppen, die über Jahrtausende eigene Sprachen, Dialekte und Identitäten pflegten und entwickelten. Hinter den politischen Ländergrenzen des heutigen Estlands, Lettlands und Litauens stehen mannigfaltige Regionalkulturen, die auch archäologisch überliefert und erforscht sind. Schriftliche Erwähnung finden Stämme der Westbalten erst in römischen Quellen (z.B. Aisten) und jene der Ostbalten und Ostseefinnen einige Jahrhunderte später in skandinavischen Sagas und auf Runensteinen in Verbindung mit Wiking-Fahrten in den Osten. Ab dem 9. Jh. gibt es weitere textliche Nennungen einzelner Regionen und Stämme in den Schriften früher Chronisten (Adam von Bremen und Nestor von Kiew). In Rimberts »Vita Anskarii« wird Kurland mit fünf *civitates* (städtische Siedlungen mit dazugehörigem Umland) erwähnt.

Besiedlung des Baltikums im 12./13. Jahrhundert

Baltische Stämme (Westbalten = orange, Ostbalten = braun)
Finnougrische Stämme
Slawen
Einflussbereich Slawen

Quellen: Großer Historischer Weltaltlas, Mittelalter, 1979; I. Kapleris u.a., Istorija: Vadovėlis 8 klasei, Teil 1, Vilnius 2005; Autor.

Die 1224–1227 verfasste Chronik Heinrichs des Letten berichtet am detailliertesten über die politischen Landschaften und Stämme des Baltikums, vor allem über die inneren Fehden, Raubzüge und Kämpfe in Zeiten der Eroberungs- und Christianisierungsversuche des Deutschen Ordens, der Dänen und Schweden, der Kirche und der russischen Teilfürstentümer. Hunderte Wallburgen auf baltischem Gebiet sind Zeichen politischer Unruhen und früher Zentrumsbildungen. Die für das Mittelalter überlieferte Situation rivalisierender Stammesverbände lässt sich mittels archäologischer Quellen (Gräber, Horte, befestigte Siedlungen) auch auf frühere (schriftlose) Jahrhunderte übertragen, zumal nach der Römischen Eisenzeit gemeinsame kleinregionale Veränderungen in Materialkultur und Bestattungsbräuchen eintraten (z.B. Brand- oder Körperbestattung, Flach- oder Hügelgräber). Seit der Mittleren Eisenzeit (5./6. Jh.) war die Sitte der Waffenbeigabe in Männergräbern (Speer, Hiebschwert, Kampfmesser) verbreitet, ebenso die Bestattung von Reitpferden in Steinhügelgräbern. Die Pferdepassion der Balten, mit »Pferderennen« in »Königsburgen«, wird selbst in der Reisebeschreibung des Wulfstan (9. Jh.) vermerkt. Mit dieser Kulturtradition werden ostbaltische Stammesverbände der Aukštaiten, Žemaiten, Semgaller, Selen und Lettgallen in Verbindung gebracht. Allein für Litauen sind um 1200 zehn Landschaften historisch belegt.

Zu den Westbalten werden neben Prußen, Samländern, Jatwingern, Sudauern auch Kuren gezählt. Die Bewohner Kurlands, teils mit Liven (Ostseefinnen) durchmischt, profitierten wie die estnischen Küstennachbarn von Seeverkehr und -handel. Die Schriftquellen nennen Kuren und Esten als streitsame Seefahrer und Bootsbauer. Kurland und die Insel Saaremaa sind in der Tat reich an wikingerzeitlichen Funden nordischer Herkunft oder Machart. Auch Gebiete der Liven (an den Flüssen Aa und Düna) zeigen diese Einflüsse. Archäologisch und ethnografisch interessant sind die regionalen Unterschiede zwischen Küsten- und Inselesten und den Bewohnern Mittel- und Südostestlands, obwohl diese ostseefinnisch sind bzw. zur finno-ugrischen Sprachfamilie zählen. Solche zeitlich tief wurzelnden Regionalitäten in Materialkultur, Folklore und Sprache (Dialekte) sind für das ganze Baltikum charakteristisch.

Uwe Sperling

picture alliance/Heritage Images

Münzfunde aus dem Gebiet des heutigen Estlands und Lettlands des 10.–12. Jahrhunderts weisen auf einen regen Handel und auf Informationsaustausch mit den umliegenden Regionen hin. Die wenigen schriftlichen Überlieferungen belegen militärische Konflikte mit den östlichen und westlichen Nachbarn.

Seit dem 13. Jahrhundert dehnte sich der Deutsche Orden in das Baltikum aus und dominierte große Teile der Region. Er verlor jedoch spätestens im 15. Jahrhundert zunehmend an Boden, als Polen und Litauen zusammenwuchsen und zu einem erheblichen Machtfaktor wurden. Das Bild zeigt König Władysław II. Jagiełło von Polen-Litauen (vor 1362–1434) auf einem Gemälde (Ausschnitt) von ca. 1530 aus der Sammlung der Diözese von Sandomierz.

Litauen und Livland im Mittelalter

Seit dem 12. Jahrhundert wurden die Beziehungen in der Region zunehmend von Kreuzzug und Christianisierung geprägt. Spätestens um 1170 begannen skandinavische Prediger mit Missionierungen im östlichen Baltikum. Im späten 12. Jahrhundert errichtete der Holsteiner Augustinermönch Meinhard mit Unterstützung norddeutscher Kaufleute ein kirchliches Zentrum an der Düna (Daugava); Meinhard wurde erster Bischof der Liven. Der dritte Bischof, Albert, gründete 1201 die Stadt Riga (Rīga) und wirkte maßgeblich bei der Gründung des lokalen geistlichen Ritterordens, des Schwertbrüderordens, mit. Das Rigaer Machtzentrum setzte sich zumindest zu Beginn seines Vordringens im Wesentlichen aus Geistlichen, Kreuzfahrern, Ordensrittern, Kaufleuten und zugewanderten Vasallen aus Norddeutschland, Westfalen und Friesland zusammen. Eine führende Rolle spielte dabei anfänglich ein Familienverband aus Ministerialen des Erzbischofs von Bremen. Es gelang ihnen, sowohl gewaltsam als auch mit diplomatischen Mitteln die Liven, Letten und Esten schrittweise zu unterwerfen oder in ein politisches Abhängigkeitsverhältnis zu drängen. Der König von Dänemark stellte dabei einen Rivalen dar, der darauf lauerte, das Gebiet unter seine Herrschaft zu bringen. Einen Teilerfolg verzeichneten die Dänen 1219, als König Waldemar II. Nordestland eroberte und die Burg Reval (Tallinn) errichtete. Damit forderte er die Rigaer Gruppe zum Krieg heraus. Schließlich gelang es Bischof Albert und seinen Verbündeten in den 1220er Jahren, die Dänen aus Estland zu verdrängen.

Als Konkurrenten bei der Unterwerfung des Landes traten weitere Mächte auf den Plan. Hierzu zählten vor allem im Osten die russischen Länder von Nowgorod, Pskow und Polozk und im Süden die Litauer. Es entwickelte sich ein komplexes Wechselspiel aus Diplomatie und Krieg. Bündnisse bildeten sich und zerbrachen wieder. Einheimische Aufgebote stellten während der Kriegsperioden das essenzielle Rückgrat fast aller Heere, ohne das langwierige Feldzüge gar nicht möglich waren. Im Laufe der Entwicklung wurden einheimische Dörfer und Gemeinden unterworfen, zu Abgaben an die neuen Grundherren verpflichtet und in die neuen Machtstrukturen eingegliedert.

Nach Unterwerfung Estlands durch Riga und seine Bundesgenossen 1227 setzten sich die Kämpfe südlich der Düna fort, wo seit 1237 der Deutsche Orden eine führende Rolle einnahm, nachdem der Schwertbrüderorden bei Saule (wohl Šiauhai) 1236 eine vernichtende Niederlage gegen einheimische Kontingente erlitten hatte. Bis zum Ende des 13. Jahrhunderts gelang es dem Deutschen Orden trotz stellenweiser Rückschläge Kurland und Semgallen zu erobern und sich gegen Litauen in Ostlettland zu behaupten. Um 1310 erreichte Livland, ein Konglomerat der Herrschaften des Deutschen Ordens und der Fürstbischöfe (bis 1346 auch des Königs von Dänemark), seine endgültige territoriale Ausdehnung, wobei die Herrschaft über die Waldgebiete im Osten und Süden noch strittig blieb. Hier entwickelte sich Litauen im Laufe der Zeit zu einem ernstzunehmenden Konkurrenten.

Die litauischen Kleinherrschaften verschmolzen um 1200 zu einem Staatsgebilde mit Zentrum in Oberlitauen. Samogitien blieb dabei jedoch überwiegend eigenständig. Die litauischen Einfälle reichten immer tiefer in die Nachbargebiete. Seit 1240 erwuchs daraus die Herrschaft des Fürsten Mindaugas. Er verbündete sich im Kampf gegen rivalisierende Fürsten mit dem livländischen Deutschen Orden, ließ sich 1251 taufen und wurde zwei Jahre später zum König von Litauen gekrönt. Das Bündnis zerbrach aber bereits ein Jahrzehnt später. Im Jahre 1262 erklärte der Fürst dem Orden den Krieg und erzürnte dadurch die livländische und preußische Christenheit. Im Jahr darauf wurde Mindaugas ermordet. In der Folgezeit herrschten in Litauen jahrzehntelange innere Machtkämpfe, in denen sich schließlich die heidnische Verwandtschaftslinie von Mindaugas durchsetzte.

Die litauischen Herrschaftsansprüche in Südlivland konnte der Deutsche Orden abwehren. In den altrussischen Gebieten war die litauische Expansion dagegen erfolgreicher. Litauen unterwarf seit 1250 schrittweise die Fürstentümer der Rus', deren Machtgebilde nach dem Mongolensturm zusammengebrochen war. Der kulturelle und wirtschaftliche Schwerpunkt des Großfürstentums verschob sich nach Süden und Osten in slawisch bewohnte Gegenden außerhalb Litauens: Ab den 1320er Jahren standen Witebsk, Smolensk und Kiew unter litauischer Hegemonie. Seit Mitte des 14. Jahrhunderts entbrannte ein Kampf mit dem Königreich Polen über die Kontrolle in Wolhynien. Bis zum

15. Jahrhundert erreichte das Großfürstentum seine größte Ausdehnung – es reichte bis an die Schwarzmeersteppen.

Bevölkerung und Sprachen

Livland hat seine Bezeichnung nach dem ostseefinnischen Volk der Liven erhalten, die am Unterlauf der Flüsse Düna (Daugava) und Livländische Aa (Gauja) sowie in Nordkurland lebten. Der Name wurde im Laufe der Zeit auf ein Gebiet übertragen, das geografisch im Wesentlichen den heutigen Republiken Estland und Lettland entspricht. Die Liven selber gingen nahezu vollständig in der lettischen Sprache und Kultur auf und bildeten danach mit den anderen baltischen Einwohnern des Landes in der Frühen Neuzeit das Volk der Letten. Aus den nördlichen und nordwestlichen Gebieten, die vornehmlich von ostseefinnischen Esten bewohnt waren, wurde dann Estland. In einigen Küstengebieten Estlands entstanden im Mittelalter auch schwedische Siedlungen. Die gesellschaftliche Elite des mittelalterlichen Livlands und die städtischen Oberschichten bestand indes maßgeblich aus deutschen Einwanderern, die vor allem aus Norddeutschland und Westfalen stammten.

Die Litauer unterteilten sich zahlenmäßig in die zwei Hauptstämme der Žemaiten (Samogiten) und Aukštaiten, von denen die Letzteren kulturell dominierten. Mit dem ausklingenden Mittelalter nahm die litauische Oberschicht nach und nach die polnische Sprache und Kultur an. In das entstehende litauische Großreich zog es auch Deutsche, Tataren, Karäer und aschkenasische Juden. Die geschätzte Bevölkerungszahl des livländischen und ethnisch litauischen Gebiets verdoppelte sich vom 13. bis zum 16. Jahrhundert auf etwa 1,1 Millionen, vor allem infolge natürlicher Bevölkerungentwicklung, weniger durch Immigration.

Livland und Litauen im Spätmittelalter

Livland war vornehmlich ein Konglomerat geistlicher Fürstentümer. Das größte und mächtigste Herrschaftsgebiet bildete der Besitz des livländischen Zweiges des Deutschen Ordens. Es folgten das Erzbistum Riga mit der Kathedrale in Riga, zu dessen Kirchenprovinz im geistlichen Sinne die anderen livländischen und preußischen Bistümer gehörten: u.a. Dorpat, Ösel-Wiek (Kathedrale in Hapsal/Haapsalu) und Kurland (Kathedrale in Hasenpoth/Aizpute). Der Bischof von Reval (Tallinn) war selbst kein Landesherr und die Revaler Diözese gehörte zur dänischen Kirchenprovinz Lund. Nordestland war bis 1346 im Besitz des dänischen Königs, der das Land schließlich dem Deutschen Orden verkaufte. Obwohl die Bischöfe mit Ausnahme Revals seit dem 13. Jahrhundert als Reichsfürsten galten, blieb diese Verbindung zunächst eher unbedeutend. Erst im 15. Jahrhundert gewannen die Beziehungen zum römisch-deutschen Kaiser wieder an Bedeutung. Daneben bewahrte die Kurie in Rom zumindest bis zum Ende des Mittelalters den Status als höchste Instanz auch in weltlichen Dingen.

Die innere politische Entwicklung Livlands war vom Kampf um die Hegemonie zwischen dem Deutschen Orden und dem Erzbischof, gelegentlich auch den anderen Bischöfen und der Stadt Riga gekennzeichnet. 1297 führte die Stadt erstmals offen Krieg gegen den Deutschen Orden. Die Ordensgegner verbündeten sich dabei mit Großfürst Gediminas (1315–1340) von Litauen und dem russischen Pleskau (Pskow), wohingegen Nowgorod an der Seite des Ordens kämpfte.

Während des gesamten Mittelalters befehdeten sich die livländischen Parteien. Auch trugen sie ihre Auseinandersetzungen fortwährend vor die päpstliche Kurie. Daneben war die Besetzung von Bischofssitzen mit eigenen Gefolgsleuten ein gängiges Instrument, politischen Einfluss gegenüber Widersachern zu sichern oder zu gewinnen. Im Ergebnis kristallisierte sich ein instabiles Mächtegleichgewicht heraus, das von wiederkehrenden Konflikten erschüttert wurde. Die livländische Geschichte kennt Aufstände, wie z.B. jene in West- und Nordestland zwischen 1343 und 1345, und gewaltsame interne Auseinandersetzungen, wie die Kriege zwischen dem Deutschen Orden und dem Bistum Dorpat in den 1390er Jahren oder zwischen dem Orden und der Stadt Riga Ende des 15. Jahrhunderts. Seit etwa 1420 versammelten sich die livländischen Landesherren und Stände regelmäßig zu Landtagen, die sich aber nicht als zentrales Verwaltungsorgan etablierten.

Die politische Organisation des Großreiches Litauen stellte ein Konglomerat von Ländern dar, die teils von Mitgliedern der großfürstlichen Familie, teils von lokalen Fürsten regiert wurden. Dabei übte das benachbarte Polen immer stärkeren Einfluss auf die inneren Verhältnisse aus. Lange teilten sich die Brüder Algirdas (1345–1377) und Kęstutis (1345–1382) ihre Macht als Großfürsten. Das 14. Jahrhundert hindurch führte besonders Kęstutis mit dem Deutschen Orden in Preußen und Livland Krieg. Beide Parteien beließen es jedoch meist bei gegenseitigen Plünderungszügen ohne feste Eroberungsabsichten. Regelmäßig trafen aus Westeuropa Adlige mit ihrem Gefolge im Ordensland ein, um gegen die heidnischen Litauer zu kämpfen und damit ihrem ritterlichen Kreuzfahrereid Genüge zu tun. Diese als »Litauer-« oder »Preußenreisen« bekannten Unternehmen entwickelten sich vom religiös motivierten Kreuzzug zu einem Ritual der weltlichen ritterlich-höfischen Kultur und verloren ihre religiöse Legitimation, da Litauen christlich wurde. Am Anfang des 15. Jahrhunderts wurden sie schließlich weitgehend eingestellt. Gleichzeitig fand die litauische Oberschicht Aufnahme in die europäische Standeskultur des Adels. Zahlreiche litauische Fürsten ließen sich taufen und nahmen das orthodoxe oder katholische Christentum an.

Aus dem Machtkampf, der nach dem Tode von Kęstutis ausbrach, ging Algirdas' Sohn Jogaila (†1434) als Sieger hervor. Er schloss 1385 in Kreva einen Vertrag, der die Konflikte zwischen den starken polnischen und litauischen Streitparteien dämpfte und den Deutschen Orden dadurch erheblich schwächte: Jogaila heiratete 1386 die polnische Prinzessin Hedwig und gelangte als Władysław II. auf den polnischen Königsthron; Litauen wurde damit katholisiert. Obwohl faktisch Großfürst Vytautas (1392–1430), der Sohn von Kęstutis, in Litauen noch weiter herrschte und die polnisch-litauische Personalunion sich erst 1501 endgültig durchsetzte, waren die Länder seit dieser Zeit bereits politisch eng verbunden. Im Jahre 1410 unterlag der Deutsche Orden dem polnisch-litauischen Heer in der Schlacht bei Tannenberg und verlor dadurch zunehmend an Macht und Einfluss. Der livländische Ordenszweig suchte in den inneren Auseinandersetzungen Litauens zwischen den Machtprätendenten Švitrigaila (†1452) und Sigismund (†1440) noch an Einfluss zu

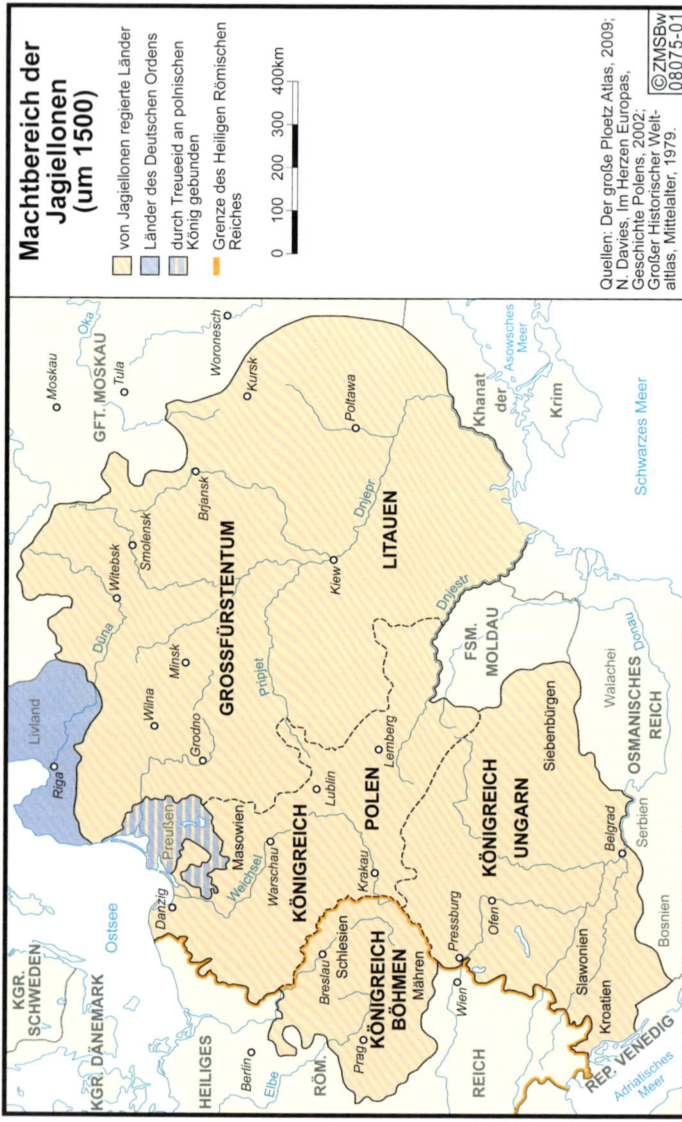

Machtbereich der Jagiellonen (um 1500)
von Jagiellonen regierte Länder
Länder des Deutschen Ordens
durch Treueeid an polnischen König gebunden
Grenze des Heiligen Römischen Reiches
0 100 200 300 400km
Quellen: Der große Ploetz Atlas, 2009; N. Davies, Im Herzen Europas, Geschichte Polens, 2002; Großer Historischer Weltatlas, Mittelalter, 1979.
©ZMSBw 08075-01
KGR. SCHWEDEN
KGR. DÄNEMARK
HEILIGES RÖM. REICH
Ostsee
Berlin
Elbe
Danzig
Preußen
Livland
Riga
Masowien
Weichsel
Warschau
KÖNIGREICH POLEN
Lublin
Krakau
Lemberg
Breslau
Schlesien
Prag
KÖNIGREICH BÖHMEN
Mähren
Wien
Pressburg
Ofen
KÖNIGREICH UNGARN
Siebenbürgen
Belgrad
Serbien
Bosnien
Slawonien
Kroatien
REP. VENEDIG
Adriatisches Meer
Walachei
OSMANISCHES REICH
Donau
FSM. MOLDAU
Dnjestr
Wilna
Grodno
Minsk
Düna
Witebsk
Smolensk
GROSSFÜRSTENTUM LITAUEN
Pripjet
Brjansk
Kiew
Dnjepr
Poltawa
Kursk
Woronesch
Moskau
Tula
Oka
GFT. MOSKAU
Khanat der Krim
Asowsches Meer
Schwarzes Meer

gewinnen, erlitt aber 1435 an der Heiligenaa (Šventoji) bei Wilkomir (Ukmergė) eine schwere Niederlage. Im Jahre 1440 bestieg Kasimir (†1492) den Großfürstenthron und erhielt 1446 auch die polnische Krone.

Städte und die Hanse

Das städtische Leben ist in Livland im 13. Jahrhundert entstanden. Die rechtlichen Rahmenbedingungen wurden von deutschen Einwanderern eingeführt, die auch die Elite der Stadtbevölkerung bildeten. Die nordestländischen Städte erhielten von den dänischen Königen lübisches Recht, während andernorts das Rigaer Recht vorherrschte, das den Rechtsgebräuchen von Visby und Hamburg entstammte. Obwohl sich auch die kleineren Städte und Gemeinden (Viljandi/Fellin, Pärnu/Pernau, Ventspils/Windau u.a.) im 13. und 14. Jahrhundert am Fernhandel beteiligten, verloren sie während einer Periode des Bevölkerungsrückgangs und wirtschaftlicher Stagnation in der ersten Hälfte des 15. Jahrhunderts ihre bisherige Stellung. Sie standen nur noch im Schatten der drei »großen« Hansestädte Riga, Reval und Dorpat, die um 1500 etwa jeweils 6000–10 000 Einwohner zählten. Alle Städte waren in das Handelssystem der Hanse integriert. Jedoch besaßen nur die drei »Großen« ein wirkliches Mitspracherecht innerhalb der Hanse. Pernau konnte die Position eines Regionalhafens bewahren. Im 15. Jahrhundert kontrollierten Reval und Dorpat faktisch das Nowgoroder Hansekontor, während Riga sich vor allem auf den Dünahandel konzentrierte. In den Städten entfaltete sich ein typisch norddeutsches Stadtleben mit Magistraten, Gilden und Handwerkszünften. Ein großer Teil der städtischen Bevölkerung setzte sich aus autochtonen Volksgruppen zusammen. Die Großkaufleute und reichen Handwerker waren deutscher Herkunft und Kultur, das ›einfache‹ Volk überwiegend estnisch oder lettisch. Letztere wurden in Livland als »Undeutsche« bezeichnet. Jedoch existierten auch gemischte Schichten, zumal nicht alle Livlanddeutschen wohlhabend oder adlig waren.

In Litauen (im engeren Sinne) ging das städtische Zentrum des 13. Jahrhunderts, Kernavė, um 1400 unter. Als neue Hauptorte etablierten sich Wilna (Vilnius), Traken (Trakai) und Nawahrudak. In den entstehenden Städten lebte eine Mischbevölkerung, neben Litauern auch Menschen deutscher, russischer, polnischer und jüdischer Herkunft. Seit dem Ende des 14. Jahrhunderts wurde den Städten des Großfürstentums nacheinander das Magdeburger Recht verliehen. Im 15. Jahrhundert trieben vor allem die Deutschen aus preußischen Hansestädten Fernhandel. In mehreren Städten entstanden deutsche Niederlassungen und Kontore (so um 1440 in Kauen); sie erlangten dort maßgebenden politischen und gesellschaftlichen Einfluss.

Ländliches Leben

Die vorhandenen sozialen Strukturen im Livland des 13. Jahrhunderts änderten sich mit den immer neuen Eroberern. Die wechselnden Herrscher wandten unterschiedliche Maßnahmen an, die von erzwungenen Bündnissen bis hin zu vollkommener Unterwerfung reichten. Ein Teil der alteingesessenen Oberschicht wurde in den entstehenden deutschgeprägten Adelsstand absorbiert. Das Volk entrichtete je nach Region für die neuen Herren und die Kirche Abgaben in unterschiedlicher Höhe, geriet aber nicht in Hörigkeit und Leibeigenschaft, sondern bewahrte zuerst seine persönlichen Besitz- und Freiheitsrechte. Die andauernden Kriege der Kreuzfahrer und des Ritterordens im 13. Jahrhundert waren nur durch die Anwerbung von Aufgeboten aus dieser Bevölkerungsgruppe möglich. Im

Schlacht auf dem Peipussee, 5. April 1242 (Mitte oben Alexander Newski). Miniatur aus einer russischen Chronik des 16. Jahrhunderts.

Laufe der Zeit wurde der Großteil der Einheimischen zu einem mehr oder weniger homogenen Bauernstand, der als »undeutsch« galt und innerhalb des städtischen Milieus rechtlich zunehmend benachteiligt wurde. Seit dem 15. Jahrhundert war die Mehrheit der livländischen Bauern an ihre Scholle gebunden. Maßgebend für diese Entwicklung war wohl die von Pest und Missernten verursachte demografische Krise des Spätmittelalters, die in Livland wahrscheinlich Anfang des 15. Jahrhunderts besonders hervortrat. Die Gutsherrschaft mit leibeigenen Bauern gewann in der Folge an Bedeutung. Jedoch verschwanden die freien Bauern nicht vollständig. Ähnliche Prozesse fanden, ungeachtet der sehr unterschiedlichen politischen Entwicklung, auch in Litauen statt, wo sich ebenfalls die Gutswirtschaft durchsetzte.

Beziehungen mit der Rus'

Die altrussischen Fürstentümer stellten einen weiteren Machtfaktor in der Region dar. Bekannt sind die größeren Schlachten von 1242 auf dem Eis des Peipussees gegen Alexander Newski und 1268 bei Wesenberg (Rakvere). Während des gesamten Mittelalters agierten die russischen und livländischen Staaten, ungeachtet einiger Grenzkriege, eher als Partner denn als fundamentale Gegner.

Das Gleichgewicht ging in der zweiten Hälfte des 15. Jahrhunderts verloren. Die Macht der Großfürsten von Moskau nahm zu, Nowgorod und Pskow verloren ihre Eigenständigkeit. In den litauisch-russischen Beziehungen nahm nunmehr Moskau eine offensive Rolle ein. Nach Angriffen an der Grenze nach 1480 drang das Moskauer Heer 1492 in Litauen ein und läutete damit wechselvolle Kämpfe und Auseinandersetzungen ein. Angesichts dieser und weiterer Bedrohungen kamen Litauen und Livland einander näher. Da jedoch der preußische Deutsche Orden für Polen-Litauen um 1500 nach wie vor als Hauptgegner galt, kam es zunächst nicht zu einer wirkungsvollen Bündnisbildung.

Anti Selart

Die Geschichte des Baltikums seit dem Hochmittelalter wurde nachhaltig durch den Deutschen Orden geprägt. Dieser hatte sich ursprünglich im Heiligen Land engagiert, musste sich dann jedoch umorientieren, als sich seit der ersten Hälfte des 13. Jahrhunderts das Ende der Kreuzfahrerstaaten abzuzeichnen begann. In den folgenden 200 Jahren breitete sich der Orden bis in weite Teile der baltischen Region aus und errichtete eine effiziente Verwaltung. Indes sah er sich bald mit erheblichen Widerständen und Problemen konfrontiert, insbesondere vonseiten der aufstrebenden polnisch-litauischen Union, aus der bis zum Ende des 14. Jahrhunderts eine Großmacht wurde. Der Deutsche Orden seinerseits hatte zunehmend mit inneren Konflikten zu kämpfen und verlor schließlich die militärische Konfrontation mit dem mächtigen Nachbarn. Der Holzschnitt aus dem »Garten der Könige« (1599) von Bartosz Paprocki zeigt die entscheidende Schlacht bei Tannenberg 1410, in der der Deutsche Orden der gemeinsamen Streitmacht Polens und Litauens unterlag.

Der Deutsche Orden in Preußen und in Livland

Nachdem der Deutsche Orden nach Ende seiner Tätigkeit im Heiligen Land mit einem Projekt zur Staatsbildung in Siebenbürgen gescheitert war, ließ er sich von Kaiser Friedrich II. und Papst Gregor IX. die Missionierung und Unterwerfung des Preußenlandes zusichern, des Siedlungsgebiets der Prußen östlich und nördlich der Weichsel zwischen Kulmerland und dem heutigen Kurischen Haff.

Der Aufstieg des Deutschen Ordens

Nach einigen Vorbereitungen begann 1233 die Eroberung unter Hermann Balk. Die wenigen Ordensbrüder hätten das Werk nie ohne die Hilfe von zusätzlichen Kreuzfahrern geschafft. Zunächst zogen die Brüder mit den Kreuzfahrern die Weichsel aufwärts und dann am Haff entlang, bevor sich vor allem die Ordensbrüder dem Binnenland zuwandten. Anfängliche Aufstände der Prußen konnte niedergeworfen werden. Nach der Niederschlagung der zweiten Erhebung 1273 unterließen die Prußen weitere Aufstände gegen die Herrschaft des Ordens. Das hing auch damit zusammen, dass der Orden zunehmend deutsche bäuerliche und städtische Siedler in das Land zog und damit Gruppen etabliert wurden, die in dem Orden einen Verbündeten sahen. Nach 1273 galt es, das Preußenland verwaltungsmäßig zu durchdringen.

Das Land war durch den päpstlichen Legaten Wilhelm von Modena noch während des ersten Prußenaufstands ab 1242 in vier Diözesen eingeteilt worden: das Kulmerland, Pomesanien, Ermland und Samland. Die Bischöfe traten großenteils dem Deutschen Orden bei und erhielten je ein Drittel des einzunehmenden Landes. Die Priester wurden auch zur Missionierung herangezogen. Im Übrigen waren Bettelmönche an der Christianisierung beteiligt. Die Missionierung selbst war nicht die Aufgabe der Ritterbrüder. Sie hatten die Missionare lediglich zu schützen, falls sie von den Heiden angegriffen wurden.

Organisation und Verwaltung

Das wohl bedeutendste Ereignis nach Beginn der Tätigkeit des Deutschen Ordens war die Verlegung des Hochmeistersitzes von Venedig in die Marienburg im Jahre 1309. Nach eher bescheidenen Anfängen unter den ersten Hochmeistern in der neuen Zentrale gelang es erst Werner von Orseln (1324–1330) sich im gesamten Ordensgebiet, d.h. in Ost- und in Westpreußen, durchzusetzen. Auch sorgte er dafür, dass Memel dem preußischen Ordenszweig zugesprochen und dem livländischen abgenommen wurde. Das Ordensgebiet erweiterte sich in der Folge erheblich. Zum Kerngebiet, das einen breiten Streifen vom Kulmerland bis zum Kurischen Haff umfasste, kamen nach 1309 Gebiete im Südosten bis zum heutigen Lyck und vor allem Gebiete westlich der Weichsel mit Danzig hinzu.

Die nachfolgenden Hochmeister lebten bis 1410 alle in Preußen. Sie schufen eine Verwaltung, die lange Zeit Bestand hatte. Diese war eingeteilt in sogenannte Kommenden (Niederlassungen), die jeweils von einem Verwaltungsleiter (Komtur) geführt wurden, der u.a. für die Finanzen, die Steuererhebung und die Gerichtsbarkeit zuständig war. Der Großkomtur (Stellvertreter des Hochmeisters) und der Treßler (Finanzmeister) wohnten in der Marienburg. Der Oberste Marschall war nach Königsberg gesandt worden und hatte dort die Feldzüge gegen die Litauer zu organisieren. Zudem hatte er die Kommende Königsberg als Komtur zu leiten. Der Oberste Spittler lebte in Elbing, wo auch das Hauptspital des Ordens lag. Aber er war keineswegs der Leiter aller Spitäler in Preußen, sondern der Verwalter und Leiter der bedeutenden Kommende Elbing. Der Oberste Trappier, zuständig u.a. für das Bekleidungswesen des Ordens, später ein bloßes Ehrenamt, wohnte in Christburg und stand der dortigen Kommende vor. Diese »Großgebietiger« zusammen mit dem Treßler bildeten den Großgebietigerrat, der den Hochmeister in besonders schwierigen Fragen beriet.

In Preußen gab es Komture in den wichtigsten Burgen vor allem aus der Zeit bis 1309. Später wurden sie abgelöst von Pflegern und Vögten, deren Hausgemeinschaften (Konvente) nicht mehr die für die Komture festgelegte Zahl an Ritter- oder Priesterbrüdern aufwiesen.

picture alliance/akg-images

Marienburg, Burg des Deutschen Ordens, Hochschloss mit Schlosskirche, um 1900.

Wichtig war das Amt der Großschäffer, die in Danzig und Königsberg saßen. Diese regelten den Vertrieb der Waren des Preußenlands, soweit sie den Orden betrafen, und den Einkauf außerhalb des Ordenslandes. Ferner gaben sie Kredite an Händler und auch Krämer, die die Waren der Großschäffer an die Bevölkerung veräußerten. Dem Großschäffer der Marienburg unterstand vor allem der Getreidehandel, dem in Königsberg die Verteilung des Bernsteins.

Blüte

In der langen Regierungszeit des Hochmeisters Winrich von Kniprode (1352–1382) erreichte der Orden – zumindest in Preußen – seinen Höhepunkt. Wie bei mittelalterlichen Herrschern üblich, hielten sich die Hochmeister eher selten in der Marienburg auf, sondern zogen durch die Lande, um sich ein persönliches Bild zu machen, vor Ort Recht zu sprechen und die Herrschaft zu sichern.

Die Ritterbrüder entstammten meist nicht aus dem Land selbst, sondern kamen aus dem Adel des Deutschen Reichs, waren also zum größten Teil Zugereiste. Ein Teil von ihnen konnte in den Hausämtern der Kommenden aufsteigen oder auch als Begleiter der Hochmeister lernen. Dazu kamen Priesterbrüder als Fachleute, teils mit Universitätsausbildung, die als Gesandte und Berater der Hochmeister eingesetzt wurden. Diese Priesterbrüder waren zum großen Teil ebenfalls Landfremde. Dagegen wurden die Priesterbrüder, die eingesetzt als Pfarrer oder gar als Bischöfe, oft aus der einheimischen Führungsschicht rekrutiert.

Winrich von Kniprode und andere Hochmeister förderten zusätzlich die »Reisen« des europäischen Adels in das Land der heidnischen Litauer. Davon versprach man sich auch militärische Unterstützung. Dennoch gelang es nicht, die Litauer entscheidend zu besiegen. Nachdem Litauer 1386 den katholischen Glauben angenommen hatten, unternahmen immer weniger Adlige die traditionellen »Litauerreisen«.

Anfang des 15. Jahrhunderts begann der Niedergang des Ordens, der u.a. auch mit dem Aufstieg des Großfürstentums Litauen und dessen Personalunion mit dem Königreich Polen zusammenhing. Ein wichtiger Wendepunkt war die Schlacht bei Tannenberg im Jahre 1410, in der der Orden eine empfindliche Niederlage erlitt. Er musste der polnischen Krone hohe Kontributionen bezahlen und das zuvor eroberte litauische Samaiten wieder abgeben. Ansonsten blieb der Ordensstaat unversehrt erhalten. Allerdings musste der Orden seine Stände um Geld bitten, die auch den Friedensvertrag mit der polnischen Krone untersiegelten und mittrugen. Den Krieg gegen Polen hatte der Orden auch mit bezahlten Söldnern geführt.

In der Folge destabilisierte sich der Deutsche Orden, da Städte und adlige Landbewohner wegen ihrer finanziellen Leistungen an die Ordenskasse zur Finanzierung etwa von Söldnern Mitspracherecht einforderten und sich zu einer Interessenvereinigung (»Eidechsenbund«) zusammenschlossen. Der 1450 eingesetzte Hochmeister Ludwig von Ellrichshaus besaß nicht die Fähigkeit seiner Vorgänger, ausgleichend zu wirken, und so kam es 1454 zum »Dreizehnjährigen Krieg« (»Preußischer Städtekrieg«), in dem die Aufständischen sich mit der polnischen Krone verbanden. Der Deutsche Orden, finanziell und militärisch zu-

Ordensritter in Livland. Holzschnitt aus dem 16. Jahrhundert.

nehmend erschöpft, musste 1466 den Frieden von Thorn schließen. Er verlor wichtige Gebiete faktisch an die polnische Krone, z.B. das Ermland, das Kulmerland, Danzig und Thorn. Das restliche Kerngebiet, das spätere Herzogtum Preußen, musste dem Königreich Polen Heerfolge und einen Treueid leisten. Wichtige Leitungsämter wurden nach dort verlegt. Das Restgebiet konnte nicht mehr alle Ordensbrüder ernähren, woraufhin deren Zahl abnahm.

In den letzten Jahren des Ordensstaates meinten die Brüder, dass eventuell ein Sohn aus einem regierenden Haus des Deutschen Reiches den polnischen Königen Paroli bieten könnte. Sie machten daher unter Mitwirkung der regierenden Fürsten Herzog Friedrich von Sachsen (1498–1510) und Markgraf Albrecht von Brandenburg-Ansbach (1510–1525) zu Hochmeistern. Albrecht trat 1524/25 zum neuen Glauben lutherischer Prägung über und ging mit dem polnischen König ein Lehensverhältnis ein. Damit hörte der Ordensstaat in Restpreußen auf zu bestehen.

Der Orden im Livland

Als 1236 der Schwertbrüderorden, der 1202 auf Initiative von Bischof Albert von Riga zur Missionierung von Livland gegründet worden war, zusammen mit weiteren Kreuzfahrern eine vernichtende Niederlage bei Šiauliai in Litauen erlitten hatte, drang Papst Gregor IX. auf eine Inkorporation der Schwertbrüder in den Deutschen Orden. Im Jahr 1237 verkündete der Hochmeister

Hermann von Salza, Hochmeister des Deutschen Ordens. Holzschnitt, 17. Jahrhundert.

Hermann von Salza auf einem Kapitel in Marburg die Inkorporation und schickte Hermann Balk mit 60 Ritterbrüdern nach Livland. Diese Inkorporation führte zu einer Konsolidierung der Ordensherrschaft. Im Vertrag von Stensby 1238 verzichtete er auf Drängen des Papstes auf Harrien und Wierland mit der wichtigen Stadt Reval. Er behielt aber die Vogtei Jerwen in Estland.

Da der Deutsche Orden das Land nicht erobert, sondern von den Schwertbrüdern übernommen hatte, unterschied sich die Lage des Deutschen Ordens in Livland von der in Preußen. Der Meister oder Landmeister saß weiterhin in Riga, wo auch der Landmarschall zunächst seinen Hauptsitz hatte. Der Schwertbrüderorden hatte dem Rigaer Erzbischof einen Treueid zu leisten, dem der Deutsche Orden auch nachkam. Daher besaß der Erzbischof von Riga eine starke Stellung. Livland war schon zu Zeiten der Schwertbrüder zwischen den Bischöfen bzw. Erzbischöfen und dem Ritterorden aufgeteilt gewesen.

Nach der verlorenen Schlacht am Peipussee von 1242 unterließ der Deutsche Orden eine weitere Ostausdehnung. Die Grenze zu den russischen Reichen blieb über mehrere Generationen bestehen. Der Orden bemühte sich dagegen in der Folgezeit um eine Süderweiterung, indem er die Kuren unterwarf und für sich zwei Drittel des Landes beanspruchte. Eine Landbrücke zu Memel wurde dagegen nicht hergestellt oder war nur vorübergehend wirksam.

Die Niederlage des Ordens bei Durben 1260 gegen die Litauer führte zu einem Aufstand der Kuren gegen den Orden. Die Kuren verbündeten sich mit Semgallen und Lettgallen. Während die Kuren 1267 besiegt wurden, konnten Semgallen und Lettgallen ihren Widerstand gegen die Herrschaft des Deutschen Ordens bis 1290 aufrechterhalten. Von dem Zeitpunkt an ist kein

Gebiet des Deutschen Ordens 1230 bis 1466

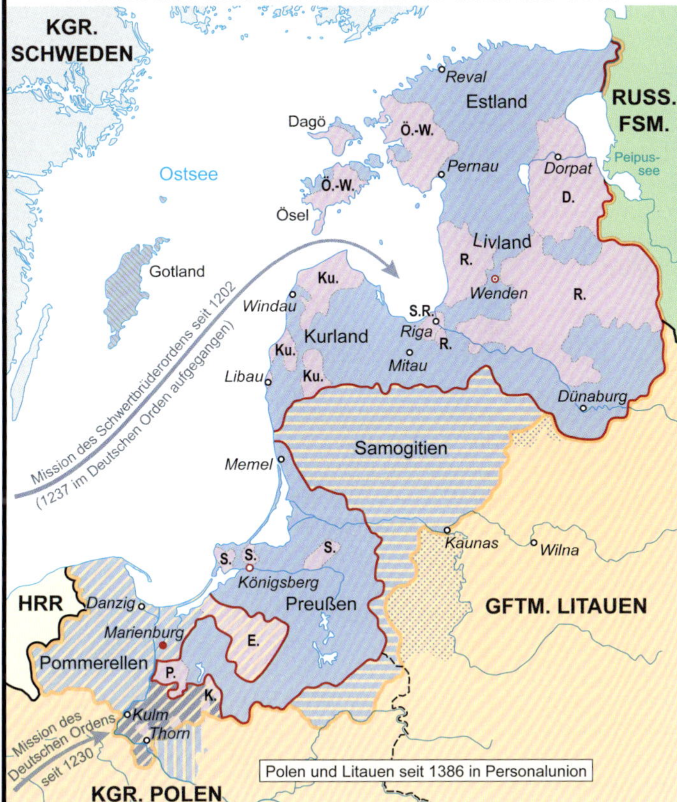

- Gründungsterritorium 1231
- Gebietserweiterungen bis ca. 1400
- Größte Ausdehnung um 1400
- Ordensstaat 1466
- Geistliche Territorien

- Sitz des Hochmeisters 1309 – 1457
- Sitz des Hochmeisters nach 1457
- Sitz des Landmeisters (Livland)

D.	Bistum Dorpat
E.	Bistum Ermland
K.	Bistum Kulm
Ku.	Bistum Kurland
S.R.	Stadtmark von Riga
R.	Erzbistum Riga
Ö.-W.	Bistum Ösel-Wiek
P.	Bistum Pomesanien
S.	Bistum Samland

Gebietsverluste

vor 1400	Htm. Dobrin + Wildnisgebiete
1408	Gotland
1. Thorner Frieden 1411	Samogitien
2. Thorner Frieden 1466	Pommerellen mit Danzig, Kulmerland, Teile Pomesaniens, Bistum Ermland

Quellen: Der große Ploetz Atlas, 2009; Großer Historischer Weltatlas, Mittelalter, 1979.

größerer Aufstand der dem Orden untertänigen Völker überliefert. Das gab dem Orden die Möglichkeit, das Land herrschaftlich zu durchdringen und vermehrt Burgen errichten zu lassen, auf denen er Komture oder Vögte einsetzte.

Im 13. und in den folgenden Jahrhunderten bestand eine Kommende oder Vogtei in Livland, ähnlich wie in Preußen, aus Ritter- und Priesterbrüdern. Während über die Priesterbrüder fast nichts überliefert ist, können die Ritterbrüder etwas näher bestimmt werden. Die meisten von ihnen entstammten dem niederen Adel des Deutschen Reichs. Sie waren also Landfremde in Livland.

Das Verhältnis zur Bevölkerung

Im Unterschied zu Preußen gab es in Livland keine Einwanderung von bäuerlichen Familien. Das flache Land wurde weiterhin von der einheimischen Bevölkerung besiedelt. Bei seiner Herrschaft über das flache Land stützte sich der Orden mehr oder weniger auf die sogenannten »Ältesten« einer oder mehrerer einheimischer Siedlungen. Die »Ältesten« stellten den Adel, der auch für die Christianisierung verantwortlich war.

Im Jahre 1297 eroberten Rigaer Bürger die Niederlassung des Deutschen Ordens, den »Jürgenshof«, und ließen dessen Bewohner hinrichten. In den Konflikt waren der Erzbischof und seine Vasallen und sogar der heidnische Großfürst von Litauen eingebunden. 1330 konnte der Orden die Stadt zurückerobern und verlangte in einem Friedensvertrag unter anderem den Bau einer Burg vor den Toren der Stadt. Neben anderen Bestimmungen hatte die Stadt dem Orden fortan Treue zu schwören und militärisch zu unterstützen.

Der Meister von Livland war auch im 14. Jahrhundert keineswegs unabhängig. Abgesehen davon, dass er durch Treueide an den Erzbischof von Riga und andere Bischöfe gebunden war, wurde er in der Marienburg, dem Hauptsitz des Hochmeisters, ernannt.

Im Jahr 1343 erhoben sich estnische Stämme gegen die Herrschaft der Dänen und deren Vertreter in Harrien und Wierland (zur Rolle der Dänen vgl. auch den Beitrag von Anti Selart). Erst dem livländischen Ordenszweig gelang die Niederschlagung des Aufstands. Ordensvertreter behielten in dem Streit die wichtige Stadt Reval samt der Burg Wesenberg. Im darauffolgenden Jahr verkaufte der dänische König Waldemar dem Hochmeister die ehemals dänischen Provinzen Harrien und Wierland samt der Stadt Reval. Die Vasallen Harriens und Wierlands huldigten infolgedessen dem Hochmeister und nicht dem Meister von Livland. Da Otto von Dänemark, der Bruder des dänischen Königs, 1347 in den Orden eintrat, erhielt er sozusagen als Mitgift diese nördlichen Provinzen. Das änderte jedoch nichts an der Huldigung der genannten Vasallen.

Der Deutsche Orden war zur größten Macht in Livland geworden. Allerdings wird man davon ausgehen können, dass die livländischen Meister ihre wichtigen Schritte mit dem Erzbischof, den Bischöfen und auch den Vasallen besprachen. Dennoch brachte der Erzbischof von Riga nach der Niederschlagung des Aufstands der Esten dem Papst in Avignon Klagen gegen den Orden hinsichtlich seines Status in Riga vor. Erst 1366 konnte ein Übereinkommen erzielt werden.

Nachdem das litauische Großfürstentum dem katholischen Glauben beigetreten war, entfiel auch für den Orden in Livland das Motiv des »Heidenkriegs«. Nach der für den livländischen Ordenszweig verlorenen Schlacht an der Swienta 1435 trat außerdem ein entspannteres Verhältnis zu Litauen ein. Freilich hatte der Meister nun auf Vasallen und die Bischöfe bzw. den Erzbischof von Riga Rücksicht zu nehmen.

Tannenberg und die Folgen

Die Schlacht bei Tannenberg von 1410, die dem Ordenszweig in Preußen und dem Hochmeister eine verheerende Niederlage bereitete, hatte zur Folge, dass die Meister von Livland nun nicht mehr vom Hochmeister in der Marienburg bestimmt, sondern von Brüdern des livländischen Ordenszweigs selbst gewählt wurden. Zunächst waren es zwei Kandidaten, von denen der Hochmeister einen bestimmen konnte. Außerdem trat vor allem nach 1410 ein landmannschaftlicher Gegensatz zum preußischen Ordenszweig immer stärker in den Vordergrund. Während im

Wolter von Plettenberg, livländischer Deutschordensmeister. Standbild im Kreuzgang des Domes zu Riga.

preußischen Ordenszweig die Ritterbrüder vorwiegend aus Ober- und Mitteldeutschland und auch aus dem Rheinland stammten, kamen die meisten Ritterbrüder seit dem 14. Jahrhundert aus Westfalen neben solchen aus dem Rheinland, die allerdings in der Minderheit blieben. Seit 1435 wählten die livländischen Brüder nur noch einen Kandidaten, den der Hochmeister in der Marienburg zu bestätigen hatte. Nach dem 13-jährigen Krieg mit Polen 1453–1466 büßte der preußische Ordenszweig endgültig seine Vormachtstellung auch gegenüber den anderen Zweigen ein.

Das Haupthaus des Ordens blieb zunächst in Riga, aber zunehmend wurde Wenden bevorzugt aufgesucht. Der Landmarschall saß nunmehr in Segewold, wo zunächst auch der Schatz des livländischen Ordenszweigs aufbewahrt wurde, den man dann in der Mitte des 15. Jahrhunderts nach Fellin brachte. Spätestens in der Mitte des 15. Jahrhunderts hatte der livländische Zweig auch einen »inneren Rat«, bestehend aus dem Meister, dem Landmarschall und Gebietigern von Fellin, Reval, Goldingen, Marienburg und Jerwen. Der »innere Rat« war keine Neuerung, sondern eine Gewohnheit, die schon länger bestand und sich im Laufe des 15. Jahrhunderts verfestigte.

Der Meister Johann Waldhaus von Heerse (1470–1471) scheiterte mit seinem Versuch, den Orden zu reformieren und den gegebenen Umständen anzupassen. Er wurde abgesetzt und starb ein Jahr später. Seine Nachfolger wiederholten diesen Versuch nicht mehr, sondern beließen alles beim überkommenen Zustand.

Wolter von Plettenberg (1494–1535) zählt zu den bedeutenderen Meistern von Livland. Er baute seine Residenz in Wenden aus und berief häufiger den Rat nach Wenden. Aber es war nicht nur der »innere Rat«, auf dessen Votum er sich stützte, sondern er nahm zusätzlich auch Ratschläge von anderen Komturen oder Vögten an. Wolter bemühte sich, die restlichen Bindungen an Preußen und den Hochmeister zu lösen. Die Wahl eines Meisters durch die Brüder selbst wurde bestätigt. Er kaufte auch 1525 Harrien und Wierland vom Hochmeister. Im Jahr darauf wurde er als Reichsfürst anerkannt. Er scheiterte allerdings mit dem Versuch, nach dem Ausscheiden Preußens aus dem Ordensverband die Hochmeisterwürde nach Livland zu holen. Insgesamt ist allerdings das Bestreben, die Einheit des Ordens zu bewahren, unverkennbar. Plettenberg verhinderte die Einführung der Reformation im Orden, wie dies Albrecht von Brandenburg-Ansbach in Preußen eingeleitet hatte, ließ aber die Einführung der Reformation in den livländischen Städten und auf dem Land zu. Durch einen Sieg über ein russisches Kontingent hatte er auch außenpolitisch Ruhe vor den orthodoxen Herrschern in Moskau, die über seinen Tod hinaus hielt.

Das Ende des Deutschen Ordens als Landesherr in Livland kam bereits in der zweiten Hälfte des 16. Jahrhunderts. Der Orden konnte weiteren russischen Angriffen, die nunmehr Zar Iwan IV., der »Schreckliche« (1547–1584), in Gang setzte, nicht mehr standhalten und wurde militärisch zerschlagen. Das Land wurde danach zwischen Russen, Schweden und dem polnischen König, der den größten Anteil erhielt, aufgeteilt.

Klaus Militzer

Das Baltikum in der Frühen Neuzeit, also in der Zeit vom 16. bis zum 18. Jahrhundert, als *einen* Raum zu beschreiben, ist nicht möglich. Es handelte sich um ein Konglomerat unterschiedlichster Territorien und Städte, Herrschaften und Oberherrschaften, das weder politisch noch wirtschaftlich, weder sozial noch kulturell oder religiös eine Einheit bildete. All dies spiegelte sich auch in den Städten der Region, wie etwa in Riga, das hier auf einem Stich aus einer Städtestatistik (»Politica politica«, Nürnberg 1700) abgebildet ist. Gleichwohl gab es zwischen den verschiedenen Territorien Wechselwirkungen und zum Teil weisen sie auch parallele historische Entwicklungen auf.

Das Baltikum in der Frühen Neuzeit

Konflikte des Deutschen Ordens mit Litauen, Polen, Schweden, Dänemark und dem Großfürstentum Moskau sowie innerhalb der livländischen Ordensgebiete, aber auch wirtschaftliche Probleme, der Kampf der größeren Städte um politische Unabhängigkeit, die Wirkungen der Reformation und die anhaltenden Expansionsversuche der Moskauer Zaren nach Westen hatten die baltischen Länder zu Beginn des 16. Jahrhunderts entscheidend geschwächt. Sie erschienen den Nachbarstaaten deshalb Mitte des Jahrhunderts als leichte Beute. 1558 setzte Zar Iwan IV. (»der Schreckliche«) den Funken an das Pulverfass, indem er die Stadt Narwa wegen angeblich nicht erfüllter Tributverpflichtungen des Ordens an Moskau überfiel und damit den Livländischen Krieg (auch Erster Nordischer Krieg, 1558–1584) auslöste. An dieser Urkatastrophe der frühneuzeitlichen Geschichte des Baltikums waren bis 1584 neben Moskau und Livland auch Litauen, Polen, Schweden und Dänemark beteiligt. Sie wollten bei der erwarteten Aufteilung des livländischen Ordensstaates nicht zu spät kommen. Der Krieg endete schließlich mit einer Niederlage Moskaus – auch deshalb, weil sich mehrere livländische Teilterritorien unter den Schutz der Nachbarmächte begeben hatten und zusammen mit diesen die Moskauer Expansion stoppen konnten. Gleichwohl brach das mittelalterliche Machtgefüge Livlands dadurch auseinander.

Militärisch-außenpolitische Entwicklung

Beim Kampf um das livländische Erbe erwiesen sich Polen-Litauen und Schweden auf lange Sicht als die dominierenden Mächte. Dänemark und das Moskauer Großfürstentum konnten nur zeitweise Einfluss gewinnen. Dies hatte vor allem mit der polnischen und schwedischen Schutzpolitik gegenüber den livländischen Territorien zu tun. So schloss der letzte livländische Ordensmeister Gotthard Kettler mit dem König von Polen, Sigismund II. August (reg. 1548–1572), einen Vertrag (*Pacta subiectionis*, 1561), in dem er sich dem König formal unterstellte, dafür aber die Herzogswürde erhielt und künftig über ein Herzogtum Kurland (Kurzeme) und Semgallen (Zemgale un Selija) herrschte. Die freie Hansestadt Reval und die der Stadt benachbarten Korporationen gutsbesitzender Adliger (Ritterschaften) flüchteten sich 1561 unter das schützende Dach Schwedens. Riga, ebenfalls der Hanse zugehörig und die reichste und militärisch stärkste Stadt Livlands, konnte im Gegensatz zu anderen livländischen Gebieten noch eine Weile dem Druck der Nachbarmächte standhalten. 1581 musste aber auch sie die Waffen strecken und sich Polen-Litauen unterwerfen.

Andere livländische Territorien wurden Opfer gewaltsamer Eroberungen. Moskau gelang es während des Krieges, große Teile Livlands zu besetzen. Seine Herrschaft konsolidieren konnte es, außenpolitisch weitgehend isoliert, jedoch nicht. Insbesondere die Gebiete um Reval und Riga blieben dank der Präsenz schwedischer Truppen vor Übergriffen verschont. Moskaus Friedensschlüsse mit Polen in Jam Zapol'skij (1582) und mit Schweden an der Pljussa (1583) endeten deshalb mit einer Teilung Livlands. Polen-Litauen erhielt die südlichen Territorien und Polock. Schweden sicherte sich die Gebiete, die sich schon 1561 unter schwedischen Schutz begeben hatten. Außerdem erhielt es Territorien aus dem estnischen Teil Livlands und die ingermanländischen Festungen Jam, Koporje und Iwangorod. Dänemark hatte bereits 1560 die Inseln Ösel (Saaremaa) und Dagö (Hiiumaa) vom Orden gekauft. Diese Erwerbungen wurden in den Friedensschlüssen bestätigt.

Damit waren nun zwar die kriegerischen Auseinandersetzungen, nicht aber die tiefer liegenden zwischenstaatlichen Konflikte beendet. Ein dynastischer Zwist zwischen dem schwedischen und dem polnischen Zweig des Herrscherhauses Wasa löste 1600 einen nahezu dreißigjährigen Krieg zwischen Polen-Litauen und Schweden aus, der zwar mit dem Waffenstillstand von Altmark 1629 den größten Teil der von Polen-Litauen beherrschten Territorien Livlands unter schwedische Herrschaft brachte, aber die livländische Frage nicht dauerhaft beilegte. Der in den schwedisch-polnischen Krieg eingebettete sogenannte Ingermanländische Krieg (1610–1617) zwischen Moskau und Schweden bescherte Moskau eine weitere schwere Niederlage. Im Frieden zu Stolbowo (1617) trat es Ingermanland und Ladoga-Karelien

Iwan IV. (»der Schreckliche«) erobert die Stadt Narwa am 11. Mai 1585. Darstellung von 1836.

an Schweden ab und verlor damit endgültig jeglichen Zugang zur Ostsee. Der schwedisch-dänische Krieg von 1643 bis 1645, ein Teilkonflikt des Dreißigjährigen Krieges, den Dänemark verlor, zwang Ösel und Dagö im Frieden von Brömsebro (1645) unter schwedische Herrschaft.

Der Zweite Nordische Krieg (auch: Kleiner Nordischer Krieg, Zweiter Polnisch-Schwedischer Krieg, Karl-Gustav-Kriege, 1655–1660/61), im Kern eine militärische Auseinandersetzung der Ostseeanrainerstaaten um die Vorherrschaft im Ostseeraum, der zahlreiche territoriale Veränderungen mit sich brachte, involvierte auch die livländischen Territorien und führte zeitweise erneut zur Besetzung livländischer Teilgebiete durch Moskauer Truppen. Der für die livländischen Territorien maßgebliche Friedensvertrag von Oliva (1660) verfügte jedoch die Wiederherstellung der Herrschaft Schwedens in Estland, Livland und auf der Insel Ösel. Auch der Status der unter polnisch-litauischer Herrschaft stehenden Teile Livlands blieb unangetastet (Friedensvertrag zu Andrussowo, 1661).

Eine grundlegende Veränderung der Oberherrschaft im Baltikum brachte erst der Große Nordische Krieg (1700–1721), der die Vorherrschaft Russlands im Baltikum einläutete (siehe auch den Beitrag von Martin Meier).

Kurländer in Afrika und in der Karibik

Dass auch die Kurländer unter Herzog Jakob (Jakob Kettler, 1610–1681) wie andere, weitaus bedeutendere europäische Mächte in der Frühen Neuzeit versuchten, koloniale Handelsstützpunkte und Kolonialbesitz zu erlangen, ist hierzulande wohl noch weniger bekannt als die frühen Versuche Brandenburgs zwischen 1683 und 1721, Kolonialbesitz in Übersee zu erwerben. Dabei gilt Herzog Jakob, ein Onkel des Großen Kurfürsten Friedrich Wilhelm von Brandenburg (1620–1688), als Vorbild für deren kolonialen Abenteuer.

Das baltische Kurland, Erbe des Deutschen Ordensstaates, stand seit 1562 als deutsches Herzogtum unter polnischer Lehnshoheit. Wie die Niederlande wollte Jakob durch Überseehandel zu Reichtum gelangen. Er ließ deshalb im Oktober 1651 einige Schiffe ausrüsten und an die westafrikanische Küste segeln. Die Besatzungen von zwei Seglern bauten auf St. Andreas, einer kleinen Binneninsel im Fluss Gambia, eine steinerne Befestigungsanlage. Somit begannen sie ihren Auftrag, einen Handelsstützpunkt zu errichten, sogleich umzusetzen. Im Jahre 1653 konnten sich die Kurländer darüber hinaus an der Küste der karibischen Insel Tobago vorübergehend festsetzen. Ursprünglich sollte die Beteiligung des kleinsten europäischen Landes, welches in Afrika und Amerika Kolonialbesitz unterhielt, am transatlantischen Sklavenhandel finanzielle Gewinne für das Herzogtum bringen (jährlich wollte Jakob 1000 Versklavte den Spaniern in Westindien liefern), um noch lukrativeren Handel mit Indien betreiben zu können. Dieser Plan konnte nicht umgesetzt werden. So beschränkte man sich auf den Handel mit Elfenbein, Fellen und Häuten aus Afrika. Expeditionen ins afrikanische Landesinnere, um dort das von allen Europäern begehrte Gold zu finden, schlugen fehl. Die kurländische Besatzung auf der kleinen westafrikanischen Insel wurde durch Desertion, Streit mit Einheimischen und Krankheiten stark dezimiert. Der Nachschub an Menschen und Material unterblieb. Die Verschuldung des Herzogs war enorm.

Schließlich wurde 1659 die kleine Inselkolonie in Gambia von den Niederländern besetzt. Nach kurzer Zeit wiederum in kurländischem Besitz, gelangte die Insel schließlich unter englische Herrschaft. Sie trug bis 2011 den Namen »James Island« (heute Kunta Kinteh Island) und steht seit 2003 auf der Weltkulturliste der UNESCO.

Am 20. Mai 1654 hatten die Kurländer einen zweiten erfolgreichen Versuch unternommen, eine Siedlerkolonie auf Tobago zu gründen. Im Südwesten der Karibikinsel wurde das Fort Jacobus erbaut. Nunmehr schienen die Voraussetzungen für einen Dreieckshandel vorhanden zu sein, denn noch gab es die westafrikanische Insel, über die man Sklaven nach Amerika verschiffen konnte. Nach dem Vorbild der großen europäischen Kolonialmächte sollten Sklaven in kurländischen Plantagen auf Tobago arbeiten. Durch deren Ausbeutung beim Tabak-, Indigo- und Zuckerrohranbau versprach sich Jakob großen Gewinn. In der Zeit des Zweiten Nordischen Krieges (1655–1660/61), als Kurland von den Schweden besetzt worden war, griffen jedoch inzwischen auf Tobago siedelnde Niederländer die kurländischen Siedler und deren Stützpunkte an. Die Kurländer gerieten in Bedrängnis und die kolonialen Blütenträume mussten der Realität weichen. Versuche, die karibische Kolonie an Brandenburg zu verkaufen, scheiterten.

Kurland verzichtete schließlich am 11. Dezember 1659 auf seinen Kolonialbesitz in der Karibik, was im Vertrag von Oliva im Jahre 1660 bestätigt wurde. Acht Jahre später versuchten die Kurländer ihren alten Besitz zurückzuerobern. Teile der Insel konnten in der Tat eine Zeitlang gehalten werden. Die kurländische Kolonialherrschaft endete dann endgültig 1690 mit dem Verkauf der Insel an die Niederlande und der Rückkehr der letzten Siedler in ihre Heimat. Noch heute erinnern einige geografische Bezeichnungen auf Tobago wie »Great Courland Bay« an die kurzzeitige kurländische Herrschaft.

Ulrich van der Heyden

picture alliance/dpa

Jakob Kettler, Herzog von Kurland.

Das 18. Jahrhundert verlief in den unter russländischer Oberherrschaft offiziell als »Ostseeprovinzen« bezeichneten Gebieten weitgehend friedlich. Zwei Kriege zwischen Schweden und Russland (1741–1743, 1788–1790) berührten die Provinzen nur in direkter Küstennähe, und zwar in Form von Seeschlachten. Der Russlandfeldzug Napoleons (1812) erreichte die Ostseeprovinzen nicht. Einschneidende territoriale Veränderungen allerdings brachte die dritte Teilung Polen-Litauens (1795) mit sich: Sie verwandelte das bisher unter polnisch-litauischer Oberherrschaft stehende Herzogtum Kurland in eine dritte Ostseeprovinz des russländischen Kaiserreiches.

Litauen in der frühen Neuzeit

Im Gegensatz zu den livländischen Gebieten verlor das bis 1569 selbstständige Großfürstentum Litauen sein staatliches Eigengewicht in der frühen Neuzeit erst nach und nach. Der erste Schritt – eine Initiative des litauischen Großfürsten Sigismund III. August (reg. 1545–1569) – war 1569 eine Union mit dem Königreich Polen (Lubliner Union). Das Großfürstentum litt seit Jahrzehnten unter einer schleichenden Westexpansion Moskaus und den katastrophalen Wirkungen des Livländischen Krieges. Außerdem suchte Sigismund mangels eines Erben nach einer Lösung, um den Fortbestand seines Reiches zu sichern. Die Union mit Polen brachte eine vorläufige Entlastung, doch musste Litauen drei Woiwodschaften (Wolhynien, Kiew, Podlachien) an das Königreich abtreten. Das mit Polen unierte »Großfürstentum Litauen, Rus' und Samogitien«, wie es im 16. Jahrhundert genannt wurde, bestand außer diesen Stammlanden auch aus den angegliederten Provinzen Kleinlitauen (Mazoji Lietuva), Kurland, Semgallen und Lettgallen (Latgale). Diese standen unter einem gemeinsamen Herrscher, dem König von Polen, der auch den Titel eines Großfürsten von Litauen trug. An der Regierung beteiligt waren außerdem ein gemeinsamer Senat und Reichstag. Justiz, Verwaltung, Finanzen, Militär und Außenpolitik verblieben allerdings in den Händen der litauischen bzw. polnischen Selbstverwaltung.

Die Union machte sowohl Litauen als auch Polen zunächst widerstandsfähiger gegen äußere Einmischungen. Dennoch blieben ständige Auseinandersetzungen mit Moskau, Schweden oder dem Osmanischen Reich an der Tagesordnung. Nach dem Zweiten Nordischen Krieg wurde das Polnisch-Litauische Reich zum Spielball zwischen Schweden, Moskau, dem Habsburgerreich, dem Kurfürstentum Brandenburg, den Niederlanden und Dänemark. Der Verlust Polnisch-Livlands an Schweden (1660), des Herzogtums Preußen an Brandenburg (1660), von Teilen Weißrusslands und der westlichen Ukraine mit Kiew an Moskau (1667) sowie Podoliens und weiterer ukrainischer Gebiete an das Osmanische Reich brachte Polen-Litauen spätestens seit Anfang des 18. Jahrhunderts in eine politische Abhängigkeit vom Kaiserreich Russland, die am Ende über die drei Teilungen Polen-Litauens (1772, 1793, 1795) zum völligen Verschwinden Litauens von der politischen Landkarte Europas führte.

Dem äußeren entsprach der innere Niedergang. Die Struktur der politischen Entscheidungsfindung und die Unwilligkeit zu Reformen verhinderten fast jede Handlungsfähigkeit der Regierung; Klientelpolitik und Parteiengeist führten zu ständigen Konflikten. Davon war das Unionsreich insgesamt betroffen, der litauische Reichsteil aber in besonderem Maße. Der litauische Adel durchlief seit dem 16. Jahrhundert eine Art Selbstpolonisierung in Recht, Habitus und Sprache und verschmolz mit dem polnischen Adel zur polnischen »Adelsnation«. Eine kurze Phase der Reformation geriet frühzeitig – wie in Polen – unter den Druck der Gegenreformation. Ähnliches galt für die zahlreichen Anhänger der Orthodoxen Kirche und für Muslime, die sich dem konfessionellen Uniformismus nur schwer entziehen konnten. Die Stadtbürger und Bauern blieben weitgehend der Herrschaft des Adels und des königlichen Hauses ausgeliefert. Freie Städte wie Riga oder Reval existierten im Unionsreich kaum. Der gutsherrliche Herrschaftsrahmen bestimmte sowohl die Rechte der Landstädte als auch der leibeigenen Bauern.

Eine Sonderstellung nahmen die im Unionsreich lebenden Juden ein. Deren bis zur Mitte des 17. Jahrhunderts anhaltende Prosperität und relative Rechtssicherheit wurde allerdings durch ein schweres Pogrom im Jahre 1648 nachhaltig erschüttert. Weit über 100 000 Opfer forderte das von Christen verübte Massaker. Das Ergebnis war eine bis weit ins 20. Jahrhundert hineinreichende Störung des polnisch-litauisch-jüdischen Verhältnisses, das die weit friedlichere Symbiose des Mittelalters aufhob und zu einer zunehmenden Selbst- und Fremdisolation des Ostjudentums führte. Die im 19. und 20. Jahrhundert deutlich wahrnehmbaren Unterschiede im Vergleich zum mittel- und westeuropäischen Judentum hatten hier ihren Ursprung.

Unter polnisch-litauischer Oberherrschaft

Die innere Entwicklung der ehemaligen livländischen Gebiete variierte während der frühen Neuzeit je nach den Interessen der Oberherrschaft. Die unter Polen-Litauen stehenden kurländischen Stände hatten im Rahmen der *Pacta subiectionis* die Freiheit erhalten, ihre evangelische Konfession auszuüben, einen deutschen Herrscher (Herzog) zu behalten, nach livländischen Traditionsrechten abgeurteilt zu werden und die hohen Staatsämter ausschließlich mit kurländischen Adligen zu besetzen. Aus dieser Herrschaftsstruktur entwickelte sich im 17. Jahrhundert ein für das Zeitalter typischer Konflikt zwischen dem auf absolute Herrschaft bedachten Herzog und den Ständen, die ihre Freiheiten verteidigten oder gar zu erweitern suchten. 1617 verloren die freien kurländischen Städte ihr Recht, an den Landtagen teilzunehmen. Der kurländische Adel behielt unter Herzog Jakob Kettler (1642–1681) mit dem *Privilegium Gotthardinum* zwar vertragsmäßige Rechte auf seinen eigenen Gütern, gleichzeitig jedoch gelang es dem Herzog, den traditionellen Geblütsadel in einen dem Herzog hörigen Dienstadel umzugestalten. Kettler versuchte zudem, seine Stellung durch eine merkantilistische Handels- und Kolonialpolitik wirtschaftspolitisch und fiskalisch zu konsolidieren. Kurland entwickelte sich zu einer Seemacht, deren Aktivitäten sich nicht allein auf den Ostseeraum beschränkten, sondern kurzfristig auch den Erwerb von Kolonien beinhalteten (siehe dazu den Infokasten auf S. XXX f.).

Der Unterwerfungsvertrag (*Pacta subiectionis*, 1561) und die Privilegien für die Ritterschaft (*Privilegium Sigismundi Augusti*, 1561) der anderen unter der Oberherrschaft Polen-Litauens firmierenden Gebiete Livlands garantierten den Einwohnern des nun schlicht Livland (Inflanty) genannten Gebietes ebenfalls Glaubensfreiheit sowie eine eigene deutsche Rechtsprechung und Verwaltung. Allerdings wurde die livländische Ritterschaft 1566 der litauischen inkorporiert und verschmolz nach dem polnisch-litauischen Unionsschluss zu Lublin (1569) mit dem polnisch-litauischen Reichsadel. In den neu geschaffenen Verwaltungs- und Rechtsbezirken (Woiwodschaften) saßen nun Männer des Königs, Kanzleisprache war das Polnische, und mehr und mehr ersetzte der monarchische Absolutismus den früheren Dualismus zwischen König und Adel. Einzig die Adelsgüter stellten einen vom König weitgehend unabhängigen Herrschaftsraum dar. Sie bildeten auch eigene Militärbezirke, auf deren wirtschaftliche und menschliche Ressourcen die Krone nur mit Zustimmung der Gutsbesitzer zugreifen konnte.

Der Stadt Riga hatte der polnische König Stephan Báthory im Vertrag von Drohiczyn (1581) das sogenannte *Corpus Privilegiorum Stephaneum* zugestanden. Es garantierte die städtischen Freiheiten in allgemeinen Formulierungen, beschnitt jedoch die angestammten Autonomierechte im Detail. Im Stadtrat saß künftig ein Vertreter des Königs, Änderungen der städtischen Statuten bedurften der Zustimmung der Krone. Die evangelische Konfession wurde nur noch geduldet. Eingriffe der Krone in konfessionelle Angelegenheiten nahmen unter dem massiven Einfluss der Jesuiten und der katholischen Gegenreformation stetig zu.

Schweden hatte deshalb leichtes Spiel, sich als Retter des Protestantismus zu gerieren, als mit dem Waffenstillstand zu Altmark (1629) der größte Teil der polnisch-litauisch beherrschten livländischen Territorien an das nordeuropäische Königreich ging. Nur der östliche, kleinere Teil Polnisch-Livlands (»Lettgallen«) verblieb noch unter der Oberherrschaft Polen-Litauens.

Unter schwedischer Oberherrschaft

Die im Zuge des Livländischen Krieges an Schweden gelangten Gebiete fasste die schwedische Krone 1584 zu einem mit Schweden in Personalunion verbundenen Fürstentum Ehsten (auch Herzogtum Ehsten) zusammen. Dem schwedischen König standen dabei in einem Herrschaftsdualismus die seither vereinigte Ritterschaft Estlands gegenüber, die Autonomierechte besaß und der Krone

Im Kleinen Nordischen Krieg siegen Karl X. Gustav von Schweden und der Große Kurfürst Friedrich Wilhelm von Brandenburg in der Schlacht bei Warschau im Juli 1655 über die Polen. Holzstich, 1884.

lokale Verwaltungseliten und militärische Anführer stellte. Auch die Stadt Reval genoss Rechtsautonomie, und zwar nach Maßgabe ihrer traditionellen Stadtrechte. Administrativ allerdings wurden beide Territorien dem schwedischem Königreich als Provinzen angegliedert. Trotz Ständeautonomie und einer gemeinsamen konfessionellen Orientierung (Luthertum) blieb das Verhältnis zwischen Provinz und Krone aufgrund des nahezu permanenten Kriegszustandes zwischen Schweden, Russland und Polen-Litauen anfangs kritisch. Zölle, Einquartierungen, Flüchtlinge, Hunger, Seuchen, Verwüstungen, Verschleppungen und Morde, die Ansiedlung von Finnen – all das fand erst nach dem Frieden von Stolbowo (1617) und dem Waffenstillstand zu Altmark (1629) ein vorläufiges Ende. Der langsame Wiederaufbau des Landes führte seit den 1630er Jahren zu einer Schwedisierungspolitik und nach 1680 zur Einschränkung der Rechte der Ritterschaften und der Stadt Reval, die ihren früheren Status erst im Zuge des Großen Nordischen Krieges wiedererlangten.

Unter dänischer Oberherrschaft

Die an Dänemark verkauften Inseln Ösel, Dagö und das Stift Pilten erlebten hinter dem militärischen Schutzwall des schwedischen Herzogtums Estland eine lange Friedensperiode. 1563 erhielt die Stadt Arensburg nach Rigaer Vorbild das Stadtrecht. Im Übrigen ließen die dänischen Könige die Gutswirtschaft, die Ständeordnung, die evangelische Konfession und die Selbstverwaltung des Adels unangetastet. Selbst der dänische Statthalter stammte aus der öselschen Ritterschaft. Die Bevölkerung dankte dies den dänischen Herrschern durch uneingeschränkte Loyalität. Der Versuch Schwedens, während des Kalmarkrieges (1611–1613) Ritterschaft und Bauern von Ösel gegen ihre dänischen Oberherren aufzuhetzen, blieb Episode.

Unter russischer Oberherrschaft

Der Übergang der schwedischen Provinzen Estland, Ösel und Livland an das Moskauer Großfürstentum im Jahre 1710 und der Friede zu Nystad 1721 endeten mit dem aus Sicht der Ritterschaften und der Städte Riga und Reval positiven Ergebnis, dass ihre überlieferten Privilegien von der St. Petersburger Regierung restituiert wurden. Tatsächlich erlebten die Ritterschaften unter den russischen Zaren bis in die 1780er Jahre ihre größte Rechtsfreiheit nach dem Ende des mittelalterlichen Livland. Dies allerdings ging zu Lasten der estnisch- und lettischsprachigen Gutsbauern, deren persönliche Unfreiheit (Leibeigenschaft) in einem bis dahin ungekannten Maße zunahm. Erst die Bauernreformen unter Zar Alexander II. (1801–1825) brachten den Beginn einer langsamen Aufhebung der Leibeigenschaft, deren tatsächliches Ende aber bis ins letzte Drittel des 19. Jahrhunderts auf sich warten ließ.

Ralph Tuchtenhagen

Rue des Archives/Tallandier/SZ Photo

Die Geschichte der baltischen Länder ist eng mit dem Aufstieg und Niedergang der im Ostseeraum agierenden Mächte verflochten. Mit Ausnahme des Großfürstentums Litauens, das seit 1386 in Personalunion mit der Rzeczpospolita (polnische Adelsrepublik) verbunden war, besaßen die Balten bis zum 20. Jahrhundert nie staatliche Souveränität. In besonderem Maße prägten die nordischen Staaten sowie Polen, Russland und Preußen das Schicksal der Esten, Letten, Kuren, Pruzzen, Litauer und der anderen Stämme bzw. Völker. Dabei spielten kriegerische Auseinandersetzungen oftmals eine entscheidende Rolle, vor allem der Große Nordische Krieg 1700–1721. Das Bild zeigt die Schlacht von Narwa am 30. November 1700. Dieser schwedische Sieg über die russische Armee weckt bis heute in den baltischen Staaten Hoffnungen, einer möglichen russischen Expansion mit westlicher Hilfe entgegentreten zu können. Indes wurde Narwa alsbald von den Russen erobert. Die Schweden verloren diesen Krieg dann auch.

Aufstieg und Niedergang benachbarter Mächte

Obgleich der Begriff »Dominium maris baltici« erst im 16. Jahrhundert vermutlich durch den polnischen König Sigismund II. August geprägt wurde, um das Vormachtstreben der Ostseeanrainer zu beschreiben, lagen jene Mächte schon seit dem Mittelalter in beständigem Streit. Mit der am 15. Juni 1219 ausgetragenen Schlacht bei Lyndanisse (Reval/Tallinn) verbindet sich für die Dänen ein Mythos von nationsformender Kraft (entstanden im 16. Jahrhundert). Unter dem Vorwand, den Seeraub einzudämmen und die Esten zum Christentum zu bekehren, kämpfte an jenem Tag ein dänisches Heer unter König Waldemar II. gegen das kleine baltische Volk. Als die Schlacht zugunsten der Esten auszugehen drohte, habe sich der Himmel geöffnet. Der Danebrog, die dänische Flagge, sei als göttliches Zeichen vom Himmel gefallen und habe die Esten vernichtet.

Ebenfalls im 13. Jahrhundert beginnt eine Phase engen Kontaktes zwischen der deutschen und den baltischen Kulturen. So gründete Waldemar II. mit Hilfe deutscher Siedler Reval. Sein Sohn jedoch trat das Territorium an den expansiv auftretenden Deutschen Orden ab. Jener zu diesem Zeitpunkt noch junge »Staat« war Produkt des polnischen Bemühens, den eigenen Herrschaftsbereich zu sichern und auszubauen. So rief Konrad von Masowien 1226 in seinem Bestreben, Polen zu einen und vor den Einfällen der baltischen Pruzzen zu schützen, den Deutschen Orden (siehe den Beitrag von Klaus Militzer in diesem Band). Hoch- und Deutschmeister Hermann von Salza, der zuvor vergeblich versucht hatte, im ungarischen Siebenbürgen ein autonomes Ordensterritorium aufzubauen, erhielt von Konrad das Kulmer Land zugesprochen. Ob es als Lehen oder als Geschenk in den Besitz des Ordens gelangte, ist umstritten. Den Deutschordensrittern gelang in der Folgezeit die Eroberung des Pruzzenlandes und des gesamten Baltikums.

Nachdem im 13. Jahrhundert der Machtzuwachs des Ordens zur Gefahr für Polen wurde, leiteten die Kämpfe der folgenden Jahrzehnte eine Phase des Zerfalls ein, der letztlich in der Niederlage gegen ein polnisch-litauisches Ritterheer in der Schlacht bei Tannenberg (1410) gipfelte. Die militärischen Auseinandersetzungen fanden kein Ende und kulminierten im 13-jährigen Westpreußischen Städtekrieg (1454–1466). Dieser wurde am 19. Oktober 1466 mit dem 2. Thorner Frieden beendet, einem für die preußische Geschichte wichtigen Ereignis. Als Ergebnis dieses Friedens trat der Orden Westpreußen einschließlich des Ordenssitzes Marienburg sowie das Ermland an Polen ab. Das verbleibende Ordensgebiet gelangte zudem unter polnische Lehnshoheit. Zwar konnte der Orden noch einige Zeit außenpolitisch autonom agieren, war jedoch zum Gefolgschaftsmitglied des polnischen Königs herabgesunken.

Vom Deutschen Orden zum König in Preußen

Neue Hauptstadt wurde Königsberg. Das unmittelbar zum polnischen Staat gehörende Ermland genoss bis zur ersten polnischen Teilung 1772 weitgehende autonome Rechte. Im Jahre 1511 wurde Markgraf Albrecht von Brandenburg-Ansbach, ein Hohenzoller, zum neuen Deutschmeister ernannt. Die Kämpfe um die Loslösung von der polnischen Krone begannen erneut, scheiterten jedoch im April 1521. Wohl auch unter dem Einfluss Martin Luthers erklärte sich Albrecht bereit, das Ordensgebiet zu säkularisieren und in ein weltliches Herzogtum unter polnischer Krone umzuwandeln. Nach dem Tode Albrechts (1568) fiel die Herrschaft kurzzeitig an dessen geisteskranken Sohn. 1605 wurde der brandenburgische Kurfürst Joachim Friedrich Administrator. Das Herzogtum ging damit von der Ansbach-Bayreuther auf die brandenburgische Linie der Hohenzollern über. 1611 fiel das Territorium offiziell an Brandenburg.

Ab der zweiten Hälfte des 16. Jahrhunderts bemühten sich die brandenburgischen Kurfürsten um die Erringung der vollständigen Souveränität für das Herzogtum Preußen (das nicht zum Stammland, dem Kurfürstentum Brandenburg, zählte). Dem Großen Kurfürst Friedrich Wilhelm gelang es im Verlauf des Zweiten Nordischen Krieges 1655–1660, durch ein geschicktes Lavieren zwischen den Kriegsparteien (Schweden und Polen) die Souveränität zu erringen, die ihm im Frieden von Oliva vom polnischen König zugesichert wurde. Sein Sohn Friedrich III. errang die Königswürde für das vormalige Herzogtum Preußen. Am 18. Januar 1701 bestieg er als Friedrich I., König in (nicht von) Preußen, den Thron. Preußen war zu diesem Zeitpunkt nach wie vor kein Bestandteil des Heiligen Römischen Reiches Deutscher Nation.

Im Zuge der Expansion Preußens hatte bereits der Große Kurfürst Friedrich Wilhelm nach dem Besitz der Odermündung und der Herrschaft über das ökonomisch bedeutsame Vorpommern getrachtet. Dabei musste er zwangsläufig in Konflikt mit Schweden geraten, unter dessen Herrschaft Vorpommern, weitere Reichsterritorien und auch das Baltikum standen.

Die Mächtekonstellation Anfang des 18. Jahrhunderts gestaltete sich nun für den Enkel des Kurfürsten sehr günstig. Im Norden deutete sich der Niedergang schwedischer Vormachtstellung an. Das Baltikum wurde erneut zum Kriegsschauplatz der um die Vorherrschaft im Ostseeraum ringenden Mächte. Mit dem Einmarsch kursächsischer Truppen in das schwedische Livland begann im Februar 1700 der 21 Jahre währende Große Nordische Krieg. Zu diesem Zeitpunkt rangen schon seit 200 Jahren an den Gestaden der Ostsee Anrainer und andere europäische Mächte um die Herrschaft über dieses ökonomisch attraktive Gebiet. Dieser Kampf um ein »Dominium maris baltici« trat nun in seine entscheidende Phase.

Schwedens Niedergang

Am 5. April 1697 starb der schwedische König Karl XI. 41-jährig in Stockholm und hinterließ einen 15-jährigen Thronfolger, der als prunksüchtig galt, obgleich er sich von klein auf mit militärischen Obliegenheiten befasste: Karl XII., der am 14. Dezember den schwedischen Thron bestieg. Der dänische König Friedrich IV., der russische Zar Peter I. und der Kurfürst Friedrich August I. von Sachsen hielten nun ihre Stunde für gekommen, mit vereinten Kräften die schwedische Vormachtstellung im Ostseeraum zu brechen. Ihre Interessen unterschieden sich jedoch gänzlich. Friedrich August I. bestieg 1698 den polnischen Thron, nachdem er durch Bestechung und geheime Absprachen an die Krone dieser Wahlmonarchie gelangt war. Eines der hiermit ver-

Gebietsverluste Schwedens nach dem Großen Nordischen Krieg 1721

bundenen Versprechen war die Eroberung des schwedischen Livland für Polen gewesen. Friedrich Augusts Interesse am Prestigegewinn fand seine Entsprechung im Streben des russischen Zaren Peter I. nach einem Zugang zur Ostsee. Als Karl XII. im Frühsommer des Jahres 1698 ausgerechnet dem Holstein-Gottorfer Herzog Friedrich IV. den Oberbefehl über die schwedischen Truppen in Norddeutschland übertrug, verschlechterten sich die Beziehungen auch zu Dänemark spürbar. Der dänische König Friedrich IV. fürchtete um seine Position in Holstein, da die Holstein-Gottorfer Herzöge formal Lehnsmänner der dänischen Krone waren, herrschaftstechnisch aber in einem komplizierten Verhältnis zu ihr standen. Er ging daher am 25. September 1699 ein Offensivbündnis mit Kurfürst Friedrich August I. ein, dem Anfang November der Zar beitrat.

Zeitgleich mit dem Angriff sächsischer Truppen auf das schwedische Livland begann eine Operation dänischer Truppen gegen das mit Schweden verbündete Holstein-Gottorf. Karl XII. schlug zunächst die Dänen, dann die Russen in der Schlacht an der Narwa (30. November 1700) und wandte sich schließlich gegen die in Polen stehenden sächsischen Truppen. Die Rzeczpospolita (polnische Adelsrepublik) trat offiziell erst 1702 in den Krieg ein. In Polen bildeten sich zwei Kriegsparteien, deren eine August, deren andere Karl XII. unterstütze. Nach der Niederlage Sachsens und dem demütigenden Frieden von Altranstädt 1706 ging Karl erneut zur Offensive gegen Russland über. 1708 marschierten seine Truppen über Litauen zunächst in Richtung Moskau. Da sich russische Truppen bemühten, alle Versorgungsmöglichkeiten der Schweden zu unterbrechen, überlebten Karls Verbände nur durch die Unterstützung der Kosaken unter ihrem Hetman Iwan Mazepa. Karl sah sich genötigt, die eigenen Planungen umzustellen. Er spekulierte auf eine Entscheidungsschlacht in der Ukraine, unterschätzte dabei jedoch die militärischen Fähigkeiten des Gegners.

In den Jahren nach der verheerenden Niederlage bei Narwa hatte Peter I. ein schlagkräftiges, an europäischen Vorbildern orientiertes Heer und eine entsprechende Marine geschaffen. Bereits 1704 war den russischen Truppen mit der erfolgreichen Belagerung der schwedischen Festung Narwa ein beachtlicher Sieg gelungen.

Schlacht bei Poltawa am 8. Juli 1709. Gemälde, nach 1724, von Pierre-Denis Martin I

In der Schlacht bei Poltawa scheiterten die schwedischen Truppen am 30. Juli 1709. Karl floh ins türkische Exil, versuchte indes nach seiner Rückkehr 1714 das Blatt wieder zu wenden. Dies erwies sich als aussichtslos, nicht zuletzt weil auch Brandenburg-Preußen und Hannover an die Seite der Gegner traten. 1716 fiel mit Wismar die letzte schwedische Bastion auf deutschem Territorium. 1714 gelang der russischen Marine in der Schlacht bei Hangö/Gangut ein erster großer Erfolg zur See.

picture alliance/Heritage Images

Schließlich fand Karl XII. 1718 den Tod vor der norwegischen Feste Frederikshald. Sein Ableben, dessen nähere Umstände bis heute nicht endgültig geklärt sind, ebnete den Weg zum Frieden.

Der Krieg ist also in drei wesentliche Phasen einteilbar: die Phase schwedischer Erfolge vom Kriegsbeginn bis zur Niederlage bei Poltawa (1700–1709), die Phase des schwedischen Niederganges von der Erneuerung der Bündnisse bis zum Tode Karls XII. (1709–1718) und die Phase von 1718–1721, die sich als »Phase des Ausklanges und der Friedensschlüsse« beschreiben ließe. Mit den Friedensschlüssen von Nystadt, Stockholm und

Aufstieg durch den Großen Nordischen Krieg: Peter I. von Russland. Gemälde, um 1710/1720, von unbekanntem Maler.

Frederiksborg endete der Große Nordische Krieg, dessen Bedeutung bis heute deutlich unterschätzt wird. Mit ihm stieg Russland zur europäischen Macht auf, ein Ergebnis, das die europäische und die Weltgeschichte bis in das 20. Jahrhundert hinein nachhaltig prägte. Auch für Preußen verband sich mit dem Nordischen Krieg ein wesentlicher Schritt auf dem Wege zur deutschen Führungsmacht.

Preußen auf dem Weg zur Großmacht

Dem bekannten Soldatenkönig Friedrich Wilhelm I. gelang durch Eintritt in den Großen Nordischen Krieg der Erwerb des südlichen Vorpommerns und eine engere Verzahnung der einzelnen Bestandteile seines Territorialstaates, der nun in seiner Gesamtheit unter dem Namen Preußen firmierte. Dennoch war auch weiterhin nur ein Teil Preußens dem König in Preußen untertan. Erst mit der ersten polnischen Teilung gelang Friedrich II. 1772 sowohl geografisch als auch rechtlich die Vereinigung mit dem einstmals durch den zweiten Thorner Frieden an Polen abgetretenen Westpreußen. Auch das Ermland, der Netzedistrikt und das Kulmer Land wurden preußisch. Mit der zweiten polnischen Teilung 1793 entstand auf dem erworbenen Territorium die Provinz Südpreußen mit den Städten Kalisch und Warschau. Mit der dritten polnischen Teilung 1795 erreichte Preußen seine größte Ausdehnung.

Preußen entstand auf dem Boden prußischer Stämme. Die Bevölkerung blieb auch nach Schaffung des Ordensstaates bis in das 20. Jahrhundert ein multikulturelles Siedlungsgebiet, in dem

Die Teilungen Polens im 18. Jahrhundert

verschiedene Volks- und Sprachgruppen lebten. Die pruzzische Sprache starb erst im 17. Jahrhundert endgültig aus. Volksgruppen mit eigenem kulturellen Verständnis fanden sich im katholischen Ermland und im Süden Ostpreußens, wo stets ein starker polnischer Bevölkerungsteil lebte. Nach der ersten polnischen Teilung siedelte Friedrich II. ferner gezielt tatarische Soldatenfamilien in den neu gewonnenen Gebieten an.

Martin Meier

akg-images

Nach den Kriegen des 18. Jahrhundert war das »lange« 19. Jahrhundert von der dritten polnischen Teilung 1795 bis zum Oktoberumsturz 1917 eine verhältnismäßig friedliche Zeitspanne. In diesen Jahren aber erlebten die Beziehungen zwischen der estnischen, lettischen und litauischen Bevölkerungsmehrheit und den Eliten ebenso tiefgreifende Veränderungen wie jene zwischen der baltischen Peripherie und dem St. Petersburger Zentrum. Die wirtschaftlichen und sozialen Folgen der Bauernbefreiungen sowie der Beginn des Denkens und Handelns in nationalen Perspektiven erwiesen sich dabei als entscheidende Faktoren.

Die Esten, Letten und Litauer hatten sich gegenüber der Herrschaftspraxis des Zarentums zu behaupten, die beiden ersten zusätzlich noch gegen die herrschende deutsche Oberschicht, die sich meist mit der Regierung in St. Petersburg arrangierte. Schließlich entwickelten sich Nationalbewegungen, die Repressionen zu erdulden hatten, wie das Gemälde »Polizeiposten in Wilna« (1914) der bedeutenden russischen Expressionistin Marianne von Werefkin (1860 – 1938) zum Ausdruck bringt.

Die baltische Region im Russischen Reich 1795 bis 1917

Mit der dritten polnischen Teilung von 1795 war neben dem estnischen und lettischen auch das litauische Siedlungsgebiet fast vollständig zu einem Teil des Russischen Reiches geworden. Damit gehörte erstmals fast das ganze Territorium, das heute die baltischen Staaten ausmacht, zum Zarenreich. Allerdings deckten sich die administrativen Grenzen der »Ostseeprovinzen« Estland, Livland und Kurland nicht mit den Siedlungsgebieten der Esten und Letten. Und auch die litauische Bevölkerung war bald nicht mehr in einem gemeinsamen Verwaltungsgebiet vereint. Ihr Kernland, das seit 1796 in einem Litauischen Gouvernement zusammengefasst war, wurde sukzessive immer weiter aufgeteilt: 1843 entstanden aus ihm die Gouvernements Vil'na, Grodno und Kovno. Mit der Hafenstadt Palanga war bereit 1819 der einzige Zugang Litauens an die Ostsee dem Gouvernement Kurland einverleibt worden. Eine andere Entwicklung nahm das im Südwesten des Großfürstentums Litauen gelegene Gouvernement Suvalkija, das 1795 von Preußen annektiert worden und später Teil des 1807 geschaffenen Herzogtum Warschau gewesen war. Nach 1815 gehörte es zu dem auf dem Wiener Kongress neu geschaffenen, zwar polnisch verwalteten Königreich Polen (Kongresspolen), das dem Zarenreich jedoch in Personalunion verbundenen war und faktisch unter russischer Kontrolle stand. Außerdem lebten noch etwa 100 000 Litauer in dem als »Kleinlitauen« bezeichneten Gebiet im Nordosten von Ostpreußen.

Innere Verfassung und Verhältnis zur Zentralmacht

Was die soziale Verfassung anbetrifft, gab es große Unterschiede zwischen den Ostseeprovinzen Estland und Lettland einerseits und dem Litauischen Gouvernement (bzw. seinen Nachfolgegouvernements) andererseits. In Estland, Livland und Kurland herrschte eine kleine, aus Deutschland zugewanderte Gruppe

Osteuropa nach dem Wiener Kongress 1815

von etwa dreihundert adeligen Familien (etwa sieben Prozent der Gesamtbevölkerung) zusammen mit den etwas zahlreicheren deutschen Bürgern in den Städten über die zum Großteil leibeigene estnische und lettische Bevölkerungsmehrheit. Der soziale Aufstieg der Esten und Letten war mit einer Assimilation an das Deutsche verbunden, gleichzeitig aber durch die ständischen Grenzen stark eingeschränkt. Die Korporationen des gutsbesitzenden Adels – sogenannte »Ritterschaften« – fungierten mit weitreichenden Privilegien ausgestattet als die eigentlichen örtlichen Machthaber. Die Loyalität der deutschbaltischen Eliten zur russischen Autokratie war über jeden Zweifel erhaben und ihre Bedeutung in Staatsverwaltung und Armee des Zarenreichs überproportional groß.

Auf die Loyalität des polnischen und (polonisierten) litauische Adels konnte sich die Autokratie dagegen kaum verlassen. 1831 versuchte er im Novemberaufstand das alte polnisch-litauische Staatswesen wieder herzustellen. St. Petersburg reagierte mit scharfen Repressionen. Es schloss die als liberal geltende Universität Vil'no/Vilna (gegründet 1579, wiedergegründet 1803) und verbot im Jahr 1840 die Bezeichnung »Litauen« für die kernlitauischen Gouvernements. Stattdessen führte es die Verwaltungsbezeichnung »Nordwestgebiet« (Serverno-Zapadnyj kraj) für die sechs litauischen und weißrussischen Gouvernements ein. Die polnische Verwaltung des Königreiches Polen wurde aufgelöst und das Gebiet als »Weichselgebiet« vollständig in das Zarenreich eingegliedert.

Bauernbefreiung und Nationalbewegungen

Unruhen gab es auch in den Ostseeprovinzen, doch rebellierten hier die estnischen und lettischen Leibeigenen gegen die deutschbaltische Oberschicht. Gleichwohl beeinflussten auch diese Aufstände das Verhältnis zwischen St. Petersburg und den Ostseeprovinzen, denn die Regierung drohte damit, in die Beziehungen zwischen Gutsherren und Bauern einzugreifen und sie einer strengeren Reglementierung zu unterwerfen. Die Ritterschaften reagierten mit einer Flucht nach vorne: Bereits ein halbes Jahrhundert vor der Aufhebung der Leibeigenschaft in Russland erhielten die Bauern in Livland, Estland und Kurland die persönliche Freiheit. Als Mitte des Jahrhunderts durch die »Fölkersahmschen Reformen« (nach dem livländischen Adeligen Hamilkar von Fölkersahm) der Frondienst endgültig zugunsten von Geldleistungen abgeschafft und den Bauern zudem ein bestimmten Teil des Bodens (»Bauernland«) zum Kauf reserviert wurde, waren die Bedingungen für die Entstehung einer Schicht estnischer und lettischer Grundbesitzer geschaffen. Die Befreiung war auch Voraussetzung für Urbanisierung und Industrialisierung, die besonders nach der Einführung von Freizügigkeit im Jahr 1863 rasant zunahmen.

Vor diesem Hintergrund sahen die an Selbstbewusstsein gewinnenden bäuerlichen Kleinbesitzer, städtischen Händler und Handwerker sowie Intellektuellen in der zweiten Hälfte des 19. Jahrhunderts immer weniger ein, warum sie sich mit einem zweitrangigen Status in der deutschbaltisch geprägten Ständegesellschaft zufrieden geben sollten. Sie begannen, sich als Repräsentanten einer estnischen und lettischen Nation zu begreifen, die sich nicht mehr den ständischen Regeln der Deutschbalten beugen mussten, sondern in Konkurrenz zu ihnen treten konnten. Soziale Konflikte wurden zunehmend auf Grundlage ethnischer Unterscheidungen ausgefochten.

Ironischerweise waren die Grundlagen für dieses nationale Gedankengut durch deutschbaltische Pastoren und Literaten gelegt worden, die sich bereits seit dem 18. Jahrhundert wohlwollend-paternalistisch der Sprachen und Kulturen der Letten und Esten angenommen hatten. In der zweiten Hälfte des 19. Jahrhunderts wurde dann die nationale Selbstverortung zu einem Faktor, mit dem sich die Esten und Letten von jeglichem deutschbaltischem Einfluss abzugrenzen suchten. Zeitschriften, Vereine, Bildungseinrichtungen sowie die überregionalen Sängerfeste verbreiteten ein ethnisches Zusammengehörigkeitsgefühl, das auch über die zufälligen Gouvernementgrenzen hinwegging.

Auch die Pflege der litauischen Kultur war zunächst ein Elitenprojekt, das vom polonisierten Kleinadel, von polnischen Intellektuellen und der Geistlichkeit betrieben wurde. Ein Wandel erfolgte erst, nachdem sich die Polen und Litauer im Januar 1863 in einem weiteren Aufstand gegen die immer rigider durchgreifende russische Teilungsmacht aufgelehnt hatten. Diesmal

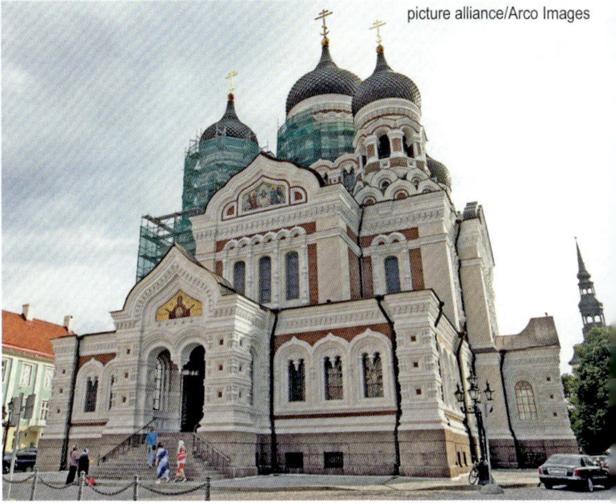

Zeichen des russischen Einflusses im Baltikum: die russisch-orthodoxe Alexander-Newski-Kathedrale in Tallin, erbaut zwischen 1894 und 1900.

waren auch litauische Bauern beteiligt gewesen, die zeitgleich mit den russischen Bauern im Jahr 1861 die Freiheit erhalten hatten, aber von den Reformen enttäuscht waren. (Im polnisch verwalteten Suvalkij war die Befreiung schon 1807 durch den Code Napoleón vollzogen worden). Sie sahen sich zunehmend auch in einem Gegensatz zu den polnischen oder polonisierten adeligen Gutsbesitzern. Ähnlich wie die Esten ihre nationale Identität in Abgrenzung zur deutschbaltischen Führungsschicht entwickelten, waren die Litauer bestrebt, die polnischen Spuren aus ihrer Kultur, Sprache und Geschichte zu tilgen.

»Russifizierung«

Im Nordwestgebiet reagierte die St. Petersburger Führung mit aller Härte auf den Januaraufstand von 1863. Gegen die Aufständischen wurden drakonische Maßnahmen ergriffen und das Kriegsrecht eingeführt, das die nächsten vierzig Jahre in Kraft blieb. Bestimmungen der Regierung auf kulturellem Gebiet sollten eine weitere, stärkere Anbindung an das Imperium gewährleisten. So versuchte sie, in den Verwaltungs- und Bildungseinrichtungen eine Dominanz der russischen Sprache durchzusetzen und die Position der russisch-orthodoxen Kirche zu festigen. Eine besondere symbolische Bedeutung hatte ein Druckverbot für Bücher in lateinischer Schrift.

Auch die Ostseeprovinzen waren von einer Politik der Russifizierung betroffen. Ungeachtet der Loyalität des deutschbaltischen Adels wurden in St. Petersburg immer mehr Stimmen laut, die den Sonderstatus dieser Gouvernements nicht mehr als zeitgemäß empfanden und seine Zugehörigkeit zu Russland betonten. Dabei konnten Politiker und Publizisten unter anderem damit argumentieren, dass bereits in den 1840er Jahren mehrere Hunderttausend Esten und Letten zum orthodoxen Glauben konvertiert waren, wobei allerdings die Hoffnung, dafür Boden zu erhalten, eine wichtige Rolle gespielt haben dürfte. Die Frage, wohin die baltische Region kulturell eigentlich gehöre, geriet nicht zuletzt zu einem Kampf um die grundsätzliche historische Verortung der Esten und Letten. Gleichwohl hat die neuere Forschung angezweifelt, ob die Litauer, Letten und Esten durch Maßnahmen wie die Durchsetzung der russischen Sprache in Verwaltung und Bildungseinrichtungen tatsächlich zu Russen gemacht werden sollten. Denn die Politik der »Russifizierung« war uneinheitlich und inkonsequent. Zentraler war wohl das Ziel, die baltische Bevölkerungsmehrheit dem polnischen und deutschbaltischen Einfluss zu entziehen. Doch erreichte die Autokratie mit der Russifizierungspolitik auch, dass die Balten sich verstärkt ihren eigenen kulturellen Eigenarten widmeten. Gerade der Kampf um die eigene Sprache wurde ein wesentliches Anliegen der baltischen Nationalbewegungen. Gleichzeitig schuf die administrative Vereinheitlichung, welche die Regierung nach dem Muster anderer moderner Territorialstaaten durchsetzte, in den Ostseeprovinzen durchaus Chancen für die aufstrebenden Esten und Letten.

Urbanisierung

Die geschilderten Entwicklungen gingen Hand in Hand mit einer allgemeinen Urbanisierung, die durch den Eisenbahnbau in den baltischen Gouvernements in den 1860er Jahren noch befördert worden war. Die Bevölkerungszahl Rigas wuchs zwischen 1867 und 1913 auf das Fünffache (von 102 600 auf 517 500), jene Tallinns/Revals zwischen 1871 und 1913 auf das Vierfache (von 29 162 auf 116 012). Dabei stieg der Anteil der lettischsprachigen Bevölkerung von 24 % im Jahr 1867 auf fast 40 % im Jahr 1913, die der estnischsprachigen Bevölkerung in Reval/Tallinn von 51,8 % im Jahr 1871 auf 71,6 % 1913.

Riga wurde in den 1890er Jahren die drittgrößte Industriestadt des Zarenreichs, sein Hafen gehörte gemeinsam mit jenem Revals/ Tallinns zu den bedeutendsten des Imperiums. Dabei profitierten sie auch von dem hohen Bildungsstand in den Ostseeprovinzen: Im Jahr 1897 konnten 96 Prozent der Esten und 92 Prozent der Letten lesen. Bei den Litauern konnte dagegen schon wegen der späteren Befreiung der Bauern aus der Leibeigenschaft (1861) von einer Urbanisierung im 19. Jahrhundert noch kaum die Rede sein. Der Zensus von 1897 gibt für Vilnius auf Grundlage der Sprachen einen Anteil von 40 Prozent Juden, 30 Prozent Polen, 20 Prozent Russen und nur 2,1 Prozent Litauern an bei einer Gesamtbevölkerung von 154 500. 48 Prozent der Litauer konnten lesen.

Revolution und Krieg

Es war die Diskrepanz zwischen dem sozialen Wandel und den Partizipationsmöglichkeiten, aber auch die zunehmende Polarisierung der Gesellschaft, die Nährboden für Unzufriedenheit schufen. Sie kam zum Ausbruch, als sich nach dem St. Petersburger »Blutsonntag« von 1905 die revolutionären Unruhen auch in den Ostseeprovinzen ausbreiteten. Ein wichtiger Anlass für die Ausschreitungen waren die ab 1903 durchgeführten Rekrutierungen für den Krieg gegen Japan gewesen. Durch sie hatte der imperiale Staat erstmals seit Einführung der allgemeinen Wehrpflicht von 1874 sein unmittelbares Zugriffsrecht auf die Esten, Letten und Litauer geltend gemacht. Doch richteten sich die Aufstände auch gegen die deutschbaltischen Pastoren und Gutsherren. Insbesondere im lettischen Gebiet gemahnten brennende Gutshäuser an frühere Bauernunruhen. Die Erhebungen wurden durch Truppen des Zaren niedergeschlagen; im Zuge von Strafexpeditionen wurden 1115 Menschen erschossen und Tausende nach Sibirien verbannt.

Der Erste Weltkrieg im Baltikum

Quelle: Putzgers Historischer Welt-Atlas, 1974, S. 106 f., S. 118 f.

Diese Ereignisse hatten eine zunehmende Politisierung der Mehrheitsbevölkerungen zur Folge. Esten, Letten und Litauer nutzten die ihnen im »Oktobermanifest« vom Oktober 1905 infolge der Aufstände zugestandenen bürgerlichen Freiheiten, um sich in Parteien zu organisieren und ihre Interessen zu vertreten. Die meisten von ihnen verlangten nun örtliche Autonomie und Selbstverwaltung. Die Vorschläge machten eine Grenzziehung auf ethnischer Grundlage unabdingbar.

Doch erst der Erste Weltkrieg und die Revolutionen von 1917 sollten als Katalysator für die Verwirklichung solcher Vorstellungen dienen. Beschleunigend wirkten sich Pläne der deutschen Armeeführung aus, das Gebiet zu erobern und zu kolonisieren. Sie fanden auch bei vielen Deutschbalten ein Ohr, während die Mehrheitsvölker immer dringlicher auf Autonomielösungen setzten. Die litauischen Gebiete waren die meiste Zeit des Krieges von den deutschen Truppen besetzt und mit Kurland zum »Land Ober-Ost« zusammengefasst (siehe dazu den folgenden Infokasten). Dadurch wurden sie Opfer einer rücksichtslosen Ausbeutung. Gleichzeitig umfasste aber die von der Besatzungsmacht geschaffene »Verwaltung Litauen« bereits große Teile des späteren Staates Litauen. Die Letten waren dagegen am meisten von den Kampfhandlungen betroffen, da die Front ihr Siedlungsgebiet durchschnitt, während das estnische Gebiet fast bis zum letzten Kriegsjahr von direkten Kriegshandlungen verschont blieb. Nach der Februarrevolution 1917 gelang es der estnischen Nationalbewegung, bei der provisorischen Regierung eine administrative Vereinigung ihres Siedlungsgebietes durchzusetzen, der ein gewählter Landrat (estn. *maanõukogu*) als oberste Selbstverwaltungseinrichtung diente. Auch in Lettland, das noch zur Hälfte deutsch besetzt war, wurden Autonomieforderungen laut. Die Mehrheit der Letten unterstützte zwar nach der Oktoberrevolution die *bol'ševiki*, die auch in Estland die Arbeiter- und Bauernräte beherrschten und den Landrat auflösten. Die erste sowjetische Herrschaft im Baltikum sollte indes nur kurz währen. Sie machte aber eines deutlich: Eine Autonomielösung war für die baltischen Völker keine Option mehr. Die Eigenstaatlichkeit wurde zum neuen Ziel.

David Feest

Das Baltikum im Ersten Weltkrieg

Das deutsche Heer hatte 1914 die anfängliche Offensive der russischen Armee zurückgeschlagen und ihr bei Tannenberg eine vernichtende Niederlage bereitet. Ende April 1915 stießen deutsche Truppen sodann im Rahmen eines Ablenkungsmanövers für die Front in Galizien ins Baltikum vor. Sie besetzten bis Ende September in etwa das Gebiet des heutigen Litauens und einen Teil Lettlands. Die Frontlinie verlief mitten durch Lettland. Riga war Teil der Front, blieb aber im Wesentlichen unter russischer Kontrolle, genauso wie Estland. Litauen stand unter deutscher Militärkontrolle. Diese Situation änderte sich bis zum Zusammenbruch des russischen Zarentums 1917 nicht. Oberbefehlshaber Ost bis 1916 war General Paul von Hindenburg mit Erich Ludendorff als Stabschef. Alle eroberten Gebiete wurden zum Verwaltungsbezirk »Ober-Ost« zusammengefasst.

Die baltischen Völker, die schon vor 1914 große Abneigung gegen die Herrschaft des Zaren und die entsprechenden Russifizierungskampagnen wie auch gegen die deutsche Oberschicht hegten, strebten nunmehr ihre nationale Unabhängigkeit an. War dies vor dem Ersten Weltkrieg noch wenig organisiert gewesen, so sahen nationale Kräfte durch die Kriegssituation eine Chance zur Verwirklichung. Die deutschen Militärs unterstützten derlei Bestrebungen; allerdings nicht, um den Balten zur Unabhängigkeit zu verhelfen, sondern um Russland zu schwächen. Deutscherseits gedachte man die deutsche Bevölkerung nachhaltig zu stärken und Siedler aus dem Reich zu holen.

In sozialer und wirtschaftlicher Hinsicht ergaben sich erhebliche Probleme. Die kriegführenden Mächte schöpften die Ressourcen der Region durch Nutzung von Wohnraum, Requirierungen und die Heranziehung aller kriegswichtigen Güter weitestgehend aus. Dazu kam im Sommer 1915 eine flächendeckende Demontage der industriellen Anlagen in Lettland und Litauen durch die russische Armee vor den heranrückenden Deutschen. Überdies ergoss sich eine große Flüchtlingswelle aus Lettland in die russisch gehaltenen Gebiete, wo unter dem Dach eines übergreifenden Kommittees für lettische Flüchtlinge Hilfseinrichtungen entstanden, die nachfolgend zu Keimzellen der nationalen Bewegung wurden. Ferner wurden Tausende von Balten zur russischen Armee eingezogen, die dies keineswegs durchgängig ablehnten, hegte man für den Kampf gegen Deutschland doch durchaus auch Sympathien. Die Niederlagen der russischen Armee hatten wiederum eine Stärkung des Nationalempfindens der Balten zur Folge. Für Lettland spielten hier die »Strelnieki« eine besondere Rolle, national einheitliche Verbände innerhalb der russischen Armee. Diese wandten sich desto stärker der eigenen Nation zu, je länger der Krieg dauerte; die »Strelnieki« wurden in Lettland auch in der Öffentlichkeit heroisiert, doch entzweiten sie sich in der Folge, vor allem in Bezug auf die Unterstützung der Bolschewisten.

Nach dem Zusammenbruch des Zarenreiches begann der Vormarsch des deutschen Heeres. Durch die Operation »Albion« im Oktober 1917 und die Operation »Faustschlag« im Februar/März 1918 gelang es, das gesamte Baltikum samt Estland, das nach einem Putsch teilweise unter bolschewistischer Kontrolle stand, zu besetzen und die folgenden Friedensverhandlungen, die in den Vertrag von Brest-Litowsk (3. März 1918) einmündeten, zu dominieren. Während dieser grundlegenden Umwälzungen beschlossen alle drei baltischen Völker, den entscheidenden Schritt zu gehen: Sie erklärten ihre Unabhängigkeit (Litauen am 16. Februar, Estland am 24. Februar, Lettland am 18. November 1918). Dies waren zunächst aber lediglich Absichtserklärungen ohne reale Bedeutung. Erst nach Beseitigung der deutschen Vorherrschaft und nach dem Rückzug des bolschewistischen Russland wurde der Weg frei für die Unabhängigkeit. Die Balten selbst betonen insbesondere die Rolle ihrer damals neu geschaffenen Streitkräfte. Dies ist jedoch diskussionswürdig, da äußere Faktoren, hier nicht zuletzt die deutschen Freikorps und die alliierten Siegermächte, eine wesentliche Rolle spielten. *bl*

picture alliance

Einmarsch deutscher Truppen in Dorpat (Tartu in Estland), ca.1918.

Die Entstehung der drei baltischen Staaten fand unter komplizierten Gemengelagen mit kurzlebigen Bündnissen und Frontstellungen statt und führte zu erheblichen Verlusten an Toten und Verwundeten. Gebiete und Städte wechselten mehrfach den Besitzer – mit fatalen Auswirkungen für Soldaten wie auch für die Zivilbevölkerung. Das Foto vom März 1919 zeigt Angehörige der deutschen Freikorps neben getöteten Bolschewiki im eroberten Mitau während des lettischen Bürgerkrieges. Dass Estland, Lettland und Litauen dann 1920 auch de jure unabhängig wurden, war keineswegs von vornherein sicher.

Die Entstehung Estlands, Lettlands und Litauens 1917 bis 1920

Als im Zuge der russischen Februarrevolution 1917 der russische Kaiser Nikolaus II. Mitte März* abdankte, waren ganz Estland und der nördliche Teil des lettischen Siedlungsgebiets noch in russischer Hand. Gerade für die estnische Staatsgründung sollte sich dies als ausgesprochen vorteilhaft erweisen.

Prekäre Staatsgründung

Estnische Politiker nutzten die Gunst der Stunde, um bei der Russischen Provisorischen Regierung ein Provinzialstatut für Estland auszuhandeln. Bereits im März hatte Petrograd die Verwaltung Estlands und des unbesetzten Livlands erstmals einem Esten (Jaan Poska) und einem Letten (Andrejs Krastkalns) übertragen. Das Autonomiestatut für Estland vom 30. März trennte die beiden Provinzen entlang der ethnografischen Grenze zwischen Esten und Letten. Damit war das estnische Siedlungsgebiet erstmals administrativ vereint. Die vormals zuständigen Provinziallandtage, denen entscheidendes Gewicht bei der inneren Verwaltung zukam und in denen die seit Jahrhunderten über wesentliche Teile des urbaren Landes herrschende deutsche Oberschicht das Sagen hatte, wurden durch gewählte Institutionen ersetzt. Damit endete eine jahrhundertelange Vorherrschaft.

Die allmähliche Radikalisierung der Revolution im Imperium lässt sich auch in Estland verfolgen. Auf der einen Seite diskutierte das sukzessiv über Wahlmänner gewählte Provinzparlament (Maapäev) infolge der deutschen Besetzung Rigas am 3. September erstmals die Möglichkeit einer Loslösung von Russland. Auf der anderen Seite wurde der Einfluss der Bolschewiki immer stärker. Die auch in Estland gebildeten Arbeiter- und Soldatensowjets konnten mit der Idee einer estnischen Autono-

* Bis zum 1.2.1918 galt in Russland der Julianische Kalender, der dem Gregorianischen um 13 Tage nachhinkte. Alle Angaben in diesem Wegweiser erfolgen nach dem Gregorianischen Kalender.

mie nicht viel anfangen, waren doch unter ihren Deputierten zahlreiche Russen, Werftarbeiter und Soldaten gleichermaßen.

Nachdem die Bolschewiki in Petrograd die Macht übernommen hatten, stürzten ihre estnischen Genossen am 9. November Poska. Als Reaktion darauf erklärte sich der Maapäev zwar zur höchsten Autorität in Estland, doch beherrschten nun für zweieinhalb Monate die Bolschewiki das Land, die bei den Wahlen zur Russischen Konstituante im November gut 40 % der Stimmen in Estland erhielten. Dass 46 % der Stimmen auf lokale, darunter auch sozialistische Parteien entfielen, kann als Signal für die Zustimmung zur Autonomie gelesen werden. Im unbesetzten Livland erhielten die lettischen Bolschewiki vor allem dank ihrer Friedenspropaganda, aber auch weil sie als einzige organisierte Kraft erschienen und als vereinte lettische sozialdemokratische Partei auftraten, sogar über 70 % der Stimmen.

Die gewaltsame Auflösung der Russischen Konstituante Anfang Januar 1918 durch die Bolschewiki ließ die estnischen und lettischen Hoffnungen auf nationale Autonomie in einem föderalen Russland ersterben. Ein nationaler Alleingang mit der Option auf Unterstützung durch die Westmächte ergab sich im Falle Estlands jedoch erst durch den Vormarsch der deutschen Truppen Ende Februar: Drei bevollmächtigte Abgeordnete des Provinzparlaments erklärten am 23./24. Februar Estland just in dem Moment für unabhängig, als die russischen Truppen das Land verließen und die deutschen auf Tallinn vorrückten. Delegierte im Ausland erreichten rasch De-facto-Anerkennungen durch die Westmächte, was aber in erster Linie als Maßnahme zum Schaden des Kriegsgegners Deutschland geschah. An eine Fortsetzung der nationalen Politik war unter deutscher Besatzung nicht zu denken.

Der Frontverlauf bis 1917 hatte vor allem den Letten die politische Koordination erschwert. Innerhalb des russischen Reiches hatten sich lettische Flüchtlingskomitees etabliert, die als Schule der Selbstorganisation durchaus von Bedeutung waren. Auch für die litauischen Flüchtlinge existierten derartige Komitees in Russland. Da das litauische Siedlungsgebiet jedoch unter deutscher Besatzung stand, mussten sich litauische Aktivisten mit Berlin arrangieren. Bereits 1916 hatten sie in einer Deklaration die Absicht zur Gründung eines eigenen Staates erklärt.

picture alliance/ullstein bild

Parade in Tallinn am 24. Februar 1920 anlässlich des zweiten Jahrestages der Unabhängigkeit Estlands.

Die Deutschen gestatteten zwar die Einberufung einer Taryba (Rat) als Verkündungsorgan der Militärverwaltung, doch gingen die litauischen Intentionen darüber hinaus: Am 11. Dezember 1917 verkündete die Taryba die litauische Unabhängigkeit – mit enger Bindung an das Deutsche Reich. Diese Erklärung diente den Deutschen in erster Linie als Unterpfand bei ihren Verhandlungen mit Sowjetrussland. Am 16. Februar 1918 wiederum erklärte die Taryba die völlige Unabhängigkeit als demokratische Republik, musste aber im Juli 1918 zustimmen, Herzog Wilhelm von Urach, Graf von Württemberg, das Angebot zu machen, als Mindaugas II. litauischer König zu werden. Derlei hatte indes nur Bestand, solange die Deutschen militärisch die Oberhand behielten. Bereits am 2. November wurde diese Wahl annulliert. Die Taryba bestimmte ein Präsidium aus drei Männern unter Leitung von Antanas Smetona; am 11. November übernahm eine Provisorische Regierung unter Augustinas Voldemaras die Macht in einem Land, dessen Grenzen noch weitgehend unbestimmt waren.

Auch in Riga hatte ein ritterschaftlich geführter »Vereinigter Landesrat« im April 1918 beschlossen, die Ostseeprovinzen in Personalunion an Preußen anzuschließen oder sie als Baltisches

Herzogtum Herzog Adolf Friedrich von Mecklenburg anzubieten. Die deutsche Niederlage vereitelte auch diese Pläne.

Infolge der deutschen Besatzung waren die Bolschewiki aus den proklamierten Staatsgrenzen vertrieben worden, was nach der deutschen Kapitulation ein Machtvakuum entstehen ließ, das die nationalen Gremien nutzten. So gründete sich in Estland eine Provisorische Regierung, die von Konstantin Päts geführt wurde, der im Februar die Unabhängigkeit mit verkündet hatte. In Riga rief am 18. November ein Volksrat unter der Leitung von Jānis Čakste eine demokratische Republik aus und setzte eine Provisorische Regierung unter Kārlis Ulmanis ein, der wie Päts einer Bauernpartei vorstand.

Fehlende Traditionen, unsichere Grundlagen

Weder Esten noch Letten verfügten über eine mittelalterliche Geschichte als Staatsvolk wie die Litauer. Das nationale Selbstbewusstsein war schwach ausgeprägt und die Unsicherheit groß. Die Ausrufung von Nationalstaaten zu diesem Zeitpunkt war ein Elitenprojekt, doch blieben den Akteuren in Tallinn, Riga und Vilnius wohl kaum Alternativen. Während im Westen Europas die Waffen ruhten, weiteten sich die russischen Revolutionskriege an die Ostsee aus, nachdem Moskau Mitte November den Frieden von Brest-Litowsk aufgekündigt hatte. Dabei hatten die Siegermächte des Weltkrieges im Waffenstillstand von Compiègne die Lage noch zusätzlich verkompliziert, da den deutschen Truppen vor Ort vorgeschrieben wurde, einstweilen als antibolschewistischer Schutz im Baltikum zu bleiben. Dies sollte im Laufe des Jahres 1919 vor allem die lettische Regierung vor erhebliche Probleme stellen.

Die jungen Republiken standen vor ungeheuren Aufgaben. Es gab keine staatliche Infrastruktur, sie hatten kein Geld. Unklare Gebietsansprüche warteten auf Klärung, während die Ostgrenze bedroht war. Keineswegs gesichert war auch die Unterstützung der Bevölkerungen für den Nationalstaat. Wie war deren Vertrauen zu gewinnen? Wie waren die ethnischen Minderheiten zu integrieren? Wie etwa sollte Litauen den absehbaren Konflikt mit Polen lösen? Wie sollte die Sympathie der

Siegermächte erhalten bleiben? Ohnehin begannen diese nun damit, russische antibolschewistische Gruppen zu unterstützen, von denen keine uneingeschränkte Zustimmung zur baltischen Unabhängigkeit zu erwarten war.

Wechselvolle Kämpfe und Fronten

Auf estnischem Boden nahm die Rote Armee Ende November Narva ein. Die dort begründete »Estnische Arbeiterkommune« als bolschewistische Gegenexekutive zur Provisorischen Regierung in Tallinn war völlig von Moskau abhängig. Zugleich jedoch war es für Tallinn extrem schwierig, die kriegsmüde Bevölkerung zur Landesverteidigung zu motivieren. »Russland« als Gegner, für das man doch im Weltkrieg noch selbst gekämpft hatte, schien übermächtig. Für die Esten war entscheidend, Bündnisgenossen zu finden. Neben einer Abteilung der deutschen Minderheit, dem »Baltenregiment«, schloss sich auch ein Russisches Nordkorps der estnischen Armee an, die seit Ende Dezember dem erst 34-jährigen Oberst Johan Laidoner unterstand. Dieser hatte kurz zuvor Kontakt mit einem britischen Geschwader aufgenommen, das London zur Kontrolle in die Ostsee entsandt hatte und das sich nun bereit erklärte, die estnische Küste vor der roten Flotte zu schützen. Zugleich trafen finnische Freiwillige in Tallinn ein, was einen ersten kleinen Hoffnungsschimmer brachte. Allerdings stand die Rote Armee Anfang Januar 1919 nur gut 30 km vor Tallinn.

Am 6. Januar starteten die Esten einen Gegenangriff, der innerhalb der nächsten zwei Wochen zur Rückeroberung von Tartu und Narva führte – die Rote Armee hatte Versorgungsschwierigkeiten. Vor allem aber hatte Tallinn den Soldaten versprochen, bei einer zukünftigen Bodenreform bevorzugt behandelt zu werden, was die Armee rasch anwachsen ließ. Der Krieg konnte ab diesem Zeitpunkt in die Grenzgebiete verlagert werden, was der Provisorischen Regierung die Möglichkeit verschaffte, sogar die Wahl einer Nationalversammlung zu organisieren. Als diese am 23. April erstmals zusammentrat – die Wahlen hatten bei einer Beteiligung von rund 80 % eine erquickliche Mehrheit für die nationale Linke ergeben und den Bauernbund des Premierministers Päts mit 6,5 % abgestraft –, wurden mitten im Krieg die Rahmenbedingungen für die Etablierung eines nationalen zivilen Raumes geschaffen.

In Lettland und Litauen hingegen herrschten seit Januar 1919 die Bolschewiki. In Riga gründeten sie eine Lettische Sozialistische Sowjetrepublik unter Leitung von Pēteris Stučka, die sich auf die Lettischen Schützenregimenter stützte, welche zuvor noch Lenin gegen die sozialistische Opposition beschützt hatten und nun ihre Heimat befreien wollten. Stučkas entschieden internationalistische Linie und die Betonung des Klassencharakters seines Regimes entfremdeten jedoch auch viele Schützen von der Sowjetrepublik. Als der Versuch, die Landwirtschaft zu kollektivieren, im Frühjahr zu Hungertoten führte, verlor sie den letzten Rückhalt.

Die Regierung Ulmanis hatte sich nach Kurland zurückgezogen, wo im Februar 1919 das deutsche VI. Reservekorps unter General Rüdiger von der Goltz angelandet war. Dieser deckte jedoch im April einen Putsch gegen Ulmanis, der von der Baltischen Landeswehr organisiert wurde – einer Formation aus deutschen Balten, die anders als das Baltenregiment in Estland unabhängige baltische Staaten ablehnten. Im Anschluss an den Putsch installierten die Deutschen eine Gegenregierung zu Ulmanis unter dem Priester Andrievs Niedra. Am 22. Mai gelang es der Landeswehr, die Rote Armee aus Riga zu vertreiben.

Nun kam es zum entscheidenden Machtkampf der estnisch-lettischen Unabhängigkeitskriege. Als die Landeswehr bei der Verfolgung der Roten Armee am 23. Juni bei Cēsis auf estnisch-lettische Einheiten unter Laidoners Oberbefehl stieß, musste sie ihre Waffen strecken. Vor allem in Estland führte dieser unerwartete Sieg gegen die »baltischen Barone« zu einem emotionalen Bekenntnis zum Nationalstaat. In Lettland konnte erst jetzt die Regierung Ulmanis wieder nach Riga zurückkehren.

Kurz darauf unterzeichnete das Deutsche Reich den Frieden von Versailles. Die Westmächte drängten nun verstärkt auf den Abzug der deutschen Truppen aus dem Baltikum. Ihre Politik galt in erster Linie der Etablierung eines nicht-bolschewistischen Russlands, weshalb der Plan reifte, die geografische Nähe zu Petrograd auszunutzen. Dabei sollte dem bis Mitte Juni unter Laidoners Oberbefehl operierenden russischen Nordkorps eine

Schlüsselrolle zufallen. Diese russische Formation war bereits im Mai weit auf russisches Gebiet vorgedrungen, doch hatten die Kräfte nicht für einen Angriff auf die Stadt gereicht. Mit dem russischen Weltkriegshelden General Nikolai Judenitsch an der Spitze sollte die zum 1. Juli in Nordwest-Armee umbenannte Truppe die »Wiege der Revolution« erobern – mit erheblicher materieller Hilfe der Siegermächte. Tatsächlich führte der Angriff die Armee in der zweiten Oktoberhälfte bis vor die Tore Petrograds, doch gelang es der Roten Armee, sie rasch bis zur estnischen Grenze zurückzudrängen.

Die völkerrechtliche Anerkennung 1920–1922

Die Esten unterstützten diesen Angriff schon aus außenpolitischem Kalkül, um die Sympathien der Alliierten nicht zu verspielen. Allerdings war von der Führung der Nordwest-Armee kein eindeutiges Bekenntnis zur estnischen Unabhängigkeit zu erwarten. Daher hatte Tallinn bereits vor dem Angriff Friedensgespräche mit Moskau aufgenommen. Am Ende ging diese Doppeltaktik auf. Nach heftigen Grenzkämpfen gegen die Rote Armee einigten sich Tallinn und Moskau Ende Dezember 1919 auf einen Waffenstillstand. Der Frieden von Tartu am 2. Februar 1920 beendete die Kämpfe an der Petrograder Front des Russischen Bürgerkriegs und verschaffte der Tallinner Regierung die erste De-jure-Anerkennung.

Auf lettischem Boden hatte zu allem Überfluss just in dem Moment, als die Nordwest-Armee ihren Angriff begann, eine weitere russische Armee Riga attackiert. Die Russische Westarmee unter Leitung des Abenteurers Pawel M. Bermondt-Awalow hatte im Laufe des Sommers als Auffangbecken für all die deutschen Soldaten gedient, die dem von den Westmächten verlangten Rückzug nicht Folge leisten wollten. Nun sah sich selbst Judenitsch gezwungen, einige Geschütze zur Verteidigung Rigas abzustellen, und die Esten sandten ihre Panzerzüge. Ende November konnte die Belagerung der lettischen Hauptstadt durchbrochen werden. Die nach Süden fliehenden Bermondt-Truppen wurden bis Ende des Jahres gemeinsam von Letten und Litauern aufgerieben. Mit dem sowjetisch-lettischen Waffenstillstand von

Die politische Gliederung Osteuropas 1919/20

Februar 1920 war der Krieg auch hier beendet. Er fand seinen Abschluss am 11. August 1920 im Frieden von Riga.

Wie stand es um Litauen? Die im November 1918 begründete Regierung Voldemaras sah sich in der proklamierten Hauptstadt Vilnius einer demografischen Mehrheit von Polen und Juden gegenüber. Nach Kaunas zurückziehen musste sie sich aber vor allem wegen des Angriffs der Roten Armee. Wie in Riga wurde im Januar eine Litauische SSR proklamiert, die im Februar als »Litbel« mit Weißrussland zusammengelegt wurde. Die litauischen Gebiete waren die am wenigsten industrialisierten des Baltikums, weshalb die Popularität bolschewistischer Ideen dort vergleichsweise gering war. Zumindest geografisch gesehen führte aber der Weg, um die Weltrevolution nach Europa zu bringen, über Litauen. Auf Geheiß der Siegermächte standen jedoch auch hier deutsche Soldaten im Westen des Landes, die zusammen mit der jungen litauischen Armee den Vormarsch der Sowjets stoppten. Im Frühjahr griff dann die polnische Armee auf ihrem Zug in die vom provisorischen Präsidenten Józef Piłsudski beanspruchten Gebiete der alten polnisch-litauischen Union in das Geschehen ein – und besetzte Vilnius. Dieser polnische Vorstoß führte dazu, dass Moskau »Litbel« im Juli auflöste. Im August wurde die Rote Armee aus dem Land herausgedrängt.

Angesichts seines schwebenden Konflikts mit Polen schloss Litauen im Juli 1920 den Frieden von Moskau mit Sowjetrussland, der die Anerkennung von Vilnius als Hauptstadt des Landes enthielt. Der Vertrag sah ein Durchmarschrecht der Roten Armee im Krieg gegen Polen über litauisches Gebiet vor. Als diese kurz darauf Vilnius erreichte, wurde die Stadt jedoch nicht sofort den Litauern übergeben. Dies geschah erst Ende August, als die Polen den sowjetischen Angriff vor Warschau bereits abgewehrt hatten, sich wieder nach Osten wandten und auf litauischen Widerstand trafen. Diese polnisch-litauischen Kämpfe endeten Anfang Oktober dank eines vom Völkerbund vermittelten Waffenstillstands, der aber die Vilnius-Frage umging. Am 9. Oktober schließlich marschierten polnische Truppen in die Stadt ein und zwangen die litauische Regierung zum Rückzug nach Kaunas. Auch wenn diese Aktion offiziell als Meuterei gegen Warschau getarnt war, agierte der ausführende General Lucjan Żeligowski im Auftrag Piłsudskis.

Der offene Krieg wurde zwischen den Nachbarn Ende November in einem Waffenstillstand beigelegt. Doch sollte der diplomatische Konflikt mit Warschau die litauische Außenpolitik während der gesamten Zwischenkriegszeit lähmen. Er hatte auch Auswirkungen auf die Frage der diplomatischen Anerkennung des Landes: Während Estland und Lettland am 26. Januar 1921 ihre De-jure-Anerkennung von den Westmächten erhielten und in den Völkerbund aufgenommen wurden, musste Litauen wegen der Vilnius-Frage bis 1922 auf diese Anerkennung und die Aufnahme in den Völkerbund warten. Im selben Jahr erkannten auch die USA alle drei baltischen Staaten an.

Karsten Brüggemann

Deutsche Freikorps im Baltikum nach dem Ersten Weltkrieg

Nach Ende des »großen Krieges« befand sich das Baltikum in einer unübersichtlichen Lage. Der Bürgerkrieg erfasste die ganze Regierung. Die baltischen Staaten versuchten, unterstützt von den Siegermächten, vor allem den Briten, die Unabhängigkeit zu erreichen. Die Deutschen vor Ort, Angehörige der deutschen Armee, Deutschbalten und Ankommende aus dem Reichsgebiet, führten in diesem »Hexenkessel« (Hagen Schulze) Krieg gegen wechselnde Feinde. Die verschiedenen Frontstellungen ergaben sich infolge wandelnder Interessenlagen.

Da weder die Alliierten noch die deutsche Reichsregierung ein Interesse an einer Besetzung der baltischen Staaten durch das kommunistische Russland hatten, tolerierten bzw. unterstützten sie die Aufstellung deutscher Freiwilligenverbände, die vor allem in Lettland an der Seite der nationalen lettischen Regierung gegen die Bolschewisten kämpfen und dadurch deren Vorrücken an die ostpreußische Grenze verhindern sollten. Der wichtigste dieser Freiwilligenverbände war die »Eiserne Division«. Sie bestand zum einen aus ehemaligen Angehörigen der 8. Armee. Zum anderen unterhielt sie in vielen deutschen Städten Anwerbestellen. Die wichtigste war die »Baltenstelle« in Berlin, die Freiwillige aus dem ganzen Reichsgebiet rekrutierte. Darunter waren etliche Kriminelle, die so der Strafverfolgung entgingen. Im Verlauf des Jahres 1919 kamen schätzungsweise 40 000 Deutsche in den Reihen der Freikorps zum Einsatz.

Es gelang, die Rote Armee bis zur Kurlandhalbinsel in Lettland zurückzudrängen. Infolge zunehmender Spannungen zwischen den deutschen Freiwilligenverbänden und der lettischen Regierung bzw. Bevölkerung kam es dann am 16. April zum »Baltenputsch« der »Baltischen Landeswehr« – ein bewaffneter Freiwilligenverband, der sich vor allem aus der deutschbaltischen Oberschicht rekrutierte – gegen die Regierung unter Ministerpräsident Ulmanis, der sich auf ein britisches Schiff flüchtete. Mit massiver Unterstützung der deutschen Freikorps eroberte die Landeswehr Riga.

Die Rote Armee zog sich in der Folge aus dem Baltikum zurück, womit der offizielle Anlass für die Anwesenheit deutscher Verbände eigentlich nicht mehr gegeben war. Statt gegen bolschewistische Verbände kämpften die Deutschen nun gegen die von den Briten unterstützte estnische Armee, der auch eine lettische Abteilung angehörte, und erlitten am 20. Juni 1919 eine vernichtende Niederlage in der Schlacht um Wenden.

Nichtsdestoweniger versuchten die Kommandeure der Freikorps, die von der Reichsregierung befohlene Räumung des Baltikums von deutschen Truppen zu verhindern. Sie bildeten im August die »Deutsche Legion«, einen Verband im Baltikum operierender verschiedener Freikorps. Nachdem es wegen der Frage des Abzuges zum offenen Bruch mit Berlin gekommen war, schloss sich die Legion im Oktober der Westrussischen Armee unter Pawel M. Bermondt-Awalow an, um unter neuer Flagge weiter sowohl gegen die Letten als auch das kommunistische Russland zu kämpfen. In der Folge marschierte man nach Riga und belagerte die Stadt einen Monat lang. Schließlich sahen sich die Freikorps wegen Nachschubschwierigkeiten und vor allem auch wegen des Drucks vonseiten der Siegermächte jedoch gezwungen, sich zur ostpreußischen Grenze abzusetzen. Im Dezember 1919 überschritten die letzten Verbände die Grenze des Deutschen Reiches. Hier wurde den Soldaten und Offizieren Amnestie gewährt. Sie wurden im Laufe der ersten Hälfte des Jahres 1920 offiziell abgerüstet, bestanden jedoch zum Teil illegal weiter.

In den wechselhaften Jahren der Weimarer Republik waren immer wieder Angehörige der baltischen Freikorps an rechtsextremen Angriffen auf die demokratische Ordnung, wie dem Kapp-Putsch 1920 oder dem Hitler-Putsch 1923, beteiligt. Nach der Machtergreifung der Nationalsozialisten nahmen viele von ihnen wichtige Positionen in SA und NSDAP ein und veröffentlichten ihre Sicht auf die Ereignisse im Baltikum in Erinnerungsbüchern, in denen ihre antidemokratische Gesinnung offen zutage trat. Auch der spätere, berüchtigte Kommandeur des Konzentrationslagers Auschwitz, Rudolf Höß, war Mitglied eines baltischen Freikorps, der »Sturmabteilung Roßbach«. Gerhard Roßbach wiederum wurde als Anführer des »Bundes Ekkehard«, einer rechtsradikalen Jugendorganisation, tätig und versuchte auch im Luftschutz Fuß zu fassen. Aufgrund seiner Kontakte zu Ernst Röhm wurde er im Juli 1934 anlässlich des »Röhm-Putsches«) kurzzeitig verhaftet, kam aber mit dem Leben davon. Nach 1945 betätigte er sich u.a. an der Organisation der Bayreuther Festspiele.

Ole Christian Schneider

Die baltischen Staaten, die nach dem Ersten Weltkrieg nur unter Mühen und unter günstigen strategisch-politischen Umständen ihre Unabhängigkeit erlangt hatten, erreichten nach einigen Anlaufschwierigkeiten – hier im Bild Arbeitslose vor einer Registraturstelle in Tallinn im Jahre 1920 – politisch-gesellschaftliche Stabilität, die jedoch nicht zuletzt wegen wirtschaftlicher und politischer Probleme wieder ins Wanken geriet. Die Weltwirtschaftskrise traf die Region spürbar.

In Estland, Lettland und Litauen setzten sich im Laufe der Zeit autoritäre Regierungsmodelle durch, die die Demokratisierung nach 1918 erheblich beeinträchtigten. Der diktatorische Druck blieb indes vergleichsweise moderat. Die größten Bedrohungen kamen von außen – und zwar durch den Aufstieg der nationalsozialistischen Diktatur und der Konsolidierung der Herrschaft Stalins in der Sowjetunion. Die baltischen Staaten führten zunehmend eine prekäre Existenz zwischen diesen aggressiven Mächten und fielen schließlich dem Hitler-Stalin-Pakt von 1939 zum Opfer.

Die baltischen Staaten in der Zwischenkriegszeit

Dass Esten, Letten und Litauer ihre Unabhängigkeit erreichten, hing direkt mit dem Ergebnis des Ersten Weltkriegs und insbesondere mit dem Untergang der entsprechenden Imperien zusammen. Das erste Reich, das nach herben militärischen Niederlagen und einer tiefen Erschöpfung an der Heimatfront verschwand, war das zaristische Russland. Im März 1917 wurde Kaiser Nikolaus II. gezwungen abzudanken und die Macht an eine provisorische Regierung unter Führung der Liberalen zu übergeben; tatsächlich aber bildete sich eine Situation heraus, in der eine »Doppelmacht« herrschte, da die Sozialisten ihre Sowjets (Räte) einrichteten, die die Arbeiter und Soldaten vertraten. Die provisorische Regierung wurde bald von der Fraktion der Bolschewiki, angeführt von Wladimir Iljitsch Lenin, gestürzt. Das Land versank in einem Bürgerkrieg, der bis 1922 dauerte.

Für die baltische Region brachte das formale Ende des Ersten Weltkrieges noch keinen Frieden, da Kräfte aus Russland und Deutschland dort weiterhin kämpften. Die baltischen Länder versuchten die Lehren der Geschichte Lügen zu strafen und leisteten erfolgreich Widerstand. Alle drei bildeten ihre eigenen Armeen, und obgleich diese klein und schlecht ausgerüstet waren, waren ihre Gegner in den Unabhängigkeitskriegen (1918–1920) noch schwächer.

Die Unabhängigkeit des Baltikums ging weder auf das Wohlwollen der westlichen Mächte zurück, noch wurde sein Schicksal auf der Pariser Friedenskonferenz entschieden. Die Entente hatte vereinbart, dass deutsche Truppen zur Bekämpfung der Bolschewiki im Baltikum verbleiben sollten; andererseits unterstützte sie die baltischen Staaten, solange dieses Vorgehen dazu diente, Deutschland zu schwächen. In letzter Konsequenz glaubten die Entente-Staaten nicht daran, dass die Balten die Kraft hätten, ihre Unabhängigkeit zu bewahren, sobald Russland seine Stärke zurückgewinnen würde. Daher unterließen sie es, Bodentruppen in substanzieller Stärke zu entsenden. Die Unabhängigkeit des Baltikums war deshalb in erster Linie auf die Entschlossenheit und die Anstrengungen seiner Bewohner selbst zurückzuführen.

Dennoch ist zumindest eine indirekte Einflussnahme zu erkennen, beispielsweise der Druck der Alliierten auf Deutschland, Litauen im Jahr 1919 zu verlassen, und der Bürgerkrieg in Russland, der den Bolschewiki einen großen Teil ihrer Kräfte abverlangte.

Die politische Situation

Nach den Friedensverträgen mit Russland im Jahr 1920 konnten Esten, Letten und Litauer mit dem (Wieder-)Aufbau ihrer Gesellschaften beginnen, nachdem diese im Krieg stark dezimiert worden waren. Litauen konnte seine Staatlichkeit auf die Geschichte des Großherzogtums seit 1236 zurückführen, aber für Esten und Letten war es die erste Gelegenheit überhaupt, ihre eigenen staatlichen Institutionen aufzubauen und ihre Kultur auf Basis der Selbstbestimmung zu fördern.

Andererseits gab es in den baltischen Staaten Minderheiten, die geschützt werden mussten. Alle drei Länder waren in dieser Hinsicht recht progressiv eingestellt. Die Esten erließen sogar Gesetze zur kulturellen Autonomie, die Minderheiten, etwa den Juden, weitgehende Rechte zur Entwicklung der eigenen Kultur und von Bildungseinrichtungen gewährten. Juden waren hauptsächlich in der Politik und Wirtschaft vertreten, insbesondere in Litauen und Lettland. Dennoch konnten diese Maßnahmen keine Garantie gegen zukünftige Konflikte oder Versuchungen aufseiten einiger Gruppen sein, sich langfristig radikalen Kräften oder Ideologien anzuschließen.

Die Minderheit, die am meisten verlor, waren die Baltendeutschen, die seit dem 13. Jahrhundert das politische, wirtschaftliche und kulturelle Leben in Estland und Lettland beherrscht hatten. Estland und Lettland führten einige der radikalsten Landreformen der Geschichte durch. In den baltischen Provinzen gehörte vor dem Ersten Weltkrieg fast die Hälfte des Landbesitzes zu »Herrenhäusern«, den Zentren der Grund- bzw. Gutsherrschaft. Die durchschnittliche Größe eines Grundbesitzes lag bei mehr als 2000 Hektar (1 ha = 10 000 m^2). Der Kontrast zu den Bauernhöfen, die durchschnittlich über dreißig Hektar verfügten, konnte nicht größer sein. Esten und Letten gestatteten den Freiherren, nur noch 50 Hektar zu behalten, während die Litauer ihnen bis zu 150 Hektar Land zugestanden. In Estland wurden 94 Prozent des Grundbesitzes beschlagnahmt und umverteilt. In Lettland und Litauen lag die Größenordnung bei 84 Prozent bzw. 77 Prozent. Mit einem Streich hatten die Reformer, von denen die meisten Sozialisten waren, eine große Mittelschicht geschaffen und eine der egalitärsten Gesellschaften in Europa. Trotzdem waren die meisten Grundstücke nach wie vor klein, daher arbeiteten die Kleinbauernbetriebe nicht sehr effizient, was aber durch staatliche Anleihen und Kooperativen verbessert werden konnte.

Keines der baltischen Länder war nach westeuropäischen Standards wohlhabend, und als ehemalige russische Provinzen starteten sie auf ziemlich niedrigem Niveau. Die Länder waren im Weltkrieg stark von Wehrpflicht und Beschlagnahmung sowie von der Verlegung von Fabriken nach Russland und der erzwungenen Umleitung ihrer Exporte von Osten nach Westen betroffen gewesen. Die Balten hatten gehofft, als Brücke zwischen der östlichen und westlichen Wirtschaft dienen zu können, aber diese Vorstellung trügte. Estland, Lettland und Litauen verloren die meisten vom Zarenregime entwickelten Industriezweige und exportierten hauptsächlich landwirtschaftliche Erzeugnisse. Dennoch war die estnische Wirtschaft bis Ende der 1930er Jahre ungefähr so stark oder nur geringfügig schwächer als die Finnlands, das zu jener Zeit weitgehend auch eine Agrargesellschaft war.

Als kleine Volkswirtschaften waren die baltischen Staaten sehr anfällig für Wirtschaftskrisen. Die Weltwirtschaftskrise beispielsweise hatte Anfang der 1930er Jahre gravierende Auswirkungen auf das Baltikum. Die steigende Verschuldung der Bauern und die wachsende Arbeitslosigkeit sowie Einkommensverluste führten vermutlich zu einem Anwachsen des Rechtspopulismus. Der Kommunismus war wegen des warnenden Beispiels UdSSR nie sehr beliebt gewesen. Indes gewannen, wie im übrigen Europa, autoritäre Leitbilder langsam an Boden. Möglicherweise kam das entscheidende Beispiel aus Polen, wo General Józef Piłsudski im Mai 1926 durch einen Staatsstreich an die Macht gelangt war. Im Dezember 1926 ergriffen litauische Offiziere die Macht in Kaunas und übergaben sie Antanas Smetona, der das Land von da ab fast allein regierte. In Estland gab es eine

Veteranenorganisation namens »Vaps«, die in den frühen 1930er Jahren wegen ihrer Maßnahmen zur Einschränkung der parlamentarischen Demokratie große Unterstützung im Volk fand. Dadurch wurde die Macht der traditionellen Eliten bedroht. 1934 schritten Konstantin Päts und General Johan Laidoner ein, um der Wahl eines Vaps-Kandidaten zum Präsidenten zuvorzukommen. Sie lösten das Parlament auf und regierten das Land auf »väterliche« Art bis 1940. In Lettland folgte Premierminister Kārlis Ulmanis dem estnischen Beispiel: Er übernahm 1934 die Macht.

Die Diktaturen unter Smetona, Ulmanis und Päts/Laidoner waren mit denen im östlichen Mitteleuropa vergleichbar, führten aber nicht zur Entstehung von Widerstandsbewegungen. Sie waren weitgehend gewaltfrei und vermieden faschistische, nationalsozialistische oder andere extreme Züge. Die autoritären Regenten standen für die auf dem Land vertrauten bäuerlichen Strukturen der Gesellschaft. Außerdem hatten die Menschen, die unter dem Regime der Zaren lebten, wenig Erfahrung mit demokratischen Institutionen gemacht. Im Volk war daher die Unterstützung für die parlamentarische Demokratie westeuropäischer Prägung gering.

Kultur und Bildung

Ein wichtiger Grund für die Erklärung der Unabhängigkeit war die Förderung der kulturellen Selbstbestimmung vor allem mittels der estnischen, lettischen und litauischen Sprache sowie die Gewährleistung höherer Bildung und der Wissenschaften in den einheimischen Sprachen. Es gab bedeutende Entwicklungen in den Bereichen Kunst, Musik und Literatur sowie im Rundfunk und in der Filmindustrie. Das vorrangige Ziel war es, die Kultur der drei Länder von ausländischen Einflüssen zu befreien, vor allem den deutschen und russischen in Estland und Lettland sowie den polnischen in Litauen. Gleichzeitig suchte man nach kulturellen Leitbildern aus Westeuropa, vorwiegend aus England und Frankreich. Estland war eng mit Finnland verbunden, da Finnen und Esten verwandte finno-ugrische Völker sind. Daneben bestand auch der Wunsch, aus den Reichtümern der einheimischen Bauernkulturen zu schöpfen. Der europäischen Perspektive wurde hohe Relevanz beigemessen. In Estland behielt der Slogan von 1905 »Lasst uns Esten bleiben, aber lasst uns auch Europäer werden« auch in den Jahren zwischen den Weltkriegen seine Bedeutung.

Die drei baltischen Regierungen richteten nationale Museen, Kunstakademien, Musikkonservatorien ein und unterstützen professionelle Theatergruppen. Die größten Leistungen wurden wahrscheinlich in der Literatur erreicht. Riga war berühmt für sein Ballett und seine Oper.

Die Bildung in den nationalen Sprachen blühte. Vor 1914 war die einzige Universität in der Region die deutschsprachige Landesuniversität in Dorpat (Tartu, Livonia). Daraus wurde noch vor Ende der Unabhängigkeitskriege (1919) eine estnischsprachige Universität. In Lettland gab es eine polytechnische Universität in Riga. Sie wurde die erste Universität Lettlands. Litauen hatte seit 1831 keine eigene Universität mehr, nachdem die russischen Behörden die Universität von Vilnius, deren Anfänge auf die 1579 gegründete jesuitische Akademie zurückgingen, geschlossen hatten. Die Universität wurde erneut gegründet, da aber Vilnius entlang der Region Vilno in der Folge von Polen besetzt wurde, musste Litauen eine neue Universität in der Hauptstadt Kaunas eröffnen. In den 1930er Jahren wurde sie in Vytautas-Magnus-Universität umbenannt.

Sicherheitspolitik und Militär

Das wichtigste Anliegen der baltischen Regierungen war es, die Sicherheit ihrer Länder im internationalen System sicherzustellen. Die 1920er Jahre zeichneten sich hinsichtlich der Aussichten auf eine gemeinsame Sicherheitsarchitektur durch einen allgemeinen Pazifismus und eine verbreitete Zuversicht aus. Die baltischen Politiker waren glühende Anhänger des Völkerbunds. Sie schlossen sich gern den Deklarationen und Verträgen an, die Krieg verboten und ewigen Frieden versprachen. Zwischen 1926 und 1932 unterzeichneten alle baltischen Länder Nichtangriffsvereinbarungen mit dem sowjetischen Russland. 1929 schloss sich Moskau dem Kellogg-Briand-Pakt an und verzichtete auf

Krieg als Mittel nationaler Politik. 1933 unterzeichnete die UdSSR einen Vertrag mit Polen, Rumänien, der Türkei, Persien, Afghanistan, Estland und Lettland, der erstmals in der Geschichte festlegte, was unter dem im Kellogg-Briand-Pakt in allgemeinen Worten verurteilten Begriff »Aggression« zu verstehen sei. Der Vertrag beinhaltete eine deutlich formulierte Verpflichtung der UdSSR, nicht in die Souveränität der baltischen Staaten einzugreifen.

In den früheren 1930er Jahren musste man jedoch im Baltikum einsehen, dass das gemeinsame Sicherheitssystem, das die Friedensstifter nach dem Ersten Weltkrieg vorgesehen hatten, in Wirklichkeit ein hohler Gedanke, da machtpolitisch kaum durchsetzbar war. Großbritannien hatte den Balten in den Unabhängigkeitskriegen militärisch geholfen, es zog sich indes bald aus der Ostsee zurück. Mit der Unterzeichnung des deutsch-britischen Flottenabkommens von 1935 wurde deutlich, dass es für ein Eingreifen der Royal Navy keinerlei Hoffnung gab. Jetzt waren die baltischen Staaten vom nationalsozialistischen Deutschland und der UdSSR abhängig, während Polen an Status und Macht verlor.

Aus strategischer Sicht hätten die baltischen Länder eine geeinte Front gegen die revisionistischen Großmächte bilden sollen. Das war aber nicht so einfach, da jedes Land seine eigenen Interessen verfolgte. Finnland, das damals als baltisches Land galt, orientierte sich in Richtung Skandinavien und wollte sich nicht mit den südlichen Nachbarn verbünden. Litauen befand sich in Gebietsstreitigkeiten mit Polen und Deutschland, betrachtete infolgedessen die Sowjetunion nicht als Feind. Estland und Lettland wollten mit Litauen und Polen kooperieren, was aber wegen des polnisch-litauischen Streits nicht möglich war. Folglich blieben die Vorstellungen von regionalen Allianzen eher theoretischer Natur. Es gab lediglich ein estnisch-lettisches Militärbündnis, das aber wirkungslos war. Finnland und Estland arbeiteten zusammen, um den Finnischen Meerbusen für die Sowjet-Marine abzuriegeln. In der Stunde der Krise wurde aber auch dies nicht umgesetzt.

Estland erhielt im September 1939 dann als erstes ein Ultimatum der sowjetischen Regierung. Die Esten berieten sich hinsichtlich ihrer Reaktion nicht mit den anderen Regierungen, sondern akzeptierten die Einrichtung sowjetischer Stützpunkte auf ihrem Staatsgebiet. Damit gefährdeten sie die Verteidigungsmaßnahmen ihrer Nachbarn. Finnland war unmittelbar betroffen, da später sowjetische Bomber Finnland von estnischen Flugplätzen aus angriffen.

Die baltischen Länder hatten gehofft, ihre Unabhängigkeit durch eine feinfühlige Politik des Ausgleichs gegenüber Deutschland und der Sowjetunion zu wahren. Theoretisch war dies möglich. Die Grundvoraussetzung für eine solche Perspektive war, dass die beiden Großmächte keine Machtexpansion betreiben wollten und folglich mit neutralen baltischen Staaten als Pufferzone zufrieden gewesen wären.

Aber Deutschland und die UdSSR waren keine traditionellen Großmächte und hatten keine rationale Haltung, die auf Realpolitik beruhte. Im August 1939 schlossen sie mit dem Hitler-Stalin-Pakt eine Vereinbarung dahingehend, dass die Sowjetunion Finnland, Estland, Lettland, Ostpolen und einige Provinzen Rumäniens übernehmen würde, während Deutschland den größten Teil Polens erhalten sollte. Hitler hatte damit freie Hand, einen Krieg in Europa zu beginnen. Litauen, das ursprünglich der deutschen Interessensphähre zugeschlagen werde sollte, fiel nach dem deutsch-sowjetischen Grenz- und Freundschaftsvertrag der russischen Seite zu. Für den Diktator war die Aufgabe der baltischen Staaten ein kleiner Preis, der für die Sicherung seiner rückwärtigen Gebiete zu zahlen war, um die Feldzüge in Westeuropa durchführen zu können.

Die baltischen Staaten leisteten keinen militärischen Widerstand gegen die UdSSR – eine Tatsache, der später viel Aufmerksamkeit geschenkt wurde. Da Finnland im Winterkrieg 1939/40 zu den Waffen griff und seine Souveränität schützen konnte, verursachte die »schweigende Unterwerfung« der Balten später beträchtliche Kontroversen. Einige sagten, dass der Fehler in den autoritären Systemen lag, dass, anders als im demokratischen Finnland, die Menschen nicht in die Entscheidungsprozesse einbezogen wurden. Aber so einfach ist das nicht. Die finnische Regierung hatte nicht mit dem Ausbruch des Krieges gerechnet und wurde überrascht. Glücklicherweise hatten die Finnen aber ihre Armee rechtzeitig mobilgemacht. Die Geografie und das

Der Hitler-Stalin-Pakt 1939

Quellen: Großer Historischer Weltatlas, Neuzeit, 1981, S. 82; Atlas zum II. Weltkrieg, 1989, S. 17 und S. 87.

Klima Finnlands waren für die Verteidiger auch viel besser geeignet als das baltische Gebiet.

Die Balten fügten sich nicht in ihr Schicksal. Sie hatten viel Geld und Mühe in ihre Streitkräfte investiert: 1939 betrug die Verteidigungsstärke Litauens ca. 125 000, die Lettlands 143 000 und die Estlands 104 000 Soldaten. Darüber hinaus besaßen sie paramilitärische Organisationen, die ein großes Aufgebot an ausgebildeten Reservisten stellten. Litauen allein hatte zirka 250 000 ausgebildete Soldaten und 150 000 Mann in einer paramilitärischen Schützenvereinigung. In den Jahren zwischen den Weltkriegen hatte Litauen 20,6 Prozent seiner staatlichen Gesamtausgaben für die Verteidigung vorgesehen. Die Zahlen für Estland und Lettland waren ähnlich. Im Vergleich gibt Estland im Jahre 2017 fünf Prozent seines Haushalts für Verteidigung aus. Man muss allerdings bedenken, dass damals der Umfang eines Staatshaushalts im Verhältnis zum Bruttoinlandsprodukt (BIP) viel kleiner war als heute. Nominell waren Litauen, Lettland und Estland genauso gut auf den Krieg vorbereitet wie Finnland. Jedoch machte die fehlende Kooperation untereinander alle einzelnen Anstrengungen zunichte.

Zum Beispiel konnte die UdSSR Estland im Fall eines Krieges über das Staatsgebiet von Lettland angreifen. Da die lettische Armee geplant hatte, sich von den eigenen Grenzen in Richtung Hauptstadt zurückzuziehen, Estland aber seine Grenzen verteidigen wollte, konnte die Rote Armee den Esten leicht in den Rücken fallen. Historiker haben ebenfalls angemerkt, dass die deutsche Heeresgruppe Nord eine Stärke von über 700 000 Mann hatte und sogar diese Anzahl nicht ausreichte, die baltischen Gebiete zu verteidigen. 1939 konnten die Balten theoretisch nur ca. 500 000 Soldaten aufbringen, also deutlich weniger als die Deutschen zu einem späteren Zeitpunkt. Selbstverständlich war die Ausrüstung der Balten im Vergleich zu jener der Deutschen minderwertig, wenngleich die Rote Armee von 1939 auch viel schlechter aufgestellt war als die Rote Armee von 1944. Trotz aller Vergleiche ist es bis heute eindeutig klar, dass die Entscheidung, 1939 oder 1940 gegen die UdSSR in den Krieg zu ziehen, ernsthafte Risiken nach sich gezogen hätte.

Kaarel Piirimae

picture alliance/dpa

Das ehemalige Ostpreußen bildete historisch und geografisch gesehen die bedeutendste Landbrücke zwischen Deutschland und den baltischen Staaten. In der preußischen Provinz lebten ferner unterschiedlichste Volksgruppen. Die Region war bis 1945 zeitweise Schauplatz zahlreicher Konfrontationen und brutalster Gewaltexzesse. Sie wurde nach dem Krieg zwischen Polen und der Sowjetunion aufgeteilt. Der nördliche Teil mit dem Samland gehört bis heute zu Russland und bildet politisch wie militärisch ein wichtiges vorgeschobenes Gebiet.

Nordöstlich des Kurischen Haffs lag das Memelland, das bis 1920 und zwischen 1939 und 1945 ebenso zu Ostpreußen gehörte. Es war bis 1945 gleichfalls durch eine gemischte Bevölkerung geprägt und nach 1945 Teil der litauischen Sowjetrepublik.

Auf dem Foto ist der Markttag auf dem Theaterplatz in Memel (heute: Klaipeda) zu sehen, im Hintergrund der Simon-Dach-Brunnen mit der Figur »Ännchen von Tharau«, die auf ein Volkslied mit einem Text Dachs zurückgeht. Die Geschichte dieses ostpreußischen Symbols ist markanter Ausdruck der historischen Entwicklung selbst. 1945 durch ein Stalin-Denkmal ersetzt, wurde es 1989 durch die litauische Bevölkerung mit deutscher Hilfe wieder errichtet.

Begegnungsraum oder Brückenkopf? Ostpreußen und das Memelland 1918 bis 1945

Ostpreußen gilt als das Land der dunklen Seen und Wälder und der berühmten Trakehnerhengste. Manche Vertriebene und deren Nachkommen gebrauchen nach wie vor die Wendung »alte Heimat«, wenn sie vom Land ihrer Geburt respektive ihrer Vorfahren sprechen. In der Öffentlichkeit wird immer wieder darauf hingewiesen, dass etliche ehemalige Einwohner und deren Nachkommen eine Art kulturellen Phantomschmerz verspüren. Und die Medien stellen Ostpreußen häufig als verlorenes Traumland dar. All dies trägt zur Mythisierung eines Landstrichs und seiner Geschichte bei. Tatsächlich gelten der Deutsche Orden und die Entstehung des preußischen Königreiches wie auch die zahlreichen Denker und Dichter, allen voran Immanuel Kant, der in Königsberg gelebt hatte, bis heute als Marksteine deutscher Geschichte. Die Deutung des ostpreußischen Erbes führte jedoch nach 1945 immer wieder zu heftigen innen- und außenpolitischen Auseinandersetzungen, nicht zuletzt aufgrund der Verflechtungen der baltischen, russischen, polnischen und deutschen Geschichte in der Region.

Historische Grundsituation

Die historischen Realitäten waren demgegenüber ein gutes Stück nüchterner: Ostpreußen war über weite Strecken ein eher armes und immer wieder infolge von Kriegen durch Hunger und Seuchen geprägtes Land. Die Sozialstruktur, schon im 19. Jahrhundert konservativ und starr, änderte sich auch im Gefolge des Ersten Weltkrieges nicht wirklich. Die bestimmende Kraft bildeten die adligen Großgrundbesitzer, die nicht nur den größten Teil des Agrarlandes besaßen, sondern auch gesellschaftlich den Ton angaben. Es ist kein Zufall, dass der zweite und letzte Präsident der Weimarer Republik und Kriegsheld aus dem Ersten Weltkrieg, Paul von Hindenburg, aus einem alten ostpreußischen Adelsgeschlecht stammte.

Dies hatte zur Folge, dass wesentliche Modernisierungsschübe an der Provinz vorbeigingen und konservative, teils rückständige Grundhaltungen bestimmend blieben. Verschärfend wirkte sich auch die zunehmende Krise auf dem Agrarsektor aus, die insbesondere die Großgrundbesitzer traf, da infolge zunehmenden Preisverfalls wirtschaftlicher Niedergang einsetzte. Dennoch behielten diese Kreise die politische Macht zumindest innerhalb der Provinz.

Bis heute wenig bekannt ist die Tatsache, dass Ostpreußen keineswegs eine rein deutsche und protestantisch geprägte Provinz war. Im Osten, an der Grenze zu Litauen, gab es lange Zeit einen litauisch sprechenden Bevölkerungsteil (Preußisch-Litauen oder Kleinlitauen). Masuren war u.a. von zahlreichen polnischstämmigen Menschen besiedelt. Im Ermland waren die meisten Bewohner Katholiken. Diese Gruppen betrachteten sich mehrheitlich als zu Ostpreußen gehörig, wünschten jedoch in ihren besonderen Eigenheiten respektiert zu werden. Ostpreußen war damit zumindest ansatzweise eine multikulturelle Provinz.

Die Zeit bis zum Ende des Ersten Weltkriegs

Im Zeitalter des Nationalismus, der sich bereits im Kaiserreich aggressiv entfaltet hatte (etwa in Form von Germanisierungskampagnen und einem Kulturkampf gegen die Katholiken), und vor allem im Gefolge des Ersten Weltkrieges kam es zu vehementen Konfrontationen. Der deutsche, von Ostpreußen ausgehende Vorstoß in das Baltikum seit 1915, das Verhalten der deutschen Elite und die Verwicklung etwa der Freikorps in die Kämpfe dort wirkte sich insbesondere nach Kriegsende auch auf die Provinz aus.

Am Ende des Ersten Weltkrieges kam es in Ostpreußen zu inneren Kämpfen. Für kurze Zeit sah es so aus, dass die konservativen Eliten, die auch fast alle hochrangigen Verwaltungsposten bekleideten, die Kontrolle verlieren würden. Ähnlich wie etwa in Wilhelmshaven meuterten in Königsberg und Pillau Soldaten und Matrosen, die einen Rätestaat anstrebten. Als dann die bolschewistischen Verbände nach dem Waffenstillstand im Novem-

picture alliance/akg-images

Ostpreußen war trotz der vergleichsweise modernen Stellung Königsbergs stark ländlich geprägt und nicht zuletzt deshalb von Krisen geplagt.

ber 1918 von Osten her durch das Baltikum vorrückten, schien ein Einmarsch in Ostpreußen und damit die Errichtung einer Sowjetherrschaft denkbar. Infolgedessen bildeten sich auf deutscher Seite Freiwilligenverbände zur Verteidigung der Grenzen. Es fand zwar kein direkter Kampf statt, dennoch blieb die Konfrontation, die deutscherseits durch ein erhebliches nationalistisches Gewaltpotenzial genährt wurde, bestehen.

Die Friedensbedingungen von Versailles taten ein Übriges. Vor allem die Franzosen hatten ein nachhaltiges Interesse an der Schwächung des Deutschen Reiches und förderten expansive Bestrebungen vonseiten der Polen und Litauer nachhaltig. Die Einrichtung des polnischen Korridors bis zur Ostsee unterbrach den Landzugang der Provinz zum Reich und führte zur Einrichtung spürbarer Zollgrenzen. All dies brachte erhebliche wirtschaftliche und politische Probleme mit sich.

Verschärft wurde die Lage noch durch Volksabstimmungen in Mischgebieten, etwa im Ermland und in Masuren. Deren Ergebnisse sind rückblickend bemerkenswert: Fast überall stimmten die Menschen, trotz erheblicher, vor allem polnischer Propaganda für den Verbleib in Ostpreußen. Einen besonderen Weg ging das Gebiet im Nordosten, jenseits der Memel, das bis 1918 ebenfalls zum Deutschen Reich gehörte. Hierauf erhob das entstehende Litauen Ansprüche, obwohl viele nicht-deutsche Einwohner dort eine eigene Sprache hatten, die sich deutlich vom Litauischen unterschied. Durch die Bestimmungen des Versailler Vertrages wurde das Gebiet (»Memelland«), vielleicht vergleichbar mit der Stadt Danzig, unter alliierte Verwaltung gestellt, dann aber im Jahre 1923 von Litauen annektiert. Es erhielt zwar innerhalb Litauens Autonomiestatus, unterlag aber während der Herrschaft des litauischen Diktators Antanas Smetona (siehe dazu auch den Beitrag von Kaarel Piirimae über die Zwischenkriegszeit) erheblichen Einschränkungen, etwa durch die Einführung des Ausnahmezustandes.

Krise und Radikalisierung: Die Weimarer Jahre

Da sich die Eigentumsverhältnisse nicht grundlegend wandelten, blieben weite Teile des Landes in der Hand von Großgrundbesitzern, die der Demokratie bestenfalls distanziert gegenüberstanden und auch keine Annäherungen an die Nachbarstaaten wünschten. Im Gegenteil – man sah sich politisch und militärisch nunmehr hochgefährdet, da Ostpreußen überaus exponiert und bedroht war. Die militärisch eher schwache Reichswehr hätte feindlichen Vorstößen kaum Paroli bieten können.

In dieser Situation kam es nach und nach zur politischen Radikalisierung, ganz im Trend zum übrigen Reich, ja zum Teil noch erheblich stärker. Es ist kein Zufall, dass die Ausschreitungen im Rahmen des Kapp-Putsches 1920 in Ostpreußen am heftigsten ausfielen. Das Festhalten an alten Traditionen und der Hass gegen die Weimarer Republik und ihre Symbole beschränkten sich jedoch nicht nur auf die alten Eliten, sondern umfasste auch bürgerliche Kräfte, die Unterschicht und vor allem Akademiker. Die Albertina-Universität in Königsberg, lange Zeit eine liberale und tolerante Einrichtung, wurde zunehmend zum Hort rechtsradikaler und fremdenfeindlicher Agitation. Darunter hatten auch ausländische Studenten zu leiden, gerade aus Polen und den baltischen Staaten. Nicht zuletzt in den ländlichen Gebieten kam es dann ab 1931 verstärkt zu gewalttätigen Auseinandersetzungen und Schlägereien, vor allem mit den Kommunisten, die als einzige Kraft die Nationalsozialisten aktiv und in nennenswertem Umfang bekämpften.

An der Tatsache, dass die Nationalsozialisten in Ostpreußen großen Zulauf erhielten, vermochten auch namhafte Demokraten, wie der ebenfalls aus Ostpreußen stammende preußische Ministerpräsident Otto Braun, nichts zu ändern. Die demokratischen Kräfte waren in Ostpreußen, wie überall im Reich, letztlich in der Defensive und konnten sich gegen die reaktionären bzw. inzwischen offen nationalsozialistischen Agitatoren und Anhänger nicht durchsetzen. Der Preußenschlag, d.h. der Putsch gegen die preußische Verfassung durch den Reichkanzler Franz von Papen im Juli 1932, tat ein Übriges.

Ostpreußen im Dritten Reich

Die Machtergreifung Hitlers führte dann zur Konfrontation gerade auch mit den östlichen und nordöstlichen Nachbarn. Zugleich war dies der Beginn einer radikalen Germanisierungspolitik in Ostpreußen. Dies machte sich in der Umbenennung und Eindeutschung vieler traditioneller Ortsnamen etwa in Masuren bemerkbar. Gleichzeitig wurden die Muttersprachen, beispielsweise Polnisch, unterdrückt und für den Gottesdienst verboten.

Parallel dazu liefen vielfältige Maßnahmen des Regimes zur Landgewinnung und Infrastrukturverbesserung an. Zusammen mit der Mobilmachung für den Krieg und den zahlreichen Propagandakampagnen hatten etliche »Volksgenossen« den Eindruck, Stärke und Stolz wiederzugewinnen. Die vormals hilfsbedürftige Notprovinz wurde nun als Speerspitze und als Bollwerk für das nationale Erwachen und die Rückgewinnung der Vorherrschaft im Osten propagiert. Davon wurden aber nicht nur deutsche Bevölkerungsteile erfasst, sondern etwa auch ein Teil der polnischsprachigen Masuren. Angesichts dieses aggressiven Vorgehens im Rahmen des völkischen »Wiedererwachens« erschien es nur folgerichtig, dass die Wehrmacht am 22. März

1939, also kurz nach dem Einmarsch in die »Resttschechei«, das Memelland besetzte.

All dies hatte für Masuren und Ermländer drastische Folgen. Menschen mit entsprechendem Hintergrund wurden ausgegrenzt und verfolgt, insbesondere wenn sie auf ihrer kulturellen Identität beharrten.

Die nationalsozialistische Mobilmachung und der darauffolgende aggressive Kriegskurs führte zeitweise zur euphorischen Hochstimmung, die dann im Zweiten Weltkrieg bitter bezahlt wurde. Entgegen mancher Ängste, die auch auf das Vorrücken der russischen Armee im Ersten Weltkrieg zurückgingen, wurde bei Kriegsbeginn indes kein ostpreußisches Territorium von feindlichen Truppen besetzt. Stattdessen rückte die Wehrmacht zügig gegen Polen und dann gegen die Sowjetunion vor. Die Front entfernte sich schnell, und es kehrten teils friedensmäßige, wenn auch von der Kriegssituation geprägte Verhältnisse ein (z.B. Einberufung der Männer zur Wehrmacht). Ostpreußen unter der Leitung des verbrecherischen Gauleiters Erich Koch gewann sogar an Verwaltungsterritorium hinzu.

Wie überall im Reich ereilte als Feinde definierte Gruppen, Juden und später vor allem auch russische Kriegsgefangene, Verfolgung, Terror und Tod. In Kriegsgefangenenlagern kamen Hunderttausende Soldaten um Lebens. In Konzentrationslagern, inbesondere in Soldau bzw. Außenlagern des KZ Stutthof bei Danzig, wurden Zehntausende Menschen ermordet, darunter etliche geistig oder körperlich Behinderte. Für die Juden setzte sich die bereits vor 1939 angelaufene Verfolgung fort, die sich unter anderem im Niederbrennen von Syngagogen gezeigt hatte. 1942 wurde der größte Teil der ostpreußischen, vornehmlich aus Königsberg stammenden Juden nach Weißrussland deportiert und in der Nähe von Minsk ermordet.

Untergang

Schließlich hielt der Krieg mit allen seinen Schrecken auch bei der deutschen Bevölkerung Einzug. Einen ersten Vorgeschmack erhielten die Königsberger Ende August 1944, als britische Bomber die Stadt mehrmals angriffen und schwere Zerstörungen anrichteten. Die Bevölkerung in der ganzen Provinz hatte nach und nach das Herannahen der Front zu gewärtigen, insbesondere die anschwellenden Flüchtlingsströmen aus dem Baltikum bzw. dem Memelland.

Von den Nationalsozialisten, allen voran von Erich Koch an der rechtzeitigen Flucht gehindert, gerieten viele zwischen und hinter die Fronten. Marodierende sowjetische Truppen plünderten, vergewaltigten und ermordeten Tausende. Wer es geschafft hatte, noch rechtzeitig die Flucht zu ergreifen, hatte innerhalb der Trecks, die sich über das zugefrorene Haff bewegten, um Leib und Leben zu fürchten. Tiefflieger, einbrechendes Eis, Krankheit und Entkräftung forderten hohen Tribut. Die Wehrmacht verteidigte sich erbittert, teilweise auch ohne Rücksicht auf die Flüchtlinge. Sie konnte den überlegenen sowjetischen Armeen kaum mehr etwas entgegensetzen. Königsberg kapitulierte am 10. April 1945.

Aber auch das Morden des Regimes ging weiter. Einen Höhepunkt bildete das Massaker von Palmnicken Ende Januar/Anfang Februar 1945. Am Strand unterhalb der Stadt in der Nähe des Dorfes Sorgenau wurden Tausende von KZ-Häftlingen, die man zuvor auf einen der berüchtigten Todesmärsche geschickt hatte, erschossen bzw. in die Ostsee getrieben, soweit sie nicht schon auf dem Marsch umgekommen waren.

Es verblieben noch Hunderttausende von Deutschen in Ostpreußen, die dann im Gefolge des Potsdamer Abkommens bis 1948 vertrieben wurden. Der kurze euphorische NS-Taumel war damit von Tod, Flucht, Vertreibung und Trauma abgelöst worden. Nach der Wende von 1990 kehrten zahlreiche ehemalige Bewohner im Rahmen von Urlaubsreisen in ihre alte Heimat zurück. Sie fanden dort teils die alten Häuser und sogar Einrichtungsgegenstände vor, gleichzeitig aber auch ein ganz anderes Land. Es blieb letztlich nur die Hoffnung auf eine gesamteuropäische Versöhnung unter Respektierung aller bestehenden, aber offenen Grenzen – ein Projekt, das mit dem EU-Betritt der baltischen Staaten dann neue Gestalt gewann.

Bernd Lemke

dpa

Seit 1935 spielte das Baltikum bereits in ersten Planungen der Wehrmacht für eine militärische Auseinandersetzung mit der UdSSR eine markante Rolle, anders als im Ersten Weltkrieg, wo sich das Kriegsgeschehen hauptsächlich im Süden abspielte. Die drei baltischen Länder wurden als Vorfeld der Reichsverteidigung angesehen, dann ab 1938 auch als mögliche »Rollbahn« für einen schnellen Vorstoß nach Leningrad. So wurde Ende Juni 1939 angesichts der zugespitzten außenpolitischen Lage der Besuch des deutschen Generalstabschefs Franz Halder zu einem wichtigen Ereignis.

Wenige Tage später entschloss sich Hitler, die baltischen Staaten zu opfern, um eine Verständigung mit Stalin zur Aufteilung Polens zu erreichen. Seine Absicht, »Lebensraum im Osten« durch einen Vernichtungskrieg gegen die UdSSR zu erobern, stellte er zunächst zurück. Als die Wehrmacht dann nach Russland vorstieß, griff das nationalsozialistische Regime in großem Stile auf baltische Soldaten zurück, wie hier auf dem Bild ersichtlich, das Angehörige der Estnischen SS-Freiwilligen-Brigade im März 1944 im Einsatz für die Deutsche Wehrmacht an der Ostfront zeigt.

Das Baltikum im Zweiten Weltkrieg

Nach der Niederwerfung Polens marschierte die Rote Armee an den Grenzen der baltischen Staaten auf. Moskau forderte ultimativ die Gewährung von Stützpunkten und den Abschluss von Beistandspakten. Das völlig isolierte Estland gab nach und musste hinnehmen, dass wenig später die sowjetische Luftwaffe Angriffe gegen Finnland auch von estnischem Boden aus flog. 14 000 Volksdeutsche verließen Estland »heim ins Reich«.

Estland

Unmittelbar nach dem deutschen Sieg über Frankreich trachtete Stalin danach, seine Beute fest an sich zu binden. Nach manipulierten Wahlen wurde Estland im August 1940 Teil der UdSSR. Die Sowjetisierung erreichte am Vorabend des deutschen Überfalls ihren Höhepunkt. Bei Massendeportationen am 14. Juni 1941 wurden 11 000 »antisowjetische Elemente«, das heißt frühere Politiker, Offiziere, Geschäftsleute und Grundbesitzer, verschleppt und teilweise ermordet. Außerdem wurden 30 000 Esten zwangsrekrutiert und schließlich in Arbeitslager gesteckt. Als zwei Wochen nach Beginn des »Unternehmens Barbarossa« deutsche Truppen in Estland eindrangen, war daher die Bereitschaft der Bevölkerung, die Deutschen als Befreier zu begrüßen, verständlicherweise groß.

Im »Sommerkrieg« 1941 hatten Tausende, die vor den Deportationen in die Wälder geflüchtet waren, einen Guerillakrieg gegen die für die Zerstörungsarbeit vor dem Einmarsch der Wehrmacht zuständigen Vernichtungsbataillone der Roten Armee geführt und so die Strategie der »verbrannten Erde« in ihrer Heimat sabotiert. Die Guerilla organisierte auf lokaler Ebene eigene Administrationen und half der Wehrmacht bei ihrem Vormarsch Richtung Leningrad. Unterstützung hatte sie dabei von Freiwilligen erhalten, die von der deutschen Militärspionage (Abwehr) bereits im Mai 1941 unter estnischen Exilanten rekrutiert worden waren. Diese waren bei Beginn des Krieges nach Estland geschleust worden, hatten Kontakte zu den

»Waldbrüdern« hergestellt und das Hinterland der sowjetischen Front erkundet.

Der letzte Ministerpräsident des Landes, Jüri Uluots, wandte sich am 29. Juli 1941 an den Oberbefehlshaber der deutschen Heeresgruppe Nord, Wilhelm Ritter von Leeb, und forderte eine eigenständige Rolle Estlands beim Zusammengehen mit dem Reich. Eine estnische Armee sollte sich der Wehrmacht anschließen, um die »kommunistische Gefahr« zu bekämpfen und die zunächst deportierten, dann zwangsrekrutierten Mitbürger aus dem Inneren der UdSSR zu befreien. Im August wurde das Freiwilligenbataillon »Erna II« gebildet, das sich an der Einnahme der estnischen Inseln beteiligte. Bis zum September 1941 meldeten sich 5000 Männer, die in sechs estnischen Sicherungsabteilungen im Hinterland der 18. Armee Verwendung fanden. Sie bewährten sich auch in der Frontlinie während der schweren Kämpfe am Wolchow.

Estland unterstand zunächst einer Militärverwaltung. Der Chef des rückwärtigen Heeresgebiets, General Franz von Roques, ernannte Hjalmar Mäe im September 1941 zum »Ersten Landesdirektor«, der damit Ministerpräsident Uluots ersetzte. Mäe, ein ehemaliger Putschist der »Freiheitskämpfer«, der nach Abbüßung seiner Freiheitsstrafe Zuflucht in Deutschland gefunden hatte, war im Land äußerst unpopulär und galt als Erfüllungsgehilfe der Deutschen. Ende 1941 übernahm SA-Obergruppenführer Karl Litzmann den »Generalbezirk Estland« als Teil des »Reichskommissariats Ostland«.

Die Esten verhielten sich abwartend. Der deutsche Sicherheitsdienst beklagte anglophile Strömungen in der Bevölkerung, die vor allem eine mögliche Rückkehr der Deutschbalten befürchtete. Dennoch entwickelte sich insbesondere in Frontnähe ein enges Zusammenleben der estnischen Bevölkerung mit deutschen Soldaten.

Im Sommer 1942 bereiteten die Deutschen einen neuen Angriff auf Leningrad vor. Hitler erlaubte nun die Bildung einer estnischen Legion im Rahmen der Waffen-SS. Als motorisiertes Infanterieregiment gegliedert, wurde sie im Mai 1943 zur Brigade umgebildet und kam im Raum Newel zum Einsatz.

Seit Feldzugsbeginn dienten neben anderen nichtdeutschen Freiwilligen bereits 33 Esten in der SS-Division »Wiking«. Doch die Bereitschaft, auch außerhalb der Heimat zu kämpfen, blieb gering. So formierte man später aus Angehörigen der estnischen Sicherheitspolizei und der Schutzmannschaften das Bataillon »Narwa« (der SS-Division »Wiking«unterstellt) und transportierte es in die Ukraine, wo die Einheit bei den Kämpfen um den Kessel von Tscherkassy schwere Verluste erlitt.

Angesichts des gescheiterten Angriffs an der Leningrader Front und der sowjetischen Erfolge im Winter 1942/43 forderte die Heeresgruppe Nord die umfassende Mobilisierung Estlands. Um weitergehende politische Zugeständnisse zu vermeiden, tarnte man die Zwangsrekrutierung als Einberufung zum Arbeitsdienst. Die Musterung war aus deutscher Sicht ein Erfolg. Rund 85 Prozent der einberufenen Jahrgänge erschienen bei den Ämtern, sodass der Legion weitere 5300 und der Wehrmacht 6800 Mann zugewiesen werden konnten.

Die Erwartungen der estnischen Selbstverwaltung auf eine größere Autonomie blieben aber unerfüllt. So zogen es nicht wenige junge Männer vor, in »ehrenvoller Uniform« gegen die Rote Armee bei den finnischen »Brüdern« zu kämpfen. Im Sommer 1944 beteiligte sich ein estnisches Infanterieregiment an den Abwehrkämpfen in Karelien. Angesichts der sich zuspitzenden Lage an der Front ordnete Hitler an, der SS-Legion noch einmal 10 000 Mann zuzuführen. Die Musterungen brachten in Estland bis Ende Januar 1944 aber nur noch 900 Mann Verstärkungen. Himmler verlangte daraufhin die Einberufung aller Offiziere und Unteroffiziere der ehemaligen estnischen Armee sowie die Erfassung aller Wehrpflichtigen zwischen 17 und 55 Jahren.

Angesichts des Vordringens der Roten Armee ging es aus der Sicht der Esten nun um die unmittelbare Landesverteidigung gegen eine Resowjetisierung. Der ehemalige Ministerpräsident Uluots fand sich nach Absprache mit einigen Oppositionsgruppen im Februar 1944 bereit, den Aufruf zu einer Totalmobilmachung öffentlich zu unterstützen. Dadurch meldeten sich 30 000 Freiwillige – doppelt so viele, wie die Deutschen erwartet hatten. Neben neuformierten Grenzschutzregimentern wurden estnische SS-Angehörige nun in einem größeren nationalen Verband vereinigt und an der Narwafront in verlustreichen Abwehrkämpfen eingesetzt. In deutschen Reihen kämpften 1944 insgesamt 60 000 Esten, auf sowjetischer Seite etwa 30 000.

Dem im März 1944 gegründeten »Nationalkomitee der Estnischen Republik« gelang es nicht, die Unabhängigkeit Estlands durchzusetzen. Während die Hilfskräfte der Wehrmacht im Land untertauchten und den Kampf gegen die Rote Armee teilweise in den Wäldern fortsetzten, folgten die Freiwilligen der 20. Waffen-Grenadier-Division der SS unter Drohungen dem deutschen Rückzug. Nur wenige konnten sich nach der Kapitulation zu den Westalliierten durchschlagen.

Lettland

Nach Beginn des Zweiten Weltkrieges zwang die UdSSR auch Lettland einen Beistandspakt auf. Rund 51 000 Baltendeutsche wurden Anfang 1940 ins Reich »umgesiedelt«, ein Jahr später folgten noch einmal 10 000, insbesondere ehemalige Angehörige der lettischen Armee. Der Sowjetisierung Lettlands ab August 1940 fielen insgesamt 35 000 Menschen zum Opfer. Sie wurden ermordet oder verschleppt, viele erst im Juni 1941.

Bei den Kämpfen um Riga Ende Juni 1941 rief der ehemalige Oberstleutnant Voldemars Veiss seine Landsleute dazu auf, den Kampf gegen den »inneren Feind« aufzunehmen. Die antikommunistisch, antirussisch und antisemitisch eingestellten Nationalisten entfesselten einen Mob, der neben der Ermordung von Kommunisten erste Pogrome veranstaltete. Riga wurde zu einem Zentrum der Judenvernichtung. Den »Generalbezirk« Lettland übernahm Dr. Otto Drechsler, Bürgermeister von Lübeck. Riga erhielt einen deutschen Oberbürgermeister (Hugo Wittrock). Für ihn war die lettische Hauptstadt eine »deutsche Stadt« und Stützpunkt einer künftigen Eindeutschung des Baltikums. Zum Vorsitzenden der landeseigenen Verwaltung wurde Oskar Dankers ernannt, ein pensionierter General der lettischen Armee, der keiner der zerstrittenen Parteien angehörte.

Die faschistischen »Donnerkreuzler« betrachtete man auf deutscher Seite mit Misstrauen. Das Angebot ihres Führers Gustav Celminš, aus Hilfspolizei-Einheiten und Schutzmannschaften eine militärische Legion zum Kampf gegen den Bolschewismus aufzustellen, wurde von Himmler im Herbst 1941 zunächst strikt abgelehnt, obwohl die Heeresgruppe Nord dar-

SZ Photo

Deutscher Vormarsch im Zweiten Weltkrieg: Riga 1941/42.

auf drängte, einheimischen Freiwillige für den Kriegseinsatz zu gewinnen.

Erst nach der Katastrophe von Stalingrad genehmigte Hitler die Aufstellung einer lettischen SS-Legion unter Verwendung von vier Schutzmannschaftsbataillonen, die bereits im Rahmen der 2. SS-Brigade eingesetzt waren. Um daraus eine Division zu formen, musste eine erhebliche Zahl von Freiwilligen geworben werden. Für die Mobilisierung ganzer Jahrgänge forderte Dankers die Wiederherstellung der Selbstständigkeit, den Einsatz allein zur Landesverteidigung unter einem lettischen Kommandeur und die Unterstellung der Legion unter die Wehrmacht, was von Hitler entschieden abgelehnt wurde.

Wie in Estland und Litauen gelangte man schließlich über die Zwangsmobilisierung für den Arbeitsdienst ans Ziel. Die lettische Legion erhielt etwa 17 900 Mann, zu anderen Formen des Waffendienstes meldeten sich 13 400 Mann. Deren Loyalität hielt sich aber in engen Grenzen, da die deutsche Seite keine greifbaren politischen Zugeständnisse machen wollte. Die deutsche Sicherheitspolizei vermerkte im August 1943, dass die »deutschfeindliche« Propaganda im Land selbst die SS-Legion erfasst habe und täglich aggressiver werde. Celminš wurde im März 1944 verhaftet. Daraufhin waren die enttäuschten Kollaborateure nicht mehr zur Zusammenarbeit bereit.

Dennoch forderte Himmler weitere 20 000 Mann für die Legion. Sie unterstand nun immerhin dem lettischen General Rudolf Bangerski als Inspekteur und SS-Gruppenführer, freilich nicht als ihr Kommandeur. Zur Musterung erschienen 67,5 Prozent der aufgerufenen Jahrgänge. Aufgefüllt mit neuen Freiwilligen, formierte man aus der bisherigen Legion die 15. Waffen-Grenadier-Division der SS (lettische Nr. 1). Sie wurde bei der Abwehrschlacht im Raum Newel eingesetzt. Teile der Division gingen 1945 in Berlin unter, der Rest geriet im Raum Schwerin in US-Gefangenschaft.

Schwer wog auch das Schicksal der 19. Waffen-Grenadier-Division der SS (lettische Nr. 2). Sie entstand Anfang 1944 aus drei Polizeibataillonen und neugemusterten Rekruten, die in schweren Abwehrkämpfen am Wolchow eingesetzt wurden. Auch sie musste den Rückzügen der Heeresgruppe Nord folgen und geriet im Oktober 1944 in den Kurland-Kessel. Viele lettische Freiwillige, die nach Schweden geflohen waren, wurden von dort an die UdSSR ausgeliefert.

Litauen

Litauen hatte als letzter baltischer Staat am 11. Oktober 1939 einen erzwungenen Beistandspakt akzeptiert. Das Ende der Unabhängigkeit kam mit dem Einmarsch der Roten Armee am 16. Juni 1940, auch hier unmittelbar im Anschluss an manipulierte Wahlen. Einer ersten »Säuberungswelle«, die 14 000 »antisowjetische Kräfte« betraf, fielen auch 400 litauische Offiziere zum Opfer. Im Juni 1941 deportierte man 21 000 Angehörige der ehemaligen Elite nach Sibirien. Die Litauendeutschen, als kleine Landwirte soziologisch von den baltendeutschen Großgrundbesitzern unterschieden, wurden aufgrund spezieller deutsch-sowjetischer Vereinbarungen erst im März 1941 ins Reich »umgesiedelt«.

Auf deutscher Seite wurde wiederum die Abwehr tätig, die auf die Zusammenarbeit mit Oberst Kazys Škirpa setzte, der

Die Heeresgruppe Kurland und das Kriegsende im Baltikum

Mitte des Jahres 1944 befand sich die Heeresgruppe Nord der Wehrmacht in einer schwierigen Lage. Zusätzlich zur zahlenmäßigen Unterlegenheit von ca. 8:1 und dem gravierenden Mangel an Nachschub und Treibstoff wurden immer wieder Verbände abgezogen, um an anderen Frontabschnitten eingesetzt zu werden. Im Januar und Februar 1944 hatte sich die Heeresgruppe von Leningrad auf eine Frontlinie zwischen der nordost-estnischen Stadt Narwa und dem Peipussee zurückgezogen, die hauptsächlich von der aus estnischen Freiwilligenverbänden bestehenden Abteilung Narwa gehalten wurde. Bei einem sowjetischen Vorstoß durch Lettland nach Tukum (ca. 60 km westlich von Riga) wurden die deutschen Truppen in Nordlettland und Estland vom Rest der deutschen Streitkräfte abgeschnitten. Zwar gelang es der Heeresgruppe Mitte im Zuge der Operation »Doppelkopf« noch einmal eine schmale Verbindung zu den Truppen im Nordbaltikum zu schaffen. Dies diente dann aber eher als Rückzugskorridor. Die Heeresgruppe Nord musste sich in der Folge durch diese schmale Verbindung bzw. über den Seeweg aus den großen Häfen, vor allem in Reval, auf die Halbinsel Kurland zurückziehen.

Obwohl im Kurlandkessel eine komplette Heeresgruppe von der Roten Armee eingekesselt war, unterband einer der berüchtigten »Haltebefehle« Hitlers sämtliche Ausbruchsversuche und Planungen zur Evakuierung über den Seeweg. Zwischen Oktober 1944 und März 1945 versuchte die Rote Armee mittels nicht weniger als sechs »Kurlandschlachten« unter großen Verlusten einen Durchbruch zu dem für die Versorgung der deutschen Truppen essenziellen Hafen Libau zu erzielen. Dabei wurden auch zahlreiche baltische Freiwillige aufseiten der Wehrmacht eingesetzt. Am 25. Januar erfolgte die Umbenennung der Heeresgruppe in »Heeresgruppe Kurland«, die bisherige Heeresgruppe Mitte erhielt die Bezeichnung Heeresgruppe Nord. Am 28. März 1945 endete die 6. Kurlandschlacht ergebnislos. Die Rote Armee stellte in der Folge ihre Offensiven gegen den »Kurlandkessel« ein und zog Truppen für die Offensive gegen Berlin ab. Am 9. Mai um 0.00 Uhr erfolgte die Kapitulation der einzigen noch intakten Heeresgruppe der Wehrmacht. Zu diesem Zeitpunkt war der »Kurlandkessel« eines der letzten, noch von deutschen Soldaten gehaltenen Territorien überhaupt.

Ole Christian Schneider

die Litauische Aktivistenfront (LAF) mit mehr als 36 000 Untergrundkämpfern organisiert hatte. Škirpa verlangte vergeblich die Wiederherstellung der litauischen Souveränität. Zusammen mit 200 Exillitauern, die in der Abwehr tätig waren, eröffnete die LAF dennoch sofort nach Kriegsbeginn ihre Angriffe im Hinterland der Roten Armee. Der Aufstand mobilisierte rund 100 000 Bewaffnete. Etwa 4000 kamen dabei ums Leben.

Unter dem Druck der vordrängenden Wehrmacht verließen die Sowjets Litauen bereits nach fünf Tagen. Unter den Augen der Wehrmacht organisierten antisemitisch eingestellte Aktivistengruppen Pogrome gegen die jüdische Minderheit. Am 25. Juli 1941 wurde der »Generalbezirk Litauen« an die deutsche Zivilverwaltung unter der Führung von Theodor Adrian von Renteln übergeben. An die Spitze der einheimischen Verwaltung setzte man General Petras Kubiliunas, den früheren litauischen Generalstabschef.

Jedes Bemühen um größere Autonomie unterbanden die Deutschen. Einige der ehemaligen antikommunistischen Partisaneneinheiten wurden als Hilfspolizei-Mannschaften von der SS in Dienst genommen. Für die Nationalsozialisten galt Litauen als wertvolles Bauernland, das für die künftige deutsche Siedlungspolitik genutzt werden sollte. Sie stuften die Litauer als die »minderwertigste unter den drei baltischen Rassen« ein, auf deren Mitarbeit kein großer Wert gelegt wurde. Die gezielte Rücksiedlung von etwa 30 000 Litauendeutschen förderte das Misstrauen und die politischen Gegensätze im Land.

Der negative Kriegsverlauf vor Moskau im Dezember 1941 bewirkte einige Zugeständnisse. Anfang 1942 wurde die einheimische Hilfspolizei in 15 Bataillonen Schutzmannschaften zusammengefasst. Litauen lag weit hinter der Ostfront, sodass man sie hauptsächlich außerhalb der Landesgrenzen in benachbarten Regionen einsetzte. Diese rund 16 000 Mann hatten aber weniger mit Partisanen als mit der Jagd nach Juden zu tun. Und sie bekämpften mit besonderem Eifer den polnischen Widerstand im ehemals umstrittenen Grenzgebiet.

Als Anfang 1943 die Aufstellung einer nationalen Legion unter der Ägide der SS geplant wurde, stieß das Vorhaben auf die einhellige Ablehnung der litauischen Verwaltung. Anders als in Estland und Lettland war die deutsche Mobilisierung ein völliger Fehlschlag, da sich weniger als 20 Prozent der Einberufenen zur Musterung meldeten. Da die bereits Gemusterten umgehend als Zwangsarbeiter in deutsche Rüstungsfabriken geschickt wurden, flüchteten die anderen jungen Männer in zunehmender Zahl in die Wälder. Unter dem Eindruck der heranrückenden Sowjetarmee zeigte sich der nationale Widerstand schließlich bereit, die Mobilisierung doch noch zu unterstützen. Unter der Führung des früheren Generals Povilas Plechavičius hoffte man, in letzter Minute eine litauische Nationalarmee mit sechs Divisionen zur Landesverteidigung schaffen zu können. Hierfür meldeten sich überraschenderweise doppelt so viele Freiwillige, wie man erwartet hatte. Über die Verwendung der überzähligen Männer konnten sich litauischen Generale aber nicht mit den Vertretern Himmlers einigen, die einen Einsatz bei der deutschen Luftwaffe im Reichsgebiet vorsahen.

Die bereits mobilisierten Bataillone von Plechavičius weigerten sich, einen Eid auf Hitler abzulegen, und zeigten keinen großen Kampfgeist. Der General und sein Stab wurden schließlich arretiert, die Bataillone entwaffnet, wobei sich ein Teil durch Flucht in die Wälder entzog. Mitte Mai 1944 kam es bei der Auflösung der litauischen Militärakademie in Mariampole sowie in Kaunus sogar zu erbitterten Kämpfen zwischen Deutschen und Litauern. Nach der Erschießung von 100 Gefangenen wurden weitere 3500 Inhaftierte nach Deutschland verfrachtet und der Luftwaffe als Hilfssoldaten zur Verfügung gestellt. Eine ähnlich hohe Zahl widersetzte sich dem Einmarsch der Roten Armee und leistete bis Ende der 1940er Jahre als »Waldbrüder« bewaffneten Widerstand gegen die Sowjetisierung ihrer Heimat.

Insgesamt lässt sich für die drei baltischen Staaten feststellen, dass die Bereitschaft dieser Nationen, nach der Beendigung einjähriger Sowjetherrschaft mit den Deutschen zusammenzuarbeiten, weitgehend ungenutzt geblieben ist. Rasseideologische und siedlungspolitische Zielsetzungen bestimmten das Besatzungsregime. Im Vordergrund stand die rücksichtslose wirtschaftliche Ausbeutung. Die baltischen Freiwilligen fanden lediglich in Polizeiverbänden und wenigen Infanterie-Einheiten Verwendung. Ihre rassische und politische Diskriminierung dauerte bis in die Tage des Untergangs.

Rolf-Dieter Müller

Ostpreußens Hungerkinder in Litauen

Nach dem Ende des Zweiten Weltkriegs wurde der nördliche Teil Ostpreußens, etwa so groß wie Schleswig-Holstein, mit dem Einverständnis der Alliierten unter sowjetische Verwaltung gestellt. Umbenannt zur Kaliningrader Oblast, baute Moskau die Region zu einem militärischen Sperrbezirk aus und schloss im Sommer 1945 die neu gezogene innerostpreußische Grenze nach Süden hin. Über 200 000 deutsche Kinder, Frauen und ältere Menschen, die sich noch in diesem Gebiet befanden, saßen fest. Die Selbstversorgung auf den eigenen Höfen wurde unterbunden. Wenn überhaupt, gab es Arbeit und etwas Brot in den neueingerichteten Sowchosen, den landwirtschaftlichen Produktionsstätten der Roten Armee. Schlechte Wohnverhältnisse, Misswirtschaft, Gewalt, Seuchen und Hunger forderten Zehntausende an Opfern.

Nach dem besonders strengen zweiten Nachkriegswinter war die Hälfte der deutschen Zivilisten gestorben. Die Übriggebliebenen waren oft zwischen sieben und zwölf Jahren. Ohne Eltern, ohne Familie, ohne ein Zuhause waren viele nun ganz auf sich allein gestellt. Sie stromerten durch menschenleeres Gebiet, permanent auf der Suche nach etwas Essbarem. Manche fanden in sowjetischen Kinderhäusern Aufnahme, andere flohen im Frühjahr 1947 mit letzter Kraft ins Nachbarland Litauen.

Die Kunde, dass es dort noch Bauernhöfe gab, auf denen man sich satt essen konnte, verbreitete sich wie ein Lauffeuer. Tausende Mädchen und Jungen fuhren ab Königsberg als blinde Passagiere mit Güter- oder Personenzügen. Ungeachtet des Wetters und der Jahreszeit hockten sie sich auf Puffer, Trittbretter und Dächer, setzten sich in offene Waggons oder versteckten sich inmitten der Ladung. Über Tilsit (russ. Sowetsk) erreichten sie das Memelland und den Nordwesten Litauens, über Insterburg (russ. Tschernjachowsk) den Großraum Kaunas und den Süden des Landes. Dabei legten sie Strecken von bis zu 250 Kilometern zurück und bettelten anschließend meist in einem Radius von 15 oder 20 Kilometern um eine Bahnstation.

Wer in Ostpreußen noch Angehörige besaß, kehrte nach einigen Tagen mit Kartoffeln, Brot, Mehl und Eiern zurück, um Mütter oder kleine Geschwister zu versorgen. Dabei blieben stets Gefahren gegenwärtig, die auch durch Scharfblick und Achtsamkeit nicht restlos gebannt werden konnten. Beim Aufspringen rutschten Kinder ab und gerieten unter die anfahrenden Züge. Bei tiefen Minusgraden blieb ihre Haut am Metall kleben. Steifgefroren vor Kälte oder unaufmerksam vor Müdigkeit, konnten sie während der Fahrt zwischen die Waggons auf die Schienen fallen. Hinzu kam die völlige Unwägbarkeit des Verhaltens sowjetischer Soldaten und Zivilisten. Manchmal halfen ihnen diese, manchmal wurden sie von ihnen einfach übersehen, manchmal aus jeder Bahnhofsnähe gejagt oder Opfer sadistischer Handlungen. Viele Kinder blieben deshalb irgendwann einfach in Litauen. Das Unterwegssein zwischen Ostpreußen und Litauen war auf die Dauer zu strapaziös. Ihr Selbsterhaltungstrieb siegte.

Die Mädchen und Jungen merkten schnell, dass die Gemeinschaft von Schicksalsgefährten in Litauen keine Vorteile mehr brachte. Im Gegenteil, sie bedeutete eine krasse Verringerung der eigenen Überlebenschancen. Die Litauer nahmen allenfalls ein einziges fremdes Kind in ihre Familie auf, weil sie fürchteten, sich mit einem zu großen Einsatz für die jungen Deutschen des verdeckten Widerstands gegenüber den sowjetischen Behörden verdächtig zu machen. Die aufgenommenen Bettelkinder mussten ihre Herkunft verschleiern, einen neuen Namen annehmen und in eine neue Sprache und Identität hineinwachsen.

Die meisten der ostpreußischen Bettelkinder fanden später trotz ihrer schnellen Anpassung an die neuen Verhältnisse noch einen Weg nach Deutschland zurück. Einige blieben auch für immer im Baltikum und gründeten dort eigene Familien. Nach dem Fall der Berliner Mauer und der litauischen Unabhängigkeit wurden ihre Schicksale unter dem Begriff »Wolfskinder« einer breiteren Öffentlichkeit bekannt. Heute sind die Überlebenden um die 80 Jahre alt. Ihre Geschichten gehören inzwischen zum deutschen und litauischen Erinnern. Fernsehen und Presse haben Zeitzeugen porträtiert. Ihre Standhaftigkeit gegen Gewalt, Hunger und spätere Nichtbeachtung hat es bis auf die Kinoleinwand und in Romane geschafft. Politisch sind ihre Wege allerdings nicht angemessen gewürdigt worden. Die Betroffenen warteten auch noch im Sommer 2016 auf eine finanzielle Entschädigung durch die Bundesrepublik Deutschland.

Christopher Spatz

Seit dem 22. Juni 1941, dem Tag des deutschen Überfalls auf die Sowjetunion, stieß die Heeresgruppe Nord durch die Baltischen Staaten in Richtung Leningrad vor. Litauen, Lettland und Estland waren erst ein Jahr zuvor aufgrund der Absprachen mit dem nationalsozialistischen Deutschland – im Geheimen Zusatzprotokoll des Hitler-Stalin-Paktes – von der Sowjetunion besetzt worden, weswegen viele Einheimische die Einheiten der Wehrmacht als vermeintliche Befreier willkommen hießen. Die Erfahrungen mit dem Stalinismus hatten zu einer deutlich antibolschewistischen Gesinnung geführt, die sich auch gegen Juden richtete.

Es folgte die vom NS-Regime geplante und gesteuerte Massentötung jüdischer Menschen und Angehöriger anderer, als Feinde eingestufter Gruppen wie in allen von Deutschland besetzten Ostgebieten. Auch in den baltischen Gebieten beteiligten sich Einheimische an den brutalen Aktionen. Auf dem Foto werden jüdische Frauen im Dezember 1941 bei Ljepaja (Lettland) von Angehörigen der Einsatzgruppe A gezwungen, sich vor ihrer Exekution zu entkleiden.

Verfolgung und Vernichtung der Juden im Baltikum

Insbesondere in Litauen und Lettland konnten die jüdischen Gemeinden auf eine jahrhundertealte Kultur zurückblicken. Vilnius galt sogar als »Jerusalem des Nordens«. Hier wurde 1897 der »Algemeiner jidišer arbeterbund in Rusland un Poiln«, kurz: Bund, gegründet; hier entstand 1924 das heute in New York angesiedelte »Yidisher Visnshaftlekher Institut«, die erste Forschungseinrichtung zur jüdischen Kultur, Geschichte und Sprache. Die jüdische Bevölkerung konzentrierte sich neben den großen Städten Vilnius, Kaunas und Riga vor allem in den kleineren Orten und Städtchen, weniger auf dem platten Land. Sie entstammte allen Schichten der Bevölkerung; neben wohlhabenden und gebildeten Besitzern mittelgroßer Betriebe, betuchten Händlern und Freiberuflern gab es viele kleinere Familienbetriebe, die sich mit handwerklichen Tätigkeiten über Wasser hielten, bis hin zu Tagelöhnern und Hilfsarbeitern, die ein sehr schweres Leben führten. Neben der jiddischen Muttersprache verfügten die meisten Juden über Kenntnisse des Russischen und des Polnischen (vor allem in Litauen). Erst allmählich und vor allem in den 1930er Jahren fanden Litauisch und Lettisch auch unter der jüdischen Bevölkerung Verbreitung.

Die jüdische Bevölkerung im Baltikum 1940/41

Man geht davon aus, dass sich am 22. Juni 1941 in Litauen zwischen 160 000 und 200 000 Juden befanden (infolge der Flüchtlingsbewegung aus dem deutsch besetzten Teil Polens sind exaktere Angaben nicht möglich); in Lettland dürften 1939 ca. 86 000 Juden gelebt haben. In Estland ist von einer weit geringeren Zahl auszugehen, nämlich von ca. 3000 (die folgenden Ausführungen beziehen sich deshalb vorwiegend auf Litauen und Lettland). Durch den schnellen Vormarsch der Wehrmacht verringerten sich die Fluchtchancen vor allem der litauischen Juden dramatisch. Nur sehr wenige konnten sich mit der Roten Armee nach Osten absetzen. Lediglich 8000 Männer, Frauen und Kinder dürften den Holocaust in Litauen überlebt haben, weiteren 10 000 bis 15 000 gelang die Flucht ins Innere der Sowjetunion. Von den in Lettland lebenden Juden konnten sich ca. 15 000 ins Innere der Sowjetunion in Sicherheit bringen. Die besten Chancen hatten die estnischen Juden, von denen sich die Hälfte den Mordkommandos entziehen konnte.

Als mit der deutschen Besatzung die Katastrophe über die baltischen Juden hereinbrach, endete eine Jahrhundert währende gemeinsame Geschichte in Blut, Vernichtung und Massenmord. Die Monstrosität des Verbrechens wirft immer wieder die Frage auf, wie tief die Wurzeln dieses Völkermordes in die Geschichte des Baltikums zurückreichen. Die konfessionelle, aus religiösen Motiven gespeiste Judenfeindschaft war ein gesamteuropäisches Phänomen des 19. Jahrhunderts. Insbesondere in Osteuropa kam es immer wieder zu Gewaltausbrüchen gegen die jüdische Bevölkerung. Die im Gefolge des Ersten Weltkriegs entstandenen baltischen Staaten hoben sich von dieser Entwicklung jedoch positiv ab, sie hatten keine dementsprechende antisemitische Ausrichtung. Auch wenn es in Litauen in den 1930er Jahren zu judenfeindlichen Äußerungen vor allem in Wirtschaftskreisen (ökonomischer Antisemitismus) und unter der akademischen Jugend kam (Numerus clausus für jüdische Studenten), hielt das autoritäre Regime strikten Abstand zu antijüdischen Verlautbarungen und verurteilte antisemitische Bekundungen. So schien es bis zur sowjetischen Okkupation im Juni 1940, als ob die jüdische Bevölkerung in Litauen, die Litwaken, und in Lettland im Vergleich zu den Juden in anderen osteuropäischen Staaten in ruhigen und relativ sicheren Verhältnissen lebe.

Der entscheidende Wandel ereignete sich im Sommer 1940, als die Sowjetunion daranging, das Baltikum direkt in den eigenen Machtbereich einzugliedern. Während die Welt durch die Siege der Wehrmacht im Westen abgelenkt war – am 14. Juni 1940 zogen deutsche Truppen in Paris ein –, besetzte die Sowjetunion ab dem 15. Juni 1940 unter dem Vorwand einer angeblichen Verschwörung die drei baltischen Staaten. Spätestens in diesen Sommertagen endete die gemeinsame jüdisch-baltische Geschichte. Bis heute wird berichtet, die Rote Armee sei von den Juden jubelnd willkommen geheißen worden, während die Balten den Untergang ihrer Staatswesen und Gesellschaftsordnun-

dpa/Bildarchiv

Eine jüdische Familie flüchtet im Juni 1939 aus dem Memelland mit Ziel Litauen. Kurz zuvor, Ende März 1939, hatte die litauische Regierung unter Druck einen Vertrag zur Übergabe des Memellandes mit dem Deutschen Reich geschlossen.

gen betrauerten. Richtig an diesen Gerüchten und Stereotypen ist allein, dass sich aus jüdischer Perspektive mit den Sowjets das im Vergleich zum nationalsozialistischen Deutschland kleinere Übel der drei baltischen Staaten bemächtigt hatte. Obwohl heutige Forschungen belegen, dass von der damals und bis in die 1990er Jahre behaupteten jüdischen Dominanz in den sowjetischen (Sicherheits-)Organen keine Rede sein kann, auch wenn in einzelnen sozialistischen Jugend- oder Hilfsorganisationen ein relativ hoher jüdischer Anteil gegeben war, hatte sich im Juni 1941 die antijüdische Stimmung gewaltig aufgeladen, zumal dem Bolschewismus von Beginn an das Vorurteil anhing, er sei eine jüdische Erfindung. Unter diesen Voraussetzungen spielte es keine Rolle mehr, dass bei den Massenverhaftungen und -deportationen der Sowjetmacht im Sommer 1941, die die baltischen Gesellschaften unmittelbar vor dem deutschen Überfall in eine Art Schockzustand versetzten, auch Juden ins Innere der Sowjetunion verschleppt wurden.

Gleich nach dem Einmarsch der Wehrmacht kam es von Teilen der lettischen und litauischen Bevölkerung zu Ausschreitungen und Gewalt gegen vermeintliche Kollaborateure: Vom ersten Tag an zählten dabei Juden zu den bevorzugten Opfern der Exzesse. In den größeren Städten ereigneten sich teilweise massenhafte Gewaltausbrüche gegen die jüdische Bevölkerung. Am bekanntesten wurden die Pogrome in Kaunas, bei denen ein von deutscher Seite angestachelter und entfesselter Mob die jüdischen Wohnungen stürmte, plünderte und mordete. Schrecklicher Höhepunkt der Taten war die auf Fotografien festgehaltene öffentliche Ermordung von jüdischen Männern im Hof einer landwirtschaftlichen Genossenschaft mitten in Kaunas: Zivilisten und Wehrmachtsoldaten sahen zu, wie die Opfer totgeschlagen wurden. Viele Juden kamen zudem im VII. Fort, einer Anlage aus der Zarenzeit, zu Tode.

Systematische Vernichtung

Entscheidenden Anteil an den Pogromen der ersten Tage und Wochen in Litauen und Lettland hatte die Einsatzgruppe A (zu den Einsatzgruppen siehe den folgenden Infokasten). Die erste Mordwelle der Einsatzgruppe A im Juli und Anfang August 1941 zielte bereits unterschiedslos vor allem auf männliche Juden zwischen 14 und ca. 50 Jahren, also auf den wehrfähigen Teil der jüdischen Bevölkerung. Die letzte Grenze zum Genozid wurde in Litauen und Lettland dann im August und September 1941 überschritten, als alle Einsatzkommandos begannen, auch jüdische Frauen und Kinder zu ermorden. In Litauen waren daran Hilfspolizeieinheiten und ein spezielles, nach seinem deutschen SS-Führer benanntes Rollkommando (Joachim) Hamann beteiligt. Anfang Dezember 1941 berichtete der Chef des Einsatzkommandos 3, SS-Standartenführer Karl Jäger, über das Vorgehen und belegte die Massenmorde in Litauen mit einer Auflistung der Tatorte und Opferzahlen (bis 1. Dezember 1941 137 436 Ermordete). Der sogenannte Jäger-Bericht zählt bis heute zu den beklemmendsten Holocaustdokumenten. In Lettland war es vor allem das Arājs-Kommando, benannt nach seinem Anführer,

Einsatzgruppen im Zweiten Weltkrieg

Die Einsatzgruppen waren spezielle Kommandos zur Liquidierung der von der nationalsozialistischen Führung definierten Feinde, insbesondere von Juden und Kommunisten. Sie wurden seit Kriegsbeginn eingesetzt, dienten der Umsetzung der ideologischen und politischen Vorgaben Hitlers und waren damit eines der wichtigsten Instrumente des brutalen Weltanschauungskrieges. Bereits in den ersten Kriegsjahren fielen ihnen Tausende von Menschen zum Opfer. Den Höhepunkt ihrer Tätigkeit bildete indes der Krieg gegen die Sowjetunion, für den sie ab Mai 1941 speziell vorbereitet wurden.

Die Einsatzgruppen unterstanden dem Chef der Sicherheitspolizei und des SD (bis 1942 Reinhard Heydrich), hatten in etwa die Stärke eines Bataillons und umfassten Personal verschiedenster Herkunft (Kriminalpolizei, Gestapo, Ordnungspolizei, Waffen-SS, Hilfspolizei u.a.). Unterteilt waren sie in kleinere Einheiten, entweder »Einsatzkommandos« oder »Sonderkommandos«. Sie sollten im Gefolge der Front zunächst für die systematische Tötung vor allem von sowjetischen Kommissaren und Juden in wichtigen Positionen sorgen. Die Tätigkeit der Mordkommandos erstreckte sich indes schnell auf die gesamte jüdische Bevölkerung. Darüber hinaus wurden vor allem in Lettland und Litauen auch »spontane« Pogrome der örtlichen Bevölkerung vor allem gegen Juden organisiert bzw. entfesselt.

Aufgeteilt waren die Einsatzgruppen nach geografischen Zuständigkeitsbereichen, fortlaufend von Nord nach Süd. Es gab insgesamt vier: Einsatzgruppe A für Bereich Baltikum/Heeresgruppe Nord, Einsatzgruppe B für Weißrussland/Heeresgruppe Mitte, Einsatzgruppe C für Ukraine/Heeresgruppe Süd, Einsatzgruppe D für südliche Ukraine, Krim, Bessarabien/Heeresgruppe Süd. Die Tötungen erfolgten meist mittels Massenerschießungen, später auch mit Gas und mithilfe der berüchtigten Gaswagen. Die Zahlen der von diesen Einheiten getöteten Menschen schwanken zwischen 600 000 und 1,5 Millionen. Nachdem die Front weit vorgerückt war, traten im Zuge der Einrichtung fester Organisationsstrukturen die Einsatzgruppen als stationäre Einheit der Sicherheitspolizei in die zivile Verwaltung ein. Einige Einsatzgruppenleiter übernahmen dort dann hohe Polizeiposten. Das Morden ging auch danach weiter. *bl*

dem Studenten Viktors Arājs, das die Massenmorde im deutschen Auftrag durchführte.

Die Kommandos fuhren in die Städtchen und ländlichen Gegenden der beiden Länder. Dort waren durch die regionale Verwaltung und einheimische Behörden die Juden in der Regel bereits festgesetzt und in der näheren Umgebung meist in Waldgebieten eine Erschießungsstätte ausgewählt worden. Nach dem Eintreffen des Kommandos wurden die Menschen unter Bewachung die wenigen Kilometer zu ihrer Hinrichtungsstätte geführt; sie mussten sich entkleiden, sich an die Massengräber stellen oder in die Grube auf die gerade Ermordeten legen. Das Töten dauerte oft den ganzen Tag, häufig kam es zu Exzessen und Erniedrigungen der Opfer durch die nicht selten alkoholisierten Täter. Natürlich blieben diese Massenmorde trotz einer Absperrung des Geländes nicht geheim. Die einheimische Bevölkerung wusste genau, was mit den jüdischen Nachbarn geschah. So entwickelte sich auf dem Lande relativ schnell ein arbeitsteiliges Morden, bei dem die Deutschen Unterstützung durch regionale einheimische Formationen fanden.

Die Ghettos als Übergang zum Massenmord

Mit Übernahme der Herrschaft durch die deutsche Zivilverwaltung ab Juli 1941 begann zudem eine Verordnungsflut antisemitischer Erniedrigungen, die innerhalb von wenigen Tagen die Juden zu Objekten rechtsfreier Willkür machte. Ihnen wurde das Betreten der Gehsteige ebenso untersagt wie der freie Einkauf von Lebensmitteln oder die Benutzung öffentlicher Verkehrsmittel. Im Sommer und Frühherbst wurden die Menschen dann in Ghettos gezwungen und auf diese Weise von der »arischen« Bevölkerung abgetrennt. Vier Ghettos existierten über einen längeren Zeitraum: in Vilnius, Kaunas, Šiauliai (alle Litauen) und im lettischen Riga. Mit den wenigen Habseligkeiten, die ihnen belassen worden waren, zogen die Juden in aller Öffentlichkeit in die Ghettos, die völlig überfüllt waren: Die drangvolle Enge des Ghettos in Vilnius fasste Abraham Sutzkever, später Schriftsteller und Poet, in Worte: »Ich schwamm in dem kochenden Menschenstrom und konnte nicht stehenbleiben, fand kein Ufer, fand

Juden bei der Zwangsarbeit im von den Deutschen eroberten Riga.

keinen Halt. Juden in verschlissenen Kleidern und mit Bündeln liefen über die Höfe und besetzten Wohnungen [...] Es war eine helle Nacht. Ich konnte nicht einschlafen. Jene Frau hat recht, die zu ihrer Nachbarin sagte: ›Die erste Nacht im Getto ist wie die erste Nacht im Grabe.‹« Bald kam es zu den berüchtigten »Aktionen«, die Schrecken verbreitende Bezeichnung für Massenmorde an den Menschen im Ghetto. In Kaunas war es vor allem die sogenannte Große Aktion am 28. Oktober 1941, die unvergessen blieb. Alle Juden hatten außerhalb des Ghettos anzutreten, wo die deutschen »Herren« befanden, wer ins Ghetto zurückkehren konnte und wer des Todes war. Das entscheidende Kriterium stellten dabei der körperliche Zustand und handwerkliche Fähigkeiten dar. Nur wer den Besatzern noch von Nutzen sein konnte, blieb mit seiner Familie am Leben. Zehntausende starben an diesem Tag. Im Wald von Paneriai, etwas außerhalb von Vilnius gelegen, wurden über 100 000 Menschen, darunter mehr als 70 000 Juden, ermordet.

In Riga kam es im November zu den ersten großen Massenmorden an lettischen Juden, da im Ghetto Platz für aus Deutschland deportierte Juden benötigt wurde. Im Wald von Rumbula wurden am 30. November sowie am 8. und 9. Dezember 1941 die Opfer durch SS-Kommandos erschossen. Schon zuvor waren Menschen im Wald von Bikernieki exekutiert worden. In Riga kam es neben den Erschießungen auch zum Einsatz der berüchtigten Gaswagen. Die meisten baltischen Juden fielen den Mordaktionen bis Dezember 1941 zum Opfer. Exakte Zahlenangaben sind schwer zu ermitteln, doch muss von einer Zahl von mindestens 180 000 Männern, Frauen und Kinder ausgegangen werden. In Riga lebten Anfang 1942 noch rund 20 000 Menschen im Ghetto, die große Mehrheit von ihnen waren Deutsche, die aus dem Reich deportiert worden waren. Auch in Vilnius und Kaunas dürften rund 15 000 Personen im Ghetto gewesen sein, während in Šiauliai etwa 5000 Menschen ihren Nutzen für die deutsche Verwaltung zu beweisen hatten. Die Ghettos unterstanden mehr als zwei Jahre lang der deutschen Zivilverwaltung; erst im Herbst 1943 übernahm die SS die Ghettos und wandelte sie nominell in Konzentrationslager um.

Für die Überlebenden entwickelte sich ab Januar 1942 eine besondere Form von Normalität. Diese war vor allem dadurch gekennzeichnet, dass der Arbeitseinsatz bei Wehrmachteinheiten, zivilen deutschen bzw. einheimischen Stellen, deutschen (Bau-)Unternehmen und Privatbetrieben für viele Juden zum Kern der Existenzsicherung wurde. Da die jüdischen Arbeiter offiziell einen Teil des Lohnes erhielten (ein weiterer Teil ging zumindest in Litauen direkt an die für die Ghettos zuständige Zivilverwaltung), dieser meist aber über die jüdischen Arbeitsämter in den Ghettos ausgezahlt wurde, konnte der Judenrat durch eine Lohnsteuer eine rudimentäre soziale Unterstützung für diejenigen aufbauen, die das Ghetto nicht in den Arbeitskolonnen am Morgen verließen und am Abend wiederkamen. Teeküchen, Kleiderverteilung usw. gehörten zu diesen Maßnahmen. Die Strategie der Judenräte, möglichst viele Menschen in Arbeit zu bringen und auch im Ghetto handwerkliche Dienstleistungen anzubieten (Schneiderei, Tischlerei, Wäscherei usw.), sicherte die Existenz der Ghettos für ca. zwei Jahre.

Die Ghettophase war nicht zuletzt gekennzeichnet durch eine beeindruckende kulturelle Resistenz: In Vilnius gab es ein Ghettotheater (das im Übrigen durchaus umstritten war: »aufm Friedhof singt man nicht«); alle Ghettos verfügten über Orchester, die regelmäßig Konzerte gaben; in Kaunas fanden daneben wissenschaftliche Vorträge zu Literatur, Geschichte und Kunst statt. Und schließlich existierten in allen Ghettos Schulen, die, da die deutsche Besatzung jegliche Schulbildung außer einer handwerklichen Ausbildung untersagt hatte, illegal waren. Auch die von den Deutschen erlaubten Kindergärten hielten die Judenräte geheim, fürchtete man doch eine gezielte Verschleppung und

Ermordung der Kinder. Dennoch war das Überleben im Ghetto schwer, es gab (meist familiäre) Kleingruppen und Solidargemeinschaften, die zusammenhielten und sich gegenseitig halfen.

Das Ende kam dann, als die zurückweichende Front und die Anzeichen der deutschen Niederlage dazu führten, dass ideologisch-rassistisch motivierte Sicherheitsüberlegungen die Oberhand über die utilitaristischen Erwägungen von Teilen der Zivilverwaltung und der Wehrmacht gewannen: Im September 1943 begann mit der Liquidierung des Ghettos in Vilnius das letzte Kapitel des Holocaust im Baltikum. Nachdem im Herbst 1943 das Ghetto in Riga aufgelöst und seine Insassen in das neu aufgebaute KZ Riga-Kaiserwald im Norden der Stadt gebracht worden waren, wurde 1944 das ehemalige Ghetto in Kaunas liquidiert (das Ghetto Šiauliai gehörte inzwischen formal zu Kaunas), und die meisten Überlebenden wurden entweder nach Estland zum Schieferabbau oder nach Westen verschleppt. Ein großer Teil der litauischen Frauen und Kinder gelangte in das KZ Stutthof bei Danzig, in dem viele bei den Eingangsselektionen noch den Tod fanden; die überlebenden Männer wurden 1945 durch die U.S. Army in Bayern in Außenlagern des KZ Dachau befreit.

Auf zwei Gesichtspunkte sei abschließend hingewiesen: Ohne die deutsche Initiative, Planung und Ausführung des Massenmordes wäre es nie zum Holocaust in den baltischen Staaten gekommen – und dennoch: Selbst wenn den Nationalsozialisten das Verbrechen auch ohne regionale Helfer gelungen wäre, ist klar, dass die Beteiligung von Einheimischen den deutschen Tätern ihr Handeln erheblich erleichterte und die Überlebenschancen der jüdischen Opfer beträchtlich verminderte.

Der Massenmord an den baltischen Juden besitzt für den Holocaust eine über das Baltikum hinausgehende Bedeutung. Noch bevor die polnischen und westeuropäischen Juden in den Vernichtungslagern in Polen durch Gas ermordet wurden, zeigte sich im Baltikum eine immer mörderischer werdende Radikalisierung bei der »Endlösung« der Judenfrage. Nicht zuletzt die Erfahrungen, die die Täter in Litauen und Lettland sammelten, dürften zur Entstehung der Vernichtungslager, für die Auschwitz zum Symbol wurde, beigetragen haben.

Joachim Tauber

picture alliance/Janis Valters Ezerins

Die zu Beginn des Zweiten Weltkrieges von der Landkarte verschwundenen Staaten Estland, Lettland und Litauen tauchten nach 1945 nicht wieder als souveräne Staatsgebilde auf. Sie wurden als Sozialistische Sowjetrepubliken in die UdSSR integriert und unterlagen denselben Entwicklungen wie alle Gebiete dort. Zwangskollektivierung, Unterdrückung der freien Meinungsäußerung, der Aufbau eines umfangreichen Terror- und Überwachungssystems sowie die Einbeziehung in die Verteidigungsorganisation unter Stationierung von Großverbänden der Roten Armee bestimmten das weitere Schicksal der baltischen Völker. Die jungen Männer wurden weitgehend durch die Wehrpflicht erfasst und für gewöhnlich nicht in ihren Heimatregionen eingesetzt, sondern weit entfernt.

Auch nach der Hochphase der totalitären Diktatur Stalins und der nachfolgenden begrenzten Lockerungen unterlagen die baltischen Völker den Spielregeln des Systems. Hammer und Sichel bestimmten die Geschicke in wesentlichen Dingen, wie hier im Bild am Beispiel einer Massenveranstaltung (Sängerfest in Lettland 1980) ersichtlich ist.

Der Westen erkannte die erzwungene Integration nicht an und weigerte sich, offizielle Staatsbesuche auf dem Territorium Estlands, Lettlands oder Litauens zu unternehmen. Die drei Sowjetrepubliken blieben weit hinter dem Eisernen Vorhang und gehörten zum Territorium des Gegners.

Die baltischen Republiken während des Kalten Krieges

Als die Rote Armee 1944 wieder in die baltischen Länder vorzudringen begann, tat sie so, als würde sie sowjetisches Staatsgebiet betreten und sowjetische Bürger vom deutschen Joch befreien. Der Mythos der Befreiung war während des Kalten Krieges von großer Bedeutung, da er vermeintlich die sowjetische Besetzung infolge des Hitler-Stalin-Paktes rechtfertigte. Tatsächlich aber begrüßten nur sehr wenige Menschen die Rückkehr der Roten Armee. Viele Balten schlossen sich deutschen Einheiten an, um gegen die Sowjets zu kämpfen. In großer Zahl wichen sie in die Wälder aus, um der Festnahme wegen angeblicher Kollaboration mit den Deutschen zu entgehen. Viele fürchteten, in die Rote Armee eingezogen zu werden. Die Rote Armee rekrutierte alle wehrfähigen Männer und schickte sie nach nur kurzer Ausbildung an die Front. Sie wurden nicht selten nach wenigen Wochen oder Monaten im Gefecht niedergemetzelt.

Die sowjetische Geheimpolizei – NKWD – setzte »operative Gruppen« ein, die den Befehl hatten, jeden festzunehmen, der verdächtig erschien. Schon zuvor hatte sie Listen mit Menschen zusammengestellt, die in Haft genommen, gefoltert oder in entlegene Regionen der UdSSR deportiert werden sollten. Darüber hinaus litten die erneut besetzten Länder wegen Missernten unter Hunger. Auch setzten die landwirtschaftlichen »Reformen« die Bauern unter starken Druck. Ziel war es, den Widerstand der Bauern gegen die Kollektivierung zu überwinden, mit der das Regime den Landbesitz und die Produktionsmittel verstaatlichen wollte. Es sollten so viele Ressourcen wie möglich aus den ländlichen Gegenden gewonnen und in die Schwerindustrie investiert werden, um einen weiteren Krieg zu ermöglichen. Mit dieser Vorgehensweise war in der UdSSR bereits 1929, also lange vor Beginn des Kalten Krieges, begonnen worden.

In Estland und Lettland war der Widerstand gegen das Regime hauptsächlich passiv. Die meisten der sogenannten »Waldbrüder« versteckten sich in den Wäldern und Sumpfgebieten. Es gab auch bewaffnete Gruppen, die Agenten des kommunistischen Regimes töteten. In Litauen hingegen war der bewaffnete Kampf grausam und weit verbreitet. Hier wurde sogar ein zentrales Kommando, der Rat der Litauischen Freiheitskämpfer, gegründet. Dieses stand unter der Führung von Jonas Žemaitis, der vor dem Krieg als Hauptmann in der Armee gedient hatte. Schätzungen zufolge beteiligten sich in Litauen 50 000 Männer und Frauen am Kampf, von denen 20 000 getötet wurden. Die Intensität des litauischen Widerstands lässt sich durch die Tatsache erklären, dass in Litauen weniger Männer in die sowjetische und in die deutsche Armee eingezogen wurden. Auch die Katholische Kirche gab starken moralischen Rückhalt für den Widerstand. Im Vergleich starben ungefähr 2000 Waldbrüder in Estland und Lettland im Kampf gegen die Polizei und den NKWD. Die sowjetischen Methoden zur Bekämpfung der Aufständischen waren brutal und effektiv, aber das Ende des aktiven Widerstands hängt hauptsächlich mit dem Ende des totalitären und mörderischen Regimes nach Stalins Tod im Jahr 1953 zusammen.

Das wegen seiner Brutalität wirksamste Mittel des stalinistischen Regimes war die Zwangsdeportation jener gesellschaftlichen Gruppen, die das Regime als Verräter und Feinde gebrandmarkt hatte. Die größte Einzeloperation lief unter der Bezeichnung »Priboi« und betraf alle drei baltischen Länder gleichzeitig im März 1949. Insgesamt 95 000 Menschen, von denen drei Viertel Frauen und Kinder waren, wurden aus ihren Häusern vertrieben, in Viehwagen verladen und in weit entfernte Regionen nach Sibirien verbracht. Viele starben in den Zügen, bevor sie ihren Zielort erreichten. Die Bedingungen in den entfernten Orten waren unglaublich hart, die Menschen starben an Unterernährung, Kälte und Krankheiten. In der zweiten Hälfte der 1950er Jahre gab es eine Amnestie für die Deportierten und sie konnten nach und nach zurückkehren, aber häufig nicht an ihre alten Heimatorte.

Auslandsbeziehungen

Wenn es nicht zum Kalten Krieg gekommen wäre, hätten die westlichen Alliierten wahrscheinlich die Übernahme der Souveränität der baltischen Staaten durch die Sowjetunion anerkannt.

Als sich die Beziehungen innerhalb der ehemaligen Koalition verschlechterten, begannen die USA und Großbritannien, die baltische Frage für ihre Propaganda zu nutzen. Die USA und die meisten anderen westlichen Länder hielten sich an die Doktrin der Nicht-Anerkennung in den Jahren des Kalten Krieges. Sie erachteten die sowjetische Annexion als widerrechtlich, statteten den baltischen Republiken keine offiziellen Besuche ab und trafen sich dort nicht mit sowjetischen Vertretern.

Es gab aber auch einige Ausnahmen. Zum Beispiel unterhielt Finnland besondere Beziehungen zur Sowjetunion, weswegen der finnische Präsident 1964 Estland einen Besuch abstattete, wenngleich auch einen inoffiziellen. Schweden hatte ebenfalls die sowjetische Annexion anerkannt.

Wegen ihrer langen Küsten und vielen Inseln war die estnische und lettische Grenze trotz des Eisernen Vorhangs relativ durchlässig. Menschen flohen in kleinen Booten über die Ostsee in den Westen. Das machten sich ausländische Spionageabwehrorganisationen zunutze. Die baltischen Emigranten und auch der britische Auslandsgeheimdienst MI6 und die Central Intelligence Agency (CIA) begannen, in Zusammenarbeit mit westdeutschen Geheimdiensten Boote mit Agenten an Bord in das Baltikum zurückzuschicken. Bedauerlicherweise spielten sowjetische Nachrichtendienste ein erfolgreiches Täuschungsspiel; sie fingen und töteten die meisten westlichen Agenten. In den 1950er und 1960er Jahren wurde der Bedarf an gefährlichen Human-Intelligence (HUMINT)-Operationen durch neue Technologien (in großer Höhe fliegende Luftfahrzeuge und Satelliten) geringer.

Das sowjetische Regime seinerseits tätigte große Investitionen, um ihre Bürger vor den freien Informationen aus dem Westen zu »schützen«. So wurde zum Beispiel der von der BBC in russischer Sprache ausgestrahlte Dienst gestört. Dies galt jedoch nicht für Sendungen des englischsprachigen BBC-Kanals in Großbritannien selbst, die über Kurzwellenradios, die offiziell erhältlich waren, gehört werden konnten. Seit 1957 war das finnische Fernsehen im Norden von Estland zu empfangen. In den 1960er Jahren reisten die ersten Touristen nach Estland. Auch der sowjetische Tourismus in westliche Länder stieg an. Im Ausland lebende Balten konnten ihre Verwandten im sowjetischen Baltikum besuchen. Diese Lücken im Eisernen Vorhang ermöglichten es, dass objektivere Informationen über die Welt draußen verfügbar wurden. So wussten die Menschen zum Beispiel, dass der Lebensstandard in kapitalistischen Ländern viel höher war und die wirtschaftliche Kluft sich stetig vergrößerte.

Die Strategie im Kalten Krieg

Aus militärisch-strategischer Sicht war das Baltikum ein Nebenschauplatz. Das baltische Gebiet lag zwischen den strategisch wichtigen nördlichen und westlichen Einsatzgebieten der Sowjetunion. Das entscheidende Gewicht kam der zentralen Front in Deutschland zu. Ein weiterer Schwerpunkt waren die dänischen Meerengen, da sie der Baltischen Flotte der Sowjets den Zugang zum Atlantik versperrten. Bis Mitte der 1950er Jahre war indes die Nordmeerflotte zur wichtigsten der vier sowjetischen Flotten geworden, sodass die Baltische Flotte an Bedeutung verlor. Aufgrund ihrer Marinestützpunkte in der Arktis stellte die sowjetische Marine eine Bedrohung für die wichtigsten Verbindungswege der NATO im Atlantik dar. Dieser Schwerpunkt verstärkte sich in den späten 1960er Jahren, als die sowjetische Marine (Rote Flotte) mit strategischen Raketen-U-Booten ausgerüstet wurde.

Dem Militärbezirk Baltikum, zu dem Estland, Lettland, Litauen und Kaliningrad zählten, kam daher eher der Status eines rückwärtigen Gebietes zu. Immer beherbergten das südliche Litauen und das benachbarte Kaliningrad auch mehrere Einheiten mobiler Truppenteile mit hohem Bereitschaftsgrad, die den Westen angreifen sollten. Im Fall eines Krieges wären sie an die rechte Flanke eines Angriffs verlegt worden, der in Norddeutschland mit Stoßrichtung Dänemark geführt werden sollte. Es gab in diesem Raum viele Luftlandetruppen und auch Marineinfanterie mit Landungsbooten.

Das Hauptquartier des Militärbezirks befand sich in Riga, einer bei Offizieren und ihren Familien beliebten Stadt. Ferner existierte in Lettland eine bedeutende sowjetische Weltraumüberwachungsstation und ein Frühwarnradarsystem zur Aufdeckung nuklearer Angriffe sowie ein einzigartiges System von

dpa/Mikhail Kuhtarev

Manöverpause während einer Übung der sowjetischen Streitkräfte im Baltikum, Herbst 1974.

Radioteleskopen, das der sowjetische Nachrichtendienst zur Ausspähung der NATO-Kommunikation nutzte.

In Estland verfügten die Sowjets über einen strategischen Bomberstützpunkt in Tartu, der mit Atombomben ausgestattete Langstreckenluftfahrzeuge aufwies. Tallinn war ein bedeutender Marinestützpunkt. Paldiski war ein weiterer Marinestützpunkt, der neben anderen Einrichtungen ein U-Boot-Ausbildungszentrum hatte. Letzteres war mit zwei Atomreaktoren für Ausbildungszwecke ausgestattet. Das Staatsgebiet Estlands, und in geringerem Maß das von Lettland, spielte eine große Rolle für die sowjetische Luftverteidigung. Estland befand sich auf der linken Flanke von Leningrad, der zweitgrößten sowjetischen Stadt. Im Fall eines Krieges konnten Luftfahrzeuge über Estland in Richtung der größten sowjetischen Bevölkerungszentren fliegen.

Die Bedeutung der strategischen Luftverteidigung nahm jedoch in den 1960er Jahren ab, da die strategische Langstreckenrakete die wichtigste Waffe des bipolaren Wettrüstens wurde. Daneben bestand noch eine Bedrohung durch taktische Langstreckenbomber, die durch die entsprechende Luftverteidigung abgewehrt werden sollte. Was Estland betraf, war diese nur in Teilen gegen die NATO gerichtet, eher gegen Schweden, das eine starke Luftwaffe besaß und über ausgezeichnete Kampfflugzeuge verfügte. Obgleich Schweden gegenüber den feindlichen Blöcken Neutralität wahrte, unterhielt die UdSSR starke Luftwaffenverbände in Estland, um die potenzielle schwedische Bedrohung zu neutralisieren. Aus sowjetischer Sicht war es notwendig, die schwedische Neutralität im Fall eines Krieges sicherzustellen, um eine deutliche militärische Präsenz vorzuhalten, einschließlich einer effizienten Luftverteidigung. Eine öffentliche Katastrophe – und vielleicht ein maßgebliches Zeichen für den Anfang vom Ende des Warschauer Paktes – ereignete sich allerdings 1987, als der deutsche Amateurflieger Mathias Rust auf dem Roten Platz in Moskau landete. Er war im Norden Estlands in den sowjetischen Luftraum eingeflogen.

Finnland war durch den finnisch-sowjetischen Vertrag verpflichtet, sein Staatsgebiet gegen ausländische Mächte zu verteidigen, die das finnische Gebiet möglicherweise für eine Besetzung oder Bedrohung der UdSSR nutzen wollten. Moskau traute Finnland aber nicht zu, dies zu leisten. Das war ein weiterer Grund, weshalb die UdSSR in Estland (und dem Leningrader Gebiet, Karelien usw.) eine starke Militärpräsenz erhalten wollte.

Für die baltischen Völker hatte die militärische Besatzung ihre größte Auswirkung in der Wehrpflicht. Wie zu Zarenzeiten mussten die wehrfähigen baltischen Männer in der Sowjetarmee dienen. Der Dienst dauerte beim Heer zwei und bei der Marine drei Jahre. Die UdSSR praktizierte den Grundsatz der heimatfernen Stationierung, das heißt, die Soldaten dienten normalerweise außerhalb ihrer Heimatregion. Die Bedingungen für die Soldaten waren hart. Mangelernährung, Schikane und eindeutige Folter (*Dedowschtschina*) waren an der Tagesordnung.

Zu Stalins Zeiten waren die Beziehungen zwischen der sowjetischen Besatzungsmacht und der Bevölkerung äußerst feindselig. Angehörige der sowjetischen Armee töteten, folterten, vergewaltigten und begingen regelmäßig Verfehlungen. In späteren Jahren galten die vorrangigen Sorgen der ausgedehnten Umweltverschmutzung, den Unfällen mit Beteiligung von Zivilpersonen und der Kleinkriminalität. Die Zivilbevölkerung profitierte zuweilen auch von der militärischen Präsenz. Die Armee war oft die Bezugsquelle für knappe Waren wie Kraftstoffe, Metalle,

Baumaterial usw., die auf dem Schwarzmarkt verkauft wurden. Soldaten konnten zum Einbringen der Ernte in den landwirtschaftliches Großbetrieben eingesetzt werden.

Darüber hinaus mischte sich die Armee stärker unter die einheimische Bevölkerung, als der sowjetischen Regierung lieb war. Im Fall von Unruhen wäre es daher schwierig gewesen, die Armee zur Unterdrückung der Bevölkerung einzusetzen, wie es dann auch 1990/91 weitgehend geschah. Die sowjetische Regierung vermochte das baltische Streben nach Unabhängigkeit nicht einzudämmen. Hier lag einer der Gründe, weshalb die kommunistischen Hardliner, die im August 1991 die Machtübernahme in der Sowjetunion versuchten, die Armee nicht überzeugen konnten, auf Zivilisten zu schießen. Sie selbst waren dann letztlich auch nicht mehr kaltblütig genug, die Tötung von Tausenden von Zivilisten einfach anzuordnen.

Politik, Dissidenten und Kultur bis in die 1980er Jahre

Die Sowjetunion hatte sich seit 1917 erheblich verändert. In der Zeit nach 1945 entwickelt sich das Land dann von einer vorwiegend agrarisch geprägten zu einer urban-industriellen Gesellschaft. Auch als der KGB die Gesellschaft mit seinen Agenten und Informanten durchdrang, gelang es ihm insbesondere seit den 1980er Jahren nicht mehr so leicht, die Menschen zu kontrollieren. Trotz aller öffentlichen Kontrolle pflegten sich die Menschen in kleineren Gruppen in städtischen Wohnungen zu treffen, wo sie relativ frei diskutieren konnten. Es entwickelte sich neben der offiziellen eine »alternative Gesellschaft«.

Seit den 1960er Jahren bildete sich ein kleines Netzwerk von Dissidenten in Moskau und Leningrad heraus, das sich bald auf andere Städte ausbreitete. Sie veranstalteten verbotene Protestversammlungen und verbreiteten Untergrundliteratur (Samizdat). Ein wichtiger Teil ihrer Aktivitäten bestand darin, ausländische Regierungen, internationale Organisationen und die Presse über die Situation in der UdSSR zu informieren. Sie wiesen insbesondere auf die sowjetischen Verletzungen des Völkerrechts

picture alliance/akg-images

Aufmarsch einer lettischen Sportlerriege mit Roten Fahnen. Propagandaplakat, um 1950.

hin, vor allem nachdem Moskau die Vereinbarungen von Helsinki 1975 unterzeichnet und sich damit verpflichtet hatte, die Menschenrechte auf seinem Staatsgebiet zu schützen.

Der Schwerpunkt der baltischen Dissidenten lag indes nicht auf den Menschenrechten, sondern auf dem völkerrechtlichen Status der baltischen Staaten. Ihre bemerkenswerteste Leistung war der »Baltische Aufruf«, der die Rücknahme der Auswirkungen des Hitler-Stalin-Paktes von 1939 verlangte und den sie 1979 an die Vereinten Nationen sandten. 37 Litauer, vier Letten und vier Esten unterzeichneten den Aufruf.

Für den repressiven Staatsapparat war das keine ernsthafte Bedrohung. Bis in die frühen 1980er Jahre ließ der sowjetische Staat die meisten Dissidenten in Gefängnisse verbringen, was natürlich die auswärtigen Beziehungen beschädigte. Erst Michail Gorbatschow setzte dem ein Ende: Er ließ die Inhaftierten in den späten 1980er Jahren frei; bald darauf standen die ehemaligen Dissidenten an der Spitze der demokratischen Oppositionsbewegungen.

Trotz strenger Zensur und des Marxismus-Leninismus-Kults wurde im kulturellen Bereich einiges erreicht. Diejenigen Intellektuellen und Künstler, die gewisse Grenzen ihrer Meinungsfreiheit akzeptierten, wurden vom Regime gelitten und auch unterstützt. Da die Möglichkeiten der populären Unterhaltung begrenzt waren, lasen die Menschen viel. Romane und Dichtkunst waren stark nachgefragt. Die Zahl der Theaterbesuche war ebenfalls hoch. Die Dichtkunst war wohl am bedeutendsten, da es sich als schwierig erwies, in Versform formulierte Gedanken zu zensieren. Zahlreiche dieser Dichter wurden zu Heldenfiguren, die zum Erhalt der Selbstachtung beitrugen.

Es gab auch baltische Künstler, die in der UdSSR populär wurden. Der estnische Sänger Georg Ots, der lettische Komponist Raimonds Pauls und der litauische Filmregisseur Vytautas Žalakevičius wurden Stars auf dem sowjetischen Markt. Anderen baltischen Künstlern wurde die Ausreise gestattet und sie wurden auch im Westen bekannt. Der estnische Komponist Arvo Pärt, der lettische Violinist Gidon Kremer und der litauische Dichter Tomas Venclova etwa verließen die UdSSR in den 1970er bzw. 1980er Jahren.

Stets präsent war die Angst vor der Russifizierung. Obgleich Estnisch, Lettisch und Litauisch die Sprache in der Schule und im Privaten blieb, wurde großer Druck ausgeübt, im öffentlichen Bereich Russisch zu sprechen. Es kam häufig vor, dass zum Beispiel ein Lette in Geschäften, bei Behörden oder am Arbeitsplatz nicht mehr mit dem Lettischen auskam, sondern die russische Sprache nutzen musste. Wegen des hohen Zustroms von Immigranten seit den 1940er Jahren hat sich die ethnische Zusammensetzung von Estland und Lettland dramatisch verändert. Seit Ende der 1980er Jahre hat sich der Prozentsatz an Esten von 90 auf 62 verringert, der an Letten von 80 auf 52. Litauen blieb eine derart große Einwanderung erspart.

Die meisten Immigranten waren Industriearbeiter, die in der Schwerindustrie oder beim Militär eingesetzt wurden. Sie hatten einen bevorzugten Anspruch auf Wohnraum und dominierten daher die neuen sozialistischen Wohnquartiere der größeren Städte. Da die Russen als das überlegene Volk in der Sowjetunion galten, bestand wenig Anreiz, die einheimische Sprache zu lernen und sich in örtliche Gemeinden einzugliedern. Die Russifizierung war der wichtigste singuläre Anstoß für den Ausbruch der Unruhen sowie für den Beginn der »Singenden Revolution« und der Unabhängigkeitsbewegung in den baltischen Staaten, die von 1987 bis 1991 dauerte.

Kaarel Piirimae

ullstein bild - Juraitis

Der Weg der baltischen Staaten aus dem sowjetischen Staatsverband in die Unabhängigkeit war mühsam und, wie im Falle Deutschlands, mit Risiken behaftet. In der kritischen Zeit 1990/91 wusste niemand, ob es nach Bürgerprotesten und Forderungen nach Freiheit, wie hier im Bild eine Demonstrationen in Litauen vom Januar 1991 gegen den Einsatz sowjetischen Militärs im Land, nicht zu gewaltsamen Konfrontationen oder zur Anwendung militärischer Gewalt bzw. gar zur Entgrenzung der Gewalt kommen würde.

Die Unabhängigkeit Estlands, Lettlands und Litauens 1990/91

In den baltischen Teilrepubliken hatte es schon vor 1990 Proteste und Aktionen gegen das sowjetische Regime gegeben. Derlei hatte sich zunächst nicht unmittelbar gegen den grundlegenden politischen Status gerichtet, da eine direkte Konfrontation als zu risikoreich erschien. So war die Bevölkerung, nicht zuletzt unter dem Eindruck der Katastrophe von Tschernobyl, gegen zentralstaatliche Projekte wie einen Staudamm an der Düna und den als extrem umweltschädlich geltenden Ausbau von Phosphatminen in Estland eingetreten, auch mit Unterstützung von Angehörigen der Nomenklatura. Die Projekte wurden gestoppt. Ein weiteres Beispiel ist die zivilgesellschaftliche Protestbewegung auf musikalischer Basis, die »Singende Revolution« von 1987 bis 1991: Tausende von Balten trafen sich an öffentlichen Plätzen und bildeten im August 1989 eine große Menschenkette (»Baltischer Weg«). Dabei wurden, entgegen zentralstaatlicher Verbote, alte baltische Volkslieder gesungen und auch die Annexion durch die Sowjetunion im Jahre 1940 thematisiert.

Die entscheidende Phase begann unter dem Eindruck der Geschehnisse in Deutschland nach dem 9. November 1989. Protestbewegungen und politische Versammlungen fanden regen Zulauf, und immer offener wurde die Unabhängigkeit von der Sowjetunion verlangt. Auch zahlreiche Mitglieder der Nomenklatura hatten bald erkannt, dass sich der sowjetische Staatsverband in der alten Form nicht mehr halten ließ. Aus den kommunistischen Kadern und den russischsprachigen Bevölkerungsteilen erwuchsen Gegenbewegungen (»Interfront«), die vehement den Verbleib in der UdSSR forderten und dabei auf die Unterstützung der im Baltikum stationierten Verbände der Roten Armee, der immer noch mitgliederstarken KPdSU, der Geheimdienste und anderer Organisationen hofften.

Obwohl Michail Gorbatschow die baltischen Staaten im Januar 1990 besucht und dafür geworben hatte, doch im Staatsverband der Sowjetunion zu bleiben, brachten kurz darauf die erstmals freien Wahlen für die Parlamente, die noch unter der Bezeichnung »Oberster Sowjet« firmierten, Mehrheiten zugunsten einer Loslösung. Die entsprechenden Unabhängigkeitserklärungen erfolgten im Frühjahr 1990.

Moskau reagierte mit Drohungen und vor allem mit Rohstoffblockaden. Die Lage eskalierte in Litauen am 13. Januar 1991, als Einheiten der Armee versuchten, den wichtigsten Rundfunksender in Vilnius zu besetzen und dabei auf Zivilisten stießen, die u.a. das Parlament zu schützen versuchten. Es gab zwölf Tote und Hunderte von Verwundeten (»Vilniusser Blutsonntag«). Vergleichbares geschah Ende Januar in Riga, wo der Spezialverband des Moskauer Innenministeriums OMON vier Zivilisten erschoss. Da die Moskauer Zentralregierung die Verantwortung infolge der vor allem auch im Westen sofort einsetzenden Pressekampagnen den örtlichen Befehlshabern aufbürdete, unterblieb eine Verschärfung der Lage.

Im August 1991 putschten Vertreter der alten Ordnung in Moskau gegen den sowjetischen Präsidenten Gorbatschow. Auch in den baltischen Staaten versuchten die prosowjetischen Kräfte, die Macht zu übernehmen; sie drohten u.a. mit dem Einsatz der OMON. Die westliche Welt reagierte prompt. Anfang September wurden die baltischen Staaten von zahlreichen Ländern völkerrechtlich anerkannt und am 18. September von den Vereinten Nationen als vollgültige Mitglieder akzeptiert.

Ähnlich wie im Falle Deutschlands stellt sich im Nachhinein die Frage, warum die sowjetischen Machtinstrumente, allen voran die Armee, nicht gewaltsam eingegriffen und die Unabhängigkeit verhindert haben – ein Thema, über das sich trefflich diskutieren lässt. Neben den insgesamt für den sich auflösenden Ostblock vorgebrachten Erklärungen – langfristige Folgen der Perestroika- und Glasnost-Politik von Gorbatschow, Respekt vor den machtvollen Volksbewegungen v.a. nach dem Erfolg der Solidarność in Polen, fehlende eindeutige Befehle aus Moskau usw. – wird immer wieder angeführt, dass die im Land stehenden Truppen und die russischsprachigen Bevölkerungsteile vielfältige Beziehungen zu den Balten unterhielten, darunter auch Verwandtschaften, die eine Eskalation verhindern halfen.

Aus Sicht des Westens, der NATO und insbesondere auch der Bundesrepublik barg die Lage erhebliche Risiken und ähnelte insofern markanten Krisen des Kalten Krieges, zum Beispiel der Berlinkrise 1948, Suez/Ungarn 1956, der Kubakrise und

Der sowjetische Staats- und Parteichef Michail Gorbatschow (Mitte, mit Hut) am 11. Januar 1990 bei seinem Besuch in Šiauliai in der Sowjetrepublik Litauen; links (lächelnd) der litauische KP-Chef Algirdas Brazauskas.

der Berlinkrise 1962/63, dem Prager Frühling 1968 oder dem Jom-Kippur-Krieg 1973. Man befürchtete, dass es nach einer Konfrontation im Innern und dem gewaltsamen Eingreifen der Roten Armee bzw. der Armeen des Warschauer Paktes zu Zwischenfällen an den Bündnisgrenzen und zu Gefechten mit NATO-Truppen kommen könnte (Ostsee, Elbe, Zugänge nach Berlin, NATO-Flanken). Damit wuchs die Besorgnis, dass sich die als größte Gefahr des bipolaren Konflikts bis 1990 angesehene Möglichkeit, die nukleare Eskalation, ereignen würde.

Zu diesen Gefahrenlagen trat nun eine konkret militärische, die gerade auch für die deutsche Perspektive demonstrierte, wie sehr die unterschiedlichen Bündnisabschnitte zusammenhingen. An der NATO-Südflanke kam es infolge der Aggression von Saddam Hussein gegen Kuwait im August 1990 zur direkten Konfrontation. Die USA und ihre Verbündeten (»Coalition of the Willing«) begannen große Truppenverbände in der Krisenregion zu stationieren. Die Bundesrepublik und andere NATO-Verbündete beteiligten sich zwar nicht direkt an diesem Einsatz, stimmten auf Antrag Ankaras jedoch zu, einige Luftwaffenverbände

picture alliance/Vladimir Vyatkin/Sputnik/dpa

Rekrutierungsbüro in Vilnius: Nach der Proklamation der Unabhängigkeit Litauens am 11. März 1990 wurde das sowjetische Wehrpflichtgesetz abgeschafft. Danach verweigerten viele junge Männer den Wehrdienst für die Rote Armee.

der schnellen Eingreiftruppe »Allied Mobile Force« in die Südtürkei zu entsenden. Die Bundeswehr schickte dazu eine Staffel Alpha Jets nach Erhac, die am 8. Januar 1990 dort eintraf. Dies war der erste scharfe Einsatz deutscher Truppen mit direktem Kampfauftrag nach dem Zweiten Weltkrieg.

Es kam zu heftigen politischen Debatten im Deutschen Bundestag. Die SPD übte deutliche Kritik an einem möglichen Einsatz der Bundeswehr im persischen Golf. Dabei spielte auch eine Rolle, dass die Amerikaner Kampfflugzeuge von türkischen Basen aus gegen den Irak einsetzten. In der entscheidenden Sitzung am 14. Januar 1991 wurde die prekäre Lage auch insoweit deutlich, als der »Vilniusser Blutsonntag« gerade erst stattgefunden hatte. Für Deutschland, wo noch Hunderttausende russische Soldaten standen, waren dies nicht gerade erbauliche Geschehnisse. Die Situation in Litauen konnte keinesfalls unabhängig von den Ereignissen im Golf gesehen werden, da niemand wusste, wie die Sowjetunion reagieren würde. Dennoch war der Bundestag in dieser Situation nicht bereit, sich in irgendeiner Weise erpressen zu lassen. Der Einsatz in der Südtürkei fand die Billigung des Bundestages. Der Angriff gegen den Irak (»Operation Desert Storm«) lief dann am 17. Januar 1990 an. Die Krise entspannte sich in den folgenden Wochen, da die irakische Armee rasch geschlagen wurde.

In Europa fand man schließlich einvernehmliche Lösungen u.a. in Gestalt eines Abkommens mit Moskau über den Truppenabzug, der 1994 beendet wurde. Auch aus den baltischen Staaten zog sich die Rote Armee zurück. In Estland, Lettland und Litauen begann damit der Weg in die Europäische Union und die NATO. Alle drei Staaten traten nicht mehr der Gemeinschaft Unabhängiger Staaten (GUS), der Nachfolgeorganisation der Sowjetunion, bei.

Insgesamt gestaltete sich das Verhältnis zwischen Deutschland und den baltischen Staaten konstruktiv, es war jedoch auch durch unterschiedliche Interessen geprägt. Die baltischen Staaten setzten sich trotz innenpolitischer Debatten und Widerstände massiv für die Integration in die westliche Staatenwelt ein. Deutschland befürwortete dies, war jedoch bestrebt, das Verhältnis zu Moskau durch die bestehenden Konflikte zwischen Russland und den baltischen Staaten nicht zu sehr zu belasten. Dies hatte nicht nur wirtschaftliche Gründe (Rohstoffe, Gas), sondern ebenso politische. Ein Konfrontationskurs gegen Russland barg stets erhebliche Probleme und Unwägbarkeiten. Teilweise spielen Kontinuitäten aus der Zeit der Entspannungspolitik seit 1970 eine Rolle. Die sogenannte Détente hatte ja einen Beitrag zur Überwindung des Kalten Krieges geleistet, wenn auch keineswegs geklärt ist, welchen Einfluss und welche Bedeutung sie hierbei wirklich hatte.

So bildeten vor allem die Amerikaner die treibende Kraft, als es darum ging, ob und wann die baltischen Staaten in die NATO eintreten sollten. Estland, Lettland und Litauen wurden schließlich im Jahre 2004 Mitglieder von EU und NATO (siehe dazu auch den Beitrag von Mark Webber).

Bernd Lemke

picture alliance/ZB

Die baltischen Staaten erlebten nach der Wende 1990/91 wechselvolle Zeiten. Der Freude über die wiedererlangte Unabhängigkeit folgte bald Ernüchterung, die der Anpassung an die kapitalistische Wirtschaftsordnung geschuldet war. Es folgten wirtschaftliche Krisen, dann aber wieder Aufschwung. Ein Beispiel ist hier im Bild zu sehen: eine Arbeiterin in der Strumpffabrik Aurora in der lettischen Hauptstadt Riga 2004. Das Unternehmen war zu Sowjetzeiten mit rund 2000 Mitarbeitern einer der größten Produktionsbetriebe des Landes. Nach der Privatisierung arbeiten hier noch 500 Menschen. 80 Prozent der Strumpfwaren werden nach Westeuropa exportiert, zehn Prozent gehen nach Russland, der Rest verbleibt im Land.

Wirtschaft, Gesellschaft und soziale Entwicklung in den baltischen Staaten seit der Unabhängigkeit

Die Transformation von der sozialistischen Planwirtschaft zur Marktwirtschaft begann in den baltischen Staaten nicht erst nach dem Ende der sowjetischen Besatzung. Bereits während der Unabhängigkeitsbewegung setzte sich die Opposition zum Ziel, ein kapitalistisches Wirtschaftssystem zu errichten, das die Mangelwirtschaft der Sowjetunion beseitigen und das Wohlstandsversprechen des Westens einlösen sollte. Während Estland eine radikale Wirtschaftsreform (»Big Bang«) durchführte, verlief der Prozess der wirtschaftlichen Transformation in Lettland etwas zurückhaltender. Litauen implementierte die Reformen in kleinen Schritten (»Gradualismus«).

Wirtschaft

Estland, Lettland und Litauen setzten in den 1990er Jahren eine weitgehende Privatisierungspolitik um. Heute sind die Wirtschaftsstrukturen der baltischen Staaten grundsätzlich denen in Mittel- und Westeuropa ähnlich. Es gibt einen Industriesektor und einen hohen Dienstleistungsanteil, während der Agraranteil im Rückgang begriffen ist. Um Kapital und Know-how anzuziehen, wurden neben Eigentumsreformen und Privatisierungen auch die erfolgreiche Etablierung des Rechtsstaates und die Bekämpfung der Inflation notwendig.

Zur Bekämpfung der galoppierenden Inflation von teilweise über 1000 Prozent fiel in Estland als erstem Land des Baltikums 1992 die Entscheidung für eine neue Währung (Eesti Kroon), die in einem fixen Wechselkurs an die Deutsche Mark gekoppelt war (ab 2002 an den Euro). Dies nahm der estnischen Notenbank allerdings den währungspolitischen Spielraum für Auf- und Abwertungen der eigenen Währung. Lettland und Litauen hatten zunächst Übergangswährungen, bevor sie 1993 die Währungen Lats (Lettland) und Litas (Litauen) einführten, dann teilweise dem estnischen Beispiel folgten und ihre Währungen an den

Euro bzw. an einen Währungskorb banden. Das primäre Ziel, die Senkung der Inflationsraten, wurde durch diese Währungspolitik und die Abkoppelung vom russischen Rubel sehr schnell erreicht. Unterstützt durch die rückläufigen Inflationsraten während der letzten Wirtschafts- und Finanzkrise ab 2008 und eine niedrige Staatsverschuldung konnten die baltischen Staaten die Eintrittsbedingungen für die Eurozone erfüllen und die Gemeinschaftswährung einführen.

Die Wirtschaftsleistung im Baltikum wuchs nach Jahren des Niedergangs ab Mitte der 1990er Jahre mitunter im zweistelligen Bereich. Alle drei Volkswirtschaften sind relativ offen und wegen ihrer geringen Größe und ihrer Abhängigkeit von anderen Märkten besonders empfindlich gegenüber externen Entwicklungen. Dies wurde erstmalig während der Asienkrise sichtbar, die sich 1997/98 zur Russlandkrise weiterentwickelte. Alle drei Länder waren einer ersten starken Belastungsprobe ausgesetzt. Bereits nach kurzer Rezession und absehbarer EU-Mitgliedschaft kehrten Estland, Lettland und Litauen dann aber wieder auf einen rasanten Wachstumspfad zurück.

Die globale Wirtschaftskrise ab 2008 traf die baltischen Staaten erneut sehr stark. Neben externen hatte die Krise im Baltikum aber auch interne Ursachen. In den vorangegangenen Jahren hatten sich Immobilienblasen entwickelt, deren Ende bereits 2006 erkennbar wurde und die zeitgleich mit der US-amerikanischen Immobilienblase platzten. Das Wirtschaftswachstum verzeichnete in dieser Krise negative Raten von mehr als zehn Prozent. In der Folge wurden Löhne und Gehälter gekürzt, Budgets beschnitten und, wie etwa in Estland, staatliche Reserven genutzt, um wieder in ruhigere Fahrwasser zu gelangen. Lettland musste als einziges Land die Hilfe des Internationalen Währungsfonds in Anspruch nehmen, um sein Bankensystem zu stabilisieren. Folgt man den Statistiken, so hat sich der Ansatz der internen Währungsabwertung durch Lohn- und Ausgabenkürzungen als erfolgreich erwiesen, denn Estland, Lettland und Litauen konnten relativ zügig wieder auf Wachstumskurs gehen.

In die baltischen Staaten sind zahlreiche ausländische Direktinvestitionen geflossen. Sie brachten nicht nur Kapital, sondern auch westliches Know-how und Arbeitsplätze in die heruntergewirtschafteten Republiken. Gleichzeitig zeigt sich aber, dass

picture alliance/Ulrich Baumgarten

Markt in Riga, Juli 1991.

diese Investitionen vornehmlich auf die Hauptstädte und deren Umgebung konzentriert sind, während die ländlichen Regionen kaum profitieren, sondern im Gegenteil unter Abwanderungen zu leiden haben.

Gesellschaft

Die Transformation von einem autoritären zu einem demokratischen Gemeinwesen veränderte die baltischen Staaten nicht nur aus ökonomischer Sicht maßgeblich, sondern auch mit Blick auf ihre gesellschaftlichen Strukturen und Probleme. Es entstand eine Situation, die nicht mehr geprägt war durch staatlich verordnete Egalität, sondern durch gesellschaftliche Differenzierungen. Erblühte in der Phase der Perestroika die Zivilgesellschaft in Estland, Lettland und Litauen, so schwächte sich ihre Bedeutung nach 1991 wieder deutlich ab. Zum einen wurde das einigende Ziel der Unabhängigkeit erreicht, zum anderen mussten die Menschen sich mehr auf ihre eigene, ökonomisch unsichere Situation einstellen; sie hatten dadurch weniger Zeit und Inter-

Länderinformation Litauen

Landesname:	Republik Litauen/Lietuvos Respublika
Hauptstadt:	Vilnius (Wilna), ca. 530 000 Einwohner (2017)
Unabhängigkeit:	11.3.1990 (Unabhängigkeitserklärung)
Staats- und Regierungsform:	Parlamentarische Demokratie
Amtssprache (Nationalsprache):	Litauisch
Staatspräsident:	Dalia Grybauskaitė (seit 17.5.2009)
Landesfläche:	65 300 km² (Bundesrepublik Deutschland: 357 000 km²)
Bevölkerung:	2,9 Mio. Einwohner (2016)
Städtische Bevölkerung:	66,5 % (2016)
Bevölkerungswachstum:	0,9 % (2015)
Lebenserwartung:	75,1 Jahre (2015)
Größte Ethnien:	86,4 % Litauer, 5,6 % Polen, 4,8 % Russen, 1,3 % Weißrussen
Religionen:	79 % Katholiken, 4 % orthodoxe Christen, 9 % Atheisten (2006)
Human Development Index:	0,848 (2016)
Unterhalb der Armutsgrenze:	22,2 % der Gesamtbevölkerung (2014)
Bruttoinlandsprodukt in US-Dollar:	42,7 Mrd. (2016)
Pro-Kopf-Einkommen in US-Dollar:	14 890 (2016)
Wachstum BIP jährlich:	2,3 % (2016)
Arbeitslosenquote:	9,2 % (2016)
Erwerbsfähige Bevölkerung:	1,46 Mio. Personen (2016)
Beschäftigte in der Landwirtschaft:	8,0 % (2016)
Beschäftigte im Dienstleistungssektor:	66,8 % (2016)
Beschäftigte in der Industrie:	24,9 % (2016)
Selbstständige:	12,3 % (2015)
Im Ausland geborener Bevölkerungsanteil:	4,7 % (2015)
Exportgüter:	Erdöl, Möbel, Dünger, Elektronik
Importgüter:	Erdöl, Elektronik, Straßenfahrzeuge, medizinische Produkte
Wichtigste Handelspartner:	Russland, Lettland, Polen, Deutschland, Estland, Niederlande

Quellen: Wirtschaftskammer Österreich, Länderprofil Litauen, Beschäftigungsstruktur; Statistisches Bundesamt; Bundeszentrale für politische Bildung; Auswärtiges Amt (2017); Weltbank (2017); Statistics Estonia.

esse für Partizipation. Außerdem wirkte die vorherige, staatlich verordnete Beteiligung am gesellschaftlichen Leben in negativer Weise fort und behinderte die Entfaltung freier Vereinigungen, was sich beispielsweise im niedrigen Organisationsgrad von Gewerkschaften widerspiegelt.

Die Zivilgesellschaften in den drei Ländern haben sich inzwischen weitgehend stabilisiert und orientieren sich an pluralistischen Grundprinzipien. Auffällig ist ein geringer Partizipationsgrad und ein entsprechend niedriger direkter Einfluss auf staatliche Entscheidungen. Die zivilgesellschaftlichen Organisationen sind oft von internationalen Geldgebern abhängig. Ohne Förderung verfügen die entsprechenden Verbände nur über sehr begrenzte Mittel und Ausstattung, etwa über Räumlichkeiten, was die Arbeit erheblich einschränkt. Die Beziehungen zwischen Arbeitgebern und Arbeitnehmern sind institutionalisiert, doch befinden sich die Arbeitnehmer wegen der niedrigen gewerkschaftlichen Organisation in der schwächeren Position.

In den drei Staaten existieren staatliche und private Medien nebeneinander. Sie erzeugen einen Meinungspluralismus, der durch Aktivitäten internationaler Medienkonzerne geprägt wird. Die Entwicklung in der Medienlandschaft ist, wie in Westeuropa auch, von Konzentrationsprozessen begleitet. In den vergangenen Jahren wurden Übertragungslizenzen in Lettland und Litauen für russische Sender zum Teil nicht erneuert oder zeitlich befristet suspendiert, was innen- und außenpolitisch umstritten ist. Russische Medien sind bei den entsprechenden Minderheiten populär. Der öffentliche Rundfunk sendet inzwischen auch russischsprachige Programme, um den russischen Einfluss zu reduzieren.

Das Problem der russischsprachigen Minderheiten ist in Estland und Lettland stärker ausgeprägt als in Litauen. In Estland sind es ca. 25 Prozent, in Lettland etwa 30 und in Litauen ca. zehn Prozent, die dieser Minderheit angehören. In Litauen existiert zusätzlich eine sechs Prozent starke polnische Minderheit. Durch die allgemeine Vergabe der litauischen Staatsangehörigkeit 1990 wurde das Problem der »Staatenlosen« anders als in Lettland und Estland vermieden.

Trotz derlei Maßnahmen bedeutete die Zeit nach 1990 für die Russen einen erheblichen Einschnitt. Von der dominierenden Gruppe während der Sowjetzeit wurden sie nun zu einer Minderheit, die sich teilweise fremd in der eigenen Heimat fühlt und nicht mehr den bestimmenden Einfluss auf Politik, Wirtschaft und Gesellschaft besitzt. Zehntausende verließen unmittelbar nach der Unabhängigkeit die baltischen Staaten. Estland und Lettland verstehen sich als Staaten mit unterbrochener Souveränität, weshalb die nach 1941 zugewanderten Russen

Länderinformation Lettland

Landesname:	Republik Lettland/Latvijas Republika
Hauptstadt:	Riga, ca. 702 000 Einwohner (2017)
Unabhängigkeit:	4.5.1990
Staats- und Regierungsform:	Parlamentarische Demokratie
Amtssprache (Nationalsprache):	Lettisch (vielfach Russisch als Verkehrssprache)
Staatspräsident:	Raimonds Vējonis (seit 3.6.2015)
Landesfläche:	64 573 km² (Bundesrepublik Deutschland: 357 000 km²)
Bevölkerung:	2,0 Mio. Einwohner (2017)
Städtische Bevölkerung:	67,4 % (2015)
Bevölkerungswachstum:	0,8 % (2015)
Lebenserwartung:	74,1 Jahre (2015)
Größte Ethnien:	62 % Litauer, 27 % Russen
Religionen:	22 % Katholiken, 20 % lutherische Christen, 16 % orthodoxe Christen
Human Development Index:	0,830 (2016)
Unterhalb der Armutsgrenze:	22,5 % der Gesamtbevölkerung (2014)
Bruttoinlandsprodukt in US-Dollar:	27,7 Mrd. (2016)
Pro-Kopf-Einkommen in US-Dollar:	14 060 (2016)
Wachstum BIP jährlich:	2,0 % (2016)
Arbeitslosenquote:	9,9 % (2015)
Erwerbsfähige Bevölkerung:	1,01 Mio. Personen (2016)
Beschäftigte in der Landwirtschaft:	7,7 % (2016)
Beschäftigte im Dienstleistungssektor:	24,1 % (2016)
Beschäftigte in der Industrie:	68,1 % (2016)
Selbstständige:	12,6 % (2015)
Im Ausland geborener Bevölkerungsanteil:	13,4 % (2015)
Exportgüter:	Kork, Holz, Nachrichtentechnik, Holzwaren, Getreide
Importgüter:	Erdöl, Straßenfahrzeuge, elektrische Maschinen, Apparate und Geräte, Nachrichtentechnik
Wichtigste Handelspartner:	Litauen, Estland, Deutschland, Polen, Russland

Quellen: Wirtschaftskammer Österreich, Länderprofil Lettland, Beschäftigungsstruktur; Statistisches Bundesamt; Bundeszentrale für politische Bildung; Auswärtiges Amt (2017); Weltbank (2017); Statistics Estonia.

als Immigranten oder wahlweise als Besatzer und Kolonisten betrachtet werden, die sich um ihr Aufenthaltsrecht bzw. die Staatsbürgerschaft bemühen müssen. Durch dieses Konstrukt entstand das Problem, dass viele Mitglieder der Minderheit zunächst keine Staatsangehörigkeit besaßen. Heute sind in Estland knapp 80 000 Menschen staatenlos, in Lettland ca. 250 000 Menschen (Stand 2016). Dies führt zu einem fortgesetzten Gefühl der

Benachteiligung. Das Staatsbürgerschaftsrecht orientiert sich an den Aspekten Sprache, Geschichts- und Verfassungskenntnisse und Verweildauer im Land, nicht aber an ethnischer Zugehörigkeit. Die Sprachkenntnisse stehen in Estland (seit 1993) und in Lettland (seit 1994) im Zentrum des Naturalisationsprozesses und der Diskussionen um das Thema »Staatenlose«.

Staatenlose haben eingeschränkte politische Rechte. Sie dürfen das aktive Wahlrecht auf lokaler Ebene ausüben, sind ansonsten aber von Wahlen ausgeschlossen. Bis auf einzelne Ausnahmen sind Staatenlose formal weitgehend mit den Angehörigen der Titularnationen und EU-Bürgern gleichgestellt. Tatsächlich besteht aber eine partielle Spaltung in den drei Ländern entlang einer ethnischen Konfliktlinie. Mit Blick auf die Entwicklung in der Ost-Ukraine seit 2014 ist zu konstatieren, dass es zwar einzelne Personen und kleine Gruppen gibt, die sich eine Rückkehr Russlands oder vielmehr den Anschluss vorstellen können. Demonstriert haben für derlei Ziele aber nur eine Handvoll Personen. Auch Parteien der Minderheiten streben keine Abspaltung an. Die Zustände in den baltischen Staaten sind weiterhin besser als in Russland, wodurch ein Anreiz zur Sezession gegenwärtig nicht gegeben ist.

Korruption wird als gesellschaftliches Problem anerkannt und mit verschiedensten Maßnahmen bekämpft. Zwischen 2013 und 2016 ist es in den drei Staaten, gemessen am Corruption Perception Index von Transparency International, zu keinen signifikanten Veränderungen gekommen: Mit Stand 2016 liegt Estland (Platz 22 von 176 Staaten) vor Litauen (Platz 38) und Lettland (Platz 44). Die Entwicklung der vergangenen Jahrzehnte ist positiv, wenngleich noch ausbaufähig. Immer wieder gibt es Ermittlungen gegen Politiker und Unternehmer wegen entsprechender Vergehen.

In allen drei Staaten, insbesondere in Litauen, ist eine Rückkehr der Religion in die einst verordnete atheistische Gesellschaft zu erkennen. Protestantismus (Estland/Lettland), Katholizismus (Litauen) und das orthodoxe Christentum erhalten verstärkten Zuspruch. Die Religionsaffinität ist in Estland gefolgt von Lettland am geringsten. Neben den großen christlichen Gruppen gibt es noch andere Religionsgemeinschaften wie die Muslime, die über eine längere, aber weitgehend unbekannte Geschichte

Länderinformation Estland

Landesname:	Republik Estland/Eesti Vabariik
Hauptstadt:	Tallinn, ca. 414 000 Einwohner (2016)
Unabhängigkeit:	8.5.1990 (Unabhängigkeitserklärung)
Staats- und Regierungsform:	Republik, parlamentarische Demokratie
Amtssprache (Nationalsprache):	Estnisch (Russisch in einigen Regionen Verkehrssprache)
Staatspräsident:	Kersti Kaljulaid (seit 10.10.2016)
Landesfläche:	42 390 km² (Bundesrepublik Deutschland: 357 000 km²)
Bevölkerung:	1,3 Mio. Einwohner (2016)
Städtische Bevölkerung:	67 % (2015)
Bevölkerungswachstum:	0,0 % (2016)
Lebenserwartung:	77,1 Jahre (2017)
Größte Ethnien:	69,8 % Esten, 25,2 % Russen, 1,7 % Ukrainer
Religionen:	54 % Atheisten, 16 % orthodoxe Christen, 10 % lutherische Christen
Human Development Index:	0,865 (2016)
Unterhalb der Armutsgrenze:	21,8 % der Gesamtbevölkerung (2013)
Bruttoinlandsprodukt in US-Dollar:	23,1 Mrd. (2016)
Pro-Kopf-Einkommen in US-Dollar:	15 897 (2016)
Wachstum BIP jährlich:	1,6 % (2016)
Arbeitslosenquote:	6,9 % (2016)
Erwerbsfähige Bevölkerung:	681 000 Personen (2016)
Beschäftigte in der Landwirtschaft:	3,9 % (2016)
Beschäftigte im Dienstleistungssektor:	66,4 % (2016)
Beschäftigte in der Industrie:	29,7 % (2016)
Selbstständige:	9,4 % (2015)
Im Ausland geborener Bevölkerungsanteil:	15,4 % (2015)
Exportgüter:	Nachrichtentechnik, elektrische Maschinen, Apparate und Geräte, Erdöl und Erdölerzeugnisse
Importgüter:	Elektrische Maschinen, Apparate und Geräte, Erdöl und Erdölerzeugnisse, Straßenfahrzeuge
Wichtigste Handelspartner:	Schweden, Finnland, Deutschland, Russland, Lettland, Litauen

Quellen: Wirtschaftskammer Österreich, Länderprofil Estland, Beschäftigungsstruktur; Statistisches Bundesamt; Bundeszentrale für politische Bildung; Auswärtiges Amt (2017); Weltbank (2017); Statistics Estonia.

in den drei Staaten verfügen. Das Judentum, das nach dem Holocaust teilweise zurückkehrte, und sonstige religiöse Gruppen wie Hare Krischna sind Teil der religiösen Pluralität in den baltischen Staaten. Viele (christliche) religiöse Gruppen erhalten Unterstützung aus Westeuropa und den USA, um ihre Strukturen im Baltikum aufzubauen. Dieser religiöse Pluralismus wird in den baltischen Staaten weitgehend respektiert. Antisemitismus und Xenophobie existieren aber auch dort. Die Fremdenfeindlichkeit zeigt sich besonders in der Flüchtlingsproblematik seit 2015 in Form von Islamophobie. Über Flüchtlinge in den baltischen Staaten wird öffentlich heftig diskutiert und ihre Aufnahme wird nur zögerlich umgesetzt.

Soziale Entwicklung

Seit 1991 öffnet sich in Estland, Lettland und Litauen eine wirtschaftlich-soziale Schere. Von Armut besonders betroffen sind ältere Menschen, Rentner, alleinerziehende Frauen, Arbeitslose und sehr oft auch Angehörige der russischen Minderheit. Dazu kommt noch eine weitere Spaltung in ärmlichere ländliche Räume und urbane Gebiete. Die Regionen um die Hauptstädte sind im Vergleich zu anderen Gebieten besonders begünstigt, wenngleich sich auch hier die Spaltung in Arm und Reich erkennen lässt. Insgesamt sind die ländlichen Räume in den baltischen Staaten sozial und wirtschaftlich benachteiligt.

Die letzte Wirtschaftskrise hat in den drei Staaten zu starken Einschnitten in der sozialen Entwicklung geführt. Insbesondere Rentner, Menschen mit niedrigem Einkommen oder Beschäftigte im öffentlichen Dienst wurden von der Krise massiv getroffen. Die Kürzungen der Einkommen um bis zu 20 Prozent führten in der Folge zu einer entsprechenden Einschränkung im Konsum – gerade die Ärmsten leiden darunter am stärksten, wenn die lebensnotwendigen Ausgaben nicht mehr getätigt werden können. Erstaunlicherweise gab es trotz der massiven Einschnitte nur sehr wenige Proteste gegen die Sparpolitik der Regierungen.

Am meisten von den Entwicklungen der vergangenen Jahrzehnte profitierten die jungen, städtischen und besser gebildeten Menschen. Die Jungen stehen technologischen Innovationen insgesamt sehr aufgeschlossen gegenüber. Parallel hat Estland faktisch einen grundrechtlichen Anspruch auf kostenfreien Internetzugang etabliert, ohne den E-Voting oder E-Governance nicht möglich wäre. Es studieren mehr Frauen als Männer. Hier entsprechen die baltischen Länder bereits dem europäischen Durchschnitt.

picture alliance/Ulrich Baumgarten

Bettelnde Frau in Vilnius, Juli 1996.

Ein Problem, mit dem sich Estland am stärksten konfrontiert sieht, das aber auch in Lettland und Litauen besteht, ist HIV/AIDS. Die Verbreitung der Immunschwächekrankheit ist in Estland auf dem sehr hohen Niveau von über einem Prozent der Bevölkerung. Besonders betroffen sind in allen Ländern primär Drogensüchtige, Homosexuelle, aber inzwischen auch vermehrt Heterosexuelle. Gleichzeitig fällt auf, dass es unter der russischsprachigen Minderheit in Nordostestland, aber auch im zweiten Siedlungsschwerpunkt Tallinn und Umgebung überdurchschnittlich viele Infizierte gibt. Seit einigen Jahren stabilisieren sich die Zahlen aber und die Zahl der Neuinfektionen nimmt ab bzw. stagniert. Die Betroffenen werden gesellschaftlich stärker stigmatisiert als in mittel- und nordeuropäischen Ländern. Besonders Homosexuelle sehen sich weiterhin gesellschaftlichen Vorbehalten ausgesetzt.

Ein weiteres durch die wirtschaftliche Entwicklung beeinflusstes Problem ist die Arbeitsmigration aus den baltischen Ländern. Besonders junge Menschen wanderten in die Nachbarländer Finnland, Schweden, aber auch in das Vereinigte Königreich und Irland aus, um dort ihr Glück zu suchen. Viele von Ihnen fanden im Baugewerbe ein Auskommen. Auch etliche Personen mit Universitätsausbildung verließen die Länder. Innerhalb der drei Staaten besteht ein ähnliches Phänomen in der Ausdünnung der ländlichen Gegenden durch Landflucht. Die Konsequenz ist ein steigender Anteil von Pensionären, alleinerziehenden Müttern oder erziehenden Großeltern. Diese soziale Struktur belastet langfristig die Sozialbudgets aller drei Länder und sorgt für eine negative demografische Entwicklung, denn von den Emigranten kehrt nur ein Bruchteil zurück.

Rolf Winkelmann

picture alliance/Bildagentur-online/Tetra-Images

Die baltischen Länder wurden erst spät christianisiert (zwischen dem 13. und 15. Jahrhundert). Gegenüber den einheimischen religiösen Gepflogenheiten und dem Volksbrauchtum zeigten die Kirchen eine relativ gemäßigte Haltung. Dies ermöglichte die jahrhundertelange Koexistenz der »Großen Tradition«, also des vorherrschenden urbanen, offiziellen Weges des Christentums, und der »Kleinen Tradition« in abgelegenen ländlichen Gebieten. Insbesondere in Litauen wurde der katholische Glaube ein wesentlicher Faktor des gesellschaftliches Selbstverständnisses. Das Bild zeigt den Hügel der Kreuze (nördlich von Šiauliai), ein sinnfälliger Erinnnerungsort für den Kampf und das Leiden für die Unabhängigkeit unter wechselnden Regimen und Diktaturen seit den polnischen Teilungen.

Kirchen und religiöse Gruppen im Baltikum

In Lettland und Estland kamen die herrschenden Schichten jahrhundertelang aus dem Ausland (niederer baltisch-deutscher Adel). Die Verhältnisse in Litauen waren anders, da der niedere Adel dem eigenen Land entstammte. Bevor sich Ende des 19. bzw. Anfang des 20. Jahrhunderts die Modernisierungsprozesse und das moderne Nationalbewusstsein vollends auswirkten, beherrschte hier die römisch-katholische Kirche die Herzen, Köpfe und Überzeugungen. Die einheimischen vorchristlichen Glaubensrichtungen und Gebräuche der Bauern glich sie langsam an die christliche Kultur an. Dieses Vorgehen spielte eine wichtige Rolle für den niederen litauischen Adel, der polnisch und nicht litauisch sprach.

Religiöse Vielfalt und Konkurrenz

Mit der frühen litauischen Geschichtsschreibung, die sich unter dem Einfluss der Romantik entwickelte, bildete sich auch der nationale Mythos der litauischen Abstammung heraus. Diese Erzählung verwies auf heldenhafte Zeiten vor der Christianisierung Litauens und verband die angeblich glorreiche Vergangenheit Litauens hauptsächlich mit dem Heidentum. Nach dieser Auffassung setzte der anschließende Niedergang mit der Christianisierung ein, die zu der unglückseligen, fremdbestimmten Situation im 19. Jahrhundert führte. In Lettland und Estland entstanden ebenfalls im 19. Jahrhundert nationale Mythologien, die vorrangig an die bäuerliche Bevölkerung und das Volksbrauchtum Lettlands und Estlands sowie an die Erinnerungen beider Länder an die Entfremdung von den eigenen Traditionen unter der vom niederen baltisch-deutschen Adel beherrschten lutherischen Kirche anknüpften. Die Begegnung europäischer Wissenschaftler mit dem Sanskrit, einer altindischen Sakral- und Gelehrtensprache, im 18. und 19. Jahrhundert und vor allem deren große Ähnlichkeiten mit dem Litauischen und Lettischen wurden zu einer Quelle nationalen Stolzes sowohl für Letten als

ullstein bild - Dietmar Scherf

Ligo-Fest, einer der vorchristlichen Bräuche, zur Mittsommerwende in Lettland, 2016.

auch für Litauer, gespeist von dem Bewusstsein, die beinahe ältesten lebenden indoeuropäischen Sprachen zu sprechen.

In religiöser Hinsicht waren die baltischen Länder immer umkämpfte Gebiete. Ab dem 10. Jahrhundert kam die Bevölkerung im zukünftigen Großherzogtum Litauen allmählich mit der römisch-katholischen Kirche und der orthodoxen Kirche in Berührung. Seit 1054 drang der Katholizismus auf litauischem Gebiet langsam von Polen im Süden und Westen sowie von Livland im Norden vor, während sich die Orthodoxie vom Osten her ausbreitete.

Nach wechselnden Bestrebungen und religiösen Auseinandersetzungen zwischen den unterschiedlichen Glaubensrichtungen, darunter das uralte Heidentum des 13. und 14. Jahrhunderts, erfolgte in Litauen die offizielle Christianisierung durch die römisch-katholische Kirche, und das Land wandelte sich allmählich in einen katholischen Staat. Ab dem 15. Jahrhundert etablierte sich die Kirche als vorherrschende Macht. Im Zeitalter der europäischen Reformation behielt die römisch-katholische Kirche ihre Vorrangstellung im Großherzogtum Litauen und stärkte sie weiter durch die Vereinigung mit Polen 1569. Dennoch waren die religiöse Vielfalt und die Multikulturalität bis zu den drei litauisch-polnischen Teilungen durch Russland, Preußen und Österreich Ende des 18. Jahrhunderts ein auffälliges Merkmal des Großherzogtums.

Das jüdische Erbe

Ab dem 14. Jahrhundert – in den östlichen slawischen Gebieten möglicherweise sogar früher – und insbesondere nach der Pest-Pandemie von 1344 verbreiteten sich jüdische Gemeinden, Karäer (eine ostjüdische Sekte) sowie Tataren (Muslime) im Großherzogtum Litauen. Die Organisation der jüdischen Gemeinden entsprachen der religiösen Ausrichtung in den deutschsprachigen Ländern, d.h. die Juden waren aschkenasisch. Im Großherzogtum sowie auch in Polen wurde den jüdischen Gemeinden eine beträchtliche Autonomie gewährt, und im Laufe der Jahrhunderte bildeten sich bei den Juden in Litauen eine eindeutig litauische Identität sowie litauisch geprägte Traditionen heraus. Als Besonderheit entstand eine jüdische Orthodoxie, die sich den Reformbewegungen widersetzte.

Die große Autorität des berühmtesten litauischen Juden, Elijah Ben Salomon Salman (1720–1797), des Gaon (Übermittler der Lehre) von Wilna, veranlasste seine Schüler im 19. Jahrhundert, religiöse Hochschulen (hebräisch »Jeschiwa«, plural »Jeschiwot«) in Litauen und Weißrussland einzurichten, die trotz der Verfolgung und der Massenmorde durch das nationalsozialistische Regime zu Vorposten der aschkenasisch-jüdischen Orthodoxie wurden und bis heute den Fortbestand der traditionellen Thora-Lehre sichern.

Religion, Politik und Identität

Im 19. Jahrhundert übte die russische Regierung, die sich des größten Teils des Baltikums bemächtigt hatte, auf die meisten gesellschaftlichen und religiösen Gruppen Druck aus, um die Verbreitung der russischen Sprache und Kultur durchzusetzen. Die römisch-katholische Kirche begann sich dem Druck zu widersetzen. Dieser Widerstand vermischte sich mit der heroischen Auslegung der heidnischen Geschichte der Vorfahren. Das Bewusstsein einer nationalen litauischen Identität im 19. Jahrhundert wurde allmählich mit der litauischen Sprache, dem vorchristlichen Kulturerbe und auch mit dem Katholizismus identifiziert. Die genannten Elemente bilden das wesentliche Gerüst des nationalen Selbstverständnisses.

Diese Tendenzen setzten sich in der kurzen Zeit des unabhängigen Staats Litauen zwischen 1918 und 1940 fort und zogen sich durch das gesamte 20. Jahrhundert. Dabei führten die Unterdrückung und die atheistische Propaganda der Sowjets zweifellos zu einer gewissen Säkularisierung. Der Druck stärkte indes die Haltung der römisch-katholischen Kirche gegenüber dem kommunistischen Regime. Der Widerstand wurde paradoxerweise durch die ethnisch motivierte Politik der sowjetischen Behörden gespeist, was wiederum regional ethnografische Forschungen, volkskundliche Studien und Sprachforschungen anregte. Eine weitere Besonderheit war die sowjetische Politik in Bezug auf die Beschäftigung mit indischen Philosophien, Religionen und indischer Kultur im Allgemeinen. So gab es zusätzlich

Kristina Eriksson/SZ

Synagoge in Vilnius, 2002.

zu dem halb im Untergrund stattfindenden Leben der römisch-katholischen Kirche in Litauen einen Kreis an Intellektuellen und Studenten, die sich ebenfalls halb im Untergrund, quasi als Gegenkultur, mit indischer Literatur beschäftigten. Die Tätigkeit der Kirche war von den begrenzten Möglichkeiten zur Verbreitung religiöser Literatur sowie illegaler religiöser Unterweisung und Sozialisierung von Kindern und Jugendlichen einerseits und der Unmöglichkeit offizieller oder wenigstens offener kultureller Ausdrucksformen andererseits geprägt. Man wich auf Untergrundtheater und religiöse Dichtkunst aus.

Die ethnografischen Forschungen wurden zur Grundlage für die Herausbildung, ja sogar die Wiederherstellung der vorchristlichen litauischen Religion. Schließlich gründete sich die im Untergrund aktive Gemeinschaft »Romuva«, die enge Beziehungen zur Vereinigung der Ethnografen an der Universität Vilnius, der »Ramuva«, pflegte. Das Interesse an Indien ist im Zusammenhang mit der Hare-Krishna-Bewegung (International Society for Krishna Consciousness, ISKCON) zu sehen, die sich in den frühen 1980er Jahren im Baltikum etablierte, nachdem die sowjetische Regierung dem Gründer der Bewegung in den USA, Sri Prabhupada, 1979 einen Besuch in Moskau und die Gründung einer Krishna- Gemeinde gestattet hatte.

Lettland und Estland, die jahrhundertelang unter der politischen und kulturellen Vorherrschaft der Deutschen gestanden hatten, entwickelten eine kulturelle Identität, die sich auf die lutherische Kirche stützte. In heutiger Zeit verliert die lutherische Kirche jedoch in beiden Ländern ihre Vorrangstellung.

Das Christentum erreichte beide Länder zwischen dem 9. und 12. Jahrhundert, wobei seine Einführung hier mit den Kreuzzügen des 12. und 13. Jahrhunderts zusammenfiel. Im 16. und 17. Jahrhundert wechselte die Vorrangstellung von der römisch-katholischen Kirche zur lutherischen. Heute verzeichnet die lutherische Kirche im Baltikum ihre größte Verbreitung in Lettland (25–35 Prozent), wo sie in der Landesmitte am stärksten vertreten ist. Ihr gehören zumeist ethnische Letten an. Die römisch-katholische Kirche zählt in Lettgallen die meisten Gläubigen (20–25 Prozent). Die russisch-orthodoxe Kirche ist vor allem in den östlichen Regionen beheimatet (18–22 Prozent). Ihre Gläubigen entstammen zumeist dem russischen Bevölkerungsteil, der jeweils auf die Zeit des russischen Kaiserreichs und der Sowjetunion zurückgeht.

Die Esten sind heute stolz darauf, zu den areligiösesten Ländern Europas zu gehören, wenngleich sie sich kulturell mit dem Erbe der lutherischen Kirche identifizieren. In einer jüngeren Erhebung zu Bevölkerung und Wohnsituation (2011) bestätigte nur rund ein Viertel der Befragten eine Religionszugehörigkeit, wobei sich davon 96 Prozent dem Christentum zurechneten (mehrheitlich wiederum russisch-orthodoxe Christen). Die Zeiten der russischen und sowjetischen Besatzung haben auch hier die Entstehung der orthodoxen Kirche entscheidend befördert. In der unmittelbaren post-sowjetischen Zeit war sie wegen der großen Gleichgültigkeit der ethnischen Esten gegenüber allen institutionalisierten Formen der Religion die vorherrschende Kirche in Estland, auch weil sie viel mehr Rückhalt bei ihren Anhängern genießt, wodurch sie wiederum als Institution gestärkt wird.

Die religiöse Entwicklung im 20. und 21. Jahrhundert

In der ersten Hälfte des 20. Jahrhunderts engagierten sich ethnische Esten im estnischen Zweig der orthodoxen Kirche und dominierten diese auch als ein von der offiziellen Hierarchie weitgehend unabhängiges Gebilde. Diese Selbstständigkeit wurde in sowjetischer Zeit abgeschafft. Allmählich führte die sowjetische Migrationspolitik dazu, dass die russische Minderheit zur stärksten Kraft in der orthodoxen Kirche wurde. In dieser Zeit gründeten sich die Estnische Apostolische Orthodoxe Kirche und die Estnische Evangelisch-Lutherische Kirche (EELC) im Ausland, die wesentlich zum Erhalt der nationalen Identität der Esten im Exil beitrugen. Die Kirchen, darunter insbesondere die EELC, verloren gleich zu Anfang der sowjetischen Besatzung viele Pfarrer wegen Unterdrückung und Abwanderung ins Exil. Das Gleiche galt mit Blick auf die katholische Kirche für Lettland und für Litauen sowie für andere Kirchen und religiöse Gruppen.

Papst Johannes Paul II. im September 1993 während eines Gottesdienstes in der Vilniusser »Torkapelle«, im Hintergrund die als wundertätig verehrte »Muttergottes im Tor der Morgenröte«.

Forum/SZ Photo

Die Autorität der römisch-katholischen Kirche ist in Litauen auch heute noch stärker als die der lutherischen Kirche in Lettland und Estland, was auf die historischen Umstände und den Entstehungsprozess der modernen nationalen Identität der Litauer, Letten und Esten zurückgeht. Die Führer der lutherischen Kirche, insbesondere in Estland, lehnten im 19. Jahrhundert und während der sowjetischen Besatzungszeit die nationalen Bestrebungen nach Unabhängigkeit weitgehend ab. Sie befassten sich mehr mit dem Erhalt ihres elitären Status quo. Nicht von ungefähr waren bereits im 18. Jahrhundert die Böhmischen Brüder, die sogenannten Herrnhuter Missionare, verdrängt worden, denen eine erfolgreiche Missionierung der estnischen Bauern gelungen war. Ein weiterer Schwerpunkt war das Überleben als Institution während der sowjetischen Unterdrückung. Die römisch-katholische Kirche in Litauen dagegen nahm eine aktive Rolle bei der Heranbildung einer Nation im 19. und frühen 20. Jahrhundert ein und bildete daher die Basis für eine der stärksten Dissidentenbewegungen in der Sowjetunion.

Die größte Katastrophe erlebten im 20. Jahrhundert die jüdischen Gemeinden im Baltikum. Während der Shoah wurde fast die gesamte jüdische Welt in Litauen zerstört. Zusammen mit tausenden kleinen und großen Jeschiwot und Synagogen verschwanden ganze kulturelle und religiöse Schätze. Nach dem Zweiten Weltkrieg gab es während der sowjetischen Besatzung nur noch eine offene Synagoge in Vilnius (von ehemals mehr als einhundert, die weitgehend zerstört oder in Lagerräume umgewandelt worden waren).

In den darauffolgenden Jahrzehnten begann sich das religiöse jüdische Leben wegen der Auswanderung nach Israel, der zunehmenden Säkularisierung und des Mangels an einheimischen Rabbinern, der Verfügbarkeit an koscheren Lebensmitteln, rituellen Gegenständen, Gebetshäusern usw. nur langsam zu erholen. Die ersten Missionare, die versuchten, diesen Mangel auszugleichen, gehörten der Chabad-Lubawitsch-Bewegung an, deren Bedeutung in der jüdischen Gemeinde Litauens jedoch umstritten ist.

Viele Kirchen in den drei baltischen Ländern wurden zerstört oder verstaatlicht bzw. in Lagerräume oder Museen umfunktioniert. Zerstörte religiöse Traditionen und Strukturen, fehlende Geistliche, geschlossene theologische Fakultäten, stark eingeschränkte rechtliche Freiräume für die Religionsausübung und für das Publizieren religiöser Literatur – all diese Faktoren trugen maßgeblich zur schnellen Säkularisierung der baltischen Gesellschaften bei, die ihrerseits nicht in der Lage waren, den jungen Menschen eine substanzielle religiöse Sozialisierung angedeihen zu lassen. Nur die römisch-katholische Kirche in Litauen entwickelte umfassende illegale Aktivitäten im Untergrund, um eine solche Sozialisierung durchführen zu können. Dort gab es auch religiöse Gemeinden und ein Priesterseminar im Untergrund. Die sowjetischen Kampagnen und die militant-atheistische Propaganda sowie neue säkulare sowjetische Riten und Feste sollten nach dem Willen des Regimes religiös geprägte Traditionen ersetzen.

Trotz der Säkularisierung und der wachsenden religiösen Gleichgültigkeit in den drei baltischen Ländern behielten die größten christlichen Feiertage, beispielsweise Weihnachten und Ostern, auch in sowjetischen Zeiten ihre Bedeutung. Die Pflege des eigenen Glaubens in der sowjetischen Zeit war auch eine Alternative zur aufgedrängten sowjetischen Kultur; man pflegte solcherart auch eine gegenkulturelle Einstellung. Unter den lutherischen Geistlichen und den Vertretern anderer religiöser Gruppen zeigten nur einzelne oder Kleingruppen resistentes Verhalten. Nichtsdestoweniger gelang es nur der katholischen Kirche, dauerhaft eine größere Opposition gegen das Regime zu organisieren. Viele Priester, kirchliche Laien und Ordensschwestern im Untergrund produzierten – zumeist mit der Schreibmaschine – illegale Schriften, unterhielten interne Verteilerkanäle und schmuggelten »Die Chronik der katholischen Kirche Litauens« ins Ausland. Letztere war eine wichtige Informationsquelle über die sowjetischen Repressionen und Verfolgungen und sollte diese auch weltweit bekannt machen.

Heute gibt es in den drei baltischen Ländern neben den Hauptkirchen noch eine Anzahl kleinerer christlicher und nichtchristlicher Kirchen und religiöser Gemeinschaften: die Pfingstbewegung, die Siebenten-Tags-Adventisten, Baptisten, Zeugen Jehovas, die Heiligen der Letzten Tage (Mormonen), Bahai, ISKCON, Juden, Muslime und auch eine wachsende Zahl von Anhängern vorchristlicher einheimischer Religionen, wie die Gemeinschaft der *Dievturi* in Lettland, der *Romuva* in Litauen, *Taara-Glaube* und *Maausk* (»Land-Glaube«) in Estland. Seit dem 17. Jahrhundert leben in Lettland und auch in Litauen kleine Gemeinschaften der Altgläubigen, die vor der Verfolgung in Russland hierher flohen, da sie die Reformen der russisch-orthodoxen Kirche nicht anerkennen wollten.

Nach Erlangen der Unabhängigkeit waren alle Kirchen bemüht, die internationalen Beziehungen mit ihren Schwesterkirchen im Ausland zu erneuern und den Anschluss an ihre eigenen Kirchen im Exil zu suchen. Sehr schnell wurde aber deutlich, dass es bei einigen Themen wesentliche Unterschiede gab, etwa bezüglich der Laienpredigt, der Weihe von Frauen in der lutherischen Kirche oder allein schon bei der Sitzordnung, die strikt getrennt nach Geschlechtern war. Liturgische Reformen und Erneuerungen hatten nach dem Zweiten Vatikanischen Konzil zwar in den römisch-katholischen Kirchen im Ausland stattgefunden. Die Kirchen in den baltischen Ländern waren aber nach Jahrzehnten der Isolierung und Defensive nicht bereit, solche

picture alliance/dpa

Alexius II., Patriarch von Moskau, geboren 1929 in Tallinn in eine deutsch-baltische Kaufmannsfamilie, gestorben 2008 bei Moskau, liest während eines Gottesdienstes in der Rigaer Dreifaltigkeitskirche aus der Bibel, Mai 2006.

»Freiheiten« offen anzunehmen, da sie auf ihre konservative Haltung, die Wahrung der »alten wahren« Traditionen und des Ethos der »echten« christlichen Werte gegenüber dem »Niedergang« in der westlichen Welt stolz waren.

Die Kirchen waren nach dem Ende der Sowjetunion auch anderen Schwierigkeiten ausgesetzt: Im Zuge der Liberalisierung und Demokratisierung der baltischen Gesellschaften mussten sie die Strukturen der religiösen Erziehung und die Veröffentlichung religiöser und geistlicher Literatur neu etablieren sowie Rundfunkprogramme in den Massenmedien einführen. Aufgrund der jahrzehntelangen Isolierung und Unterdrückung war eine interne Erneuerung nur in begrenztem Umfang möglich, und die materiellen Grundlagen und rechtlichen Möglichkeiten zur Entwicklung der benötigten Strukturen waren ebenfalls eingeschränkt. Litauische Katholiken verwendeten illegal von Hand kopierte oder mit der Schreibmaschine abgeschriebene alte Bücher, die vor dem Zweiten Weltkrieg veröffentlicht worden waren und zwischen vertrauenswürdigen Mitmenschen weitergereicht wurden.

Zu Beginn der 1990er Jahre kamen Missionare aus der ganzen Welt nach Litauen, Lettland und Estland. Sie gehörten verschiedenen christlichen und nicht-christlichen Gemeinschaften sowie neuen religiösen Bewegungen an. Der in Teilen der Bevölkerung durchaus vorhandene Hunger nach Religiosität und das Fehlen angemessener religiöser Unterrichtung und Erziehung in den baltischen Ländern führte zunächst dazu, dass sich neue religiöse Bewegungen schnell ausbreiteten. Dies wiederum zog sofort negative Reaktionen nicht nur seitens der vorherrschenden Kirchen, sondern auch der Behörden und der Gesellschaft im Allgemeinen nach sich. Der Gesetzgeber versuchte zu Beginn der 1990er Jahre, die Lage hinsichtlich religiöser Gruppen und Gemeinschaften zu regeln.

In den ersten zwei Jahrzehnten nach der Unabhängigkeit entstand durch das Wirken der einströmenden religiösen Kräfte und deren Kontakt mit einheimischen Gläubigen eine Generation, die von Anbeginn für Veränderungen und Neuerungen, moderneres Liedgut, neue Formen des Gebets und der Liturgie empfänglich war und für mehr Offenheit sorgte. Die Kirchen erneuern sich inzwischen ständig und nähern sich zusehends den Schwesterkirchen in anderen europäischen Ländern an. Dazu zählen Veränderungen in der Einstellung gegenüber der säkularen Welt, liberalen Werten und aktuellen Fragen der Menschenrechte. Die Kirchen sind häufig zwar immer noch konservativ, aber zumindest in Ausdruck und Argumentation moderner.

Aušra Pažėraitė

picture alliance/ZUMA Press

Obwohl die baltischen Kulturen sich voneinander unterscheiden, ist jede einzelne von ihnen tief in den ländlichen Traditionen verwurzelt. Im Übrigen unterlagen die baltischen Staaten seit jeher externen Einflüssen, was nicht zuletzt mit ihrer geografischen und ethnischen Lage zu tun hat. Mächtige Nachbarn oder Besatzungsmächte bzw. entsprechende Eliten hinterließen deutliche Spuren. Daher bestand die Kultur hier, abhängig von den Machtverhältnissen, immer aus einer Mischform indigener und importierter Elemente. Nach 1990 begann im Baltikum die westliche Kultur eine immer größere Rolle zu spielen, wie das Bild oben eindrücklich beweist. Es zeigt einen Workshop für synchrones Schlagzeugspielen am 9. Juli 2017 in Riga, das größte Ereignis seiner Art in Nord- und Nordosteuropa. Mehrere hundert Künstler aus den drei baltischen Staaten, aus Finnland, Polen und den USA demonstrieren gemeinsamen Rhythmus.

Kultur in den baltischen Staaten

Es waren die indigenen Bevölkerungen, die den baltischen Staaten ihre Namen gaben: Estland (*Eesti*), Lettland (*Latvija*) und Litauen (*Lietuva*). Esten und deren ethnische Verwandte, die eine finno-ugrische Sprache sprechen und deren Heimat weit im Osten liegt, leben seit mindestens viertausend Jahren in der Region. Die engsten linguistischen und kulturellen Verwandten der Esten sind nicht die Letten oder Litauer, deren indoeuropäische Vorfahren etwas später in der Region eintrafen, sondern die nördlich von ihnen lebenden Finnen. Wie die Setukesen (Seto) im Südosten Estlands, die sich kulturell von ihnen unterscheiden, sprachen auch die alten Liven in Nordlettland eine finno-ugrische Sprache. Leider ist die livische Sprache mit dem Tod des letzten Muttersprachlers im Jahre 2013 faktisch ausgestorben.

Ebenso ist die Sprache, die einst von den alten Preußen gesprochen wurde, vor etwa 300 Jahren verschwunden; so blieben das moderne Lettisch und Litauisch die einzigen lebenden »baltischen« Sprachen. (Es ist umstritten, ob das in Ostlettland gesprochene Lettgallisch eine dritte baltische Sprache ist oder einfach nur ein Dialekt des Lettischen.) Frühere Formen der baltischen Sprachen wurden einst in einem Gebiet gesprochen, das weitaus größer war als das Territorium des heutigen Baltikums. Im Laufe der Zeit wurden die Sprecher baltischer Sprachen, wie die benachbarten Sprecher des Finno-Ugrischen, von den sich ausbreitenden slawischen und germanischen Völkern in die Küstengebiete gedrängt, in denen letztlich die baltischen Staaten gegründet wurden. Während die im 13. und 14. Jahrhundert gegründeten Städte sich zu Zentren fremder Herrschaft (Deutsche, Polen, Schweden, Russen) entwickelten, blieben die ländlichen Gegenden weitestgehend bewohnt von einheimischen Stammesangehörigen, die zum litauischen, lettischen und estnischen Volk verschmelzen sollten.

Volkskultur und nationales Bewusstsein

Der Ausgangspunkt lokaler kultureller Identität ist die Folklore, deren Quelle die lettischen *Dainas* (Volkslieder) und andere Formen der Volksmusik sind. Der erste Schriftsteller, der diese Beobachtung machte, war Johann Gottfried Herder (1744–1803), ein junger deutscher Pastor, der die Bauernlieder aufschrieb, die er hörte, als er in den 1760er Jahren in Riga arbeitete und versuchte, die lokalen Sprachen zu erlernen. Auf der Grundlage dieser Erfahrungen verfasste Herder seine berühmten Sprachtheorien. Er glaubte, dass Sprache die Essenz des Geistes eines Volkes sei. Das Volk finde durch Lied und Folklore seinen kulturellen Ausdruck, dachte wiederum der Volkskundler Krišjānis Barons (1835–1923), der Jahrzehnte damit verbrachte, etwa 217 000 *Dainas* zu sammeln, von denen einige noch heute bei staatlichen und öffentlichen Anlässen verwendet werden.

Die Arbeit von Barons war charakteristisch für die Ära des »nationalen Erwachens«, die mit den ersten estnischen und lettischen Liederfestivals zusammenfiel, die 1869 bzw. 1873 stattfanden. Nationalgefühl wurde auch während der »Singenden Revolution« Ende der 1980er Jahre zur Schau gestellt, als Folklorefestivals zu Symbolen kultureller Einheit und nationalen Widerstands gegen die Sowjetmacht wurden. Das Verfassen von nationalen Epen im 19. Jahrhundert war ebenfalls mit der Absicht verbunden, ein Nationalbewusstsein zu fördern, selbst wenn sich zu diesem Zeitpunkt kaum jemand einen lettischen oder estnischen Staat vorstellen konnte. Das große estnische Nationalepos, in den 1850er Jahren verfasst, trägt den Titel »Kalevipoeg« (Kalevs Sohn) und stützt sich auf estnische und finnische Folklore. Das lettische Epos, das dreißig Jahre später veröffentlicht wurde, ist bekannt unter dem Titel »Lāčplēsis« (Bärenreißer). Auf der Grundlage lettischer Mythen beschreibt »Lāčplēsis« einen Helden, der den lettischen Widerstand gegen deutsche Invasoren anführt. Von daher nimmt das Epos einen besonderen Platz sowohl in der offiziellen als auch in der populären Kultur ein. Seit 1919 ist der Lāčplēsis-Orden die höchste militärische Auszeichnung Lettlands. Ebenso heißt der Gedenktag für die Soldaten, die im Unabhängigkeitskrieg ihr Leben ließen, Lāčplēsis-Tag. Überall in Lettland trifft man auf Denkmäler und Huldigungen für den »Bärenreißer«; man kann sogar seinen Durst mit einer Flasche Lāčplēsis-Bier löschen. Es lohnt sich zu ergänzen, dass die Produktion von hochwertigen Biersorten, oft ohne Konservierungsstoffe gebraut, eine weitere ausgezeichnete Tradition der baltischen Staaten ist.

Stadt und Land

Die vorherrschenden Kulturen aller drei baltischen Staaten beruhen auf bäuerlichen Idealen, die in den 1920er und 1930er Jahren institutionalisiert wurden. Nachdem man von Russland unabhängig geworden war, strebten die baltischen Regierungen danach, ihre nationalen Kulturen zu definieren und zu stärken. Genau wie Briefmarken und andere offizielle Publikationen jener Zeit das Ideal des unabhängigen Siedlers widerspiegelten, betonten Kunst, Musik und Literatur dieser Ära die ländlichen Wurzeln des Volkes. Viele dieser älteren (sowie erfundenen) Traditionen werden auf den großen Liederfestivals zur Schau gestellt, die alle paar Jahre in jedem der baltischen Staaten stattfinden. Gekleidet in Volkstrachten und alte Weisen singend, verkörpern die Chöre den Geist des estnischen, lettischen und litauischen Volkes.

Während die vorherrschenden Kulturen des Baltikums ihre Wurzeln im ländlichen Raum haben, waren die wenigen Ballungsräume zumindest bis zum 20. Jahrhundert eine Domäne der Eliten, die eine fremde Sprache sprachen und im Allgemeinen die Traditionen und Sprachen der indigenen Völker verachteten. Fremde Kulturen, aus Westeuropa importiert, beherrschten die großen baltischen Städte vom Mittelalter bis in die ersten beiden Jahrzehnte des 20. Jahrhunderts. Riga und Tallinn (damals Reval), heute die Hauptstädte von Lettland bzw. Estland, bewahrten ihre deutsche architektonische und kulturelle Note über die Zeiten schwedischer und russischer Herrschaft hinweg. Vilnius (Wilno), die Hauptstadt des Großherzogtums Litauen, war kulturell betrachtet polnisch, wurde jedoch zur Zarenzeit ein Anziehungspunkt für Juden.

Obwohl sich die russische Besiedelung in den baltischen Staaten im Wesentlichen auf Regierungsbeamte, Kaufleute und Arbeiter beschränkte, verkörperten die Russen ebenfalls eine

»importierte« Kultur. Sie besaßen ihre eigene Sprache, ihre eigene Literatur, ihre eigene Küche und sogar ihre eigene Architektur in Form von imposanten Kirchen mit Zwiebeltürmen, die das Regime in Riga, Tallinn und Vilnius als Orte des Gebets für orthodoxe Gläubige und zur Erinnerung an die wohlwollende Herrschaft des Zaren errichtete. Es ist keine Untertreibung festzustellen, dass die größten Städten der Region immer ein anderes kulturelles Universum darstellten – eines, das »westlicher«, europäischer und multikultureller war als das ländliche Umfeld.

Nie waren die baltischen Staaten stärker von den jeweiligen Hauptstädten dominiert als heute: Mehr als ein Drittel aller lettischen Einwohner nennt Riga seine Heimat und ein ähnlich hoher Anteil der estnischen Bevölkerung lebt in Tallinn. Litauen bleibt der ländlichste der baltischen Staaten. Jedoch wählten auch etwa 20 Prozent der litauischen Bevölkerung Vilnius zu ihrem Wohnort. Es sind die Hauptstädte der baltischen Staaten, in denen Kultur- und auch Sprachpolitik gestaltet wird.

Kultur unter sowjetischer Herrschaft

Zu Sowjetzeiten war für diese Politik die Absprache mit den Behörden in Moskau erforderlich, deren Ziel darin bestand, die baltischen Republiken nach sozialistischen Richtlinien zu entwickeln und noch vollständiger in die UdSSR zu integrieren. Durch Belohnung von »politisch Tugendhaften« und Isolation Andersdenkender förderte das Sowjetregime aktiv regimekonforme Kunst, Literatur, Musik und Kino in den baltischen Republiken mit großzügigen, wenn auch ideologisch strengen Programmen der Kulturfinanzierung.

Schriftsteller und Künstler, die sich in der Zwischenkriegszeit noch hatten frei betätigen können, waren darüber kaum erfreut. Führende Kulturschaffende der baltischen Staaten flohen vor der sowjetischen Armee und verließen schweren Herzens im Zweiten Weltkrieg ihre Heimat. Einige von ihnen nahmen ihre Arbeit im Exil in den Vereinigten Staaten, Kanada, Australien oder anderswo (wieder) auf. Diejenigen, die in der Heimat blieben, stellten fest, dass ihnen nur die Wahl blieb, sich den politischen und ästhetischen Forderungen des Sowjetregimes anzupassen, die

Der in Riga geborene und 1974 in die USA geflohene Baletttänzer Mikhail Baryshnikov bei einem Auftritt in Riga, 2. August, 2016.

picture alliance/dpa

Durchlässigkeit der sowjetischen Zensur zu testen oder einem anderen Beruf nachzugehen.

Der in Riga geborene Balletttänzer Mikhail Baryshnikov (geb. 1948) setzte sich 1974 nach Kanada ab. Später war es Arvo Pärt (geb. 1935), ein Este, der nach Berlin emigrierte und ein international anerkannter Komponist klassischer und religiöser Musik wurde. Ein anderer wichtiger Künstler der späten Sowjetära war der Filmemacher Juris Podnieks (1950–1992), dessen Publikation »Ist es leicht, jung zu sein?« (1986) das Leben sowjetischer Jugendlicher untersuchte und so die Grenzen der in den letzten Jahren der Sowjetmacht eingeführten Politik der Offenheit (*Glasnost*) auslotete. Obwohl baltisches Ballett und Chormusik weiterhin ein internationales Publikum erreichen, sind Filme aus den baltischen Staaten heute nur selten im Ausland zu sehen.

Die staatliche Förderung für Kunst und Kultur ist während des wirtschaftlichen Wandels in den 1990er Jahren stark zurückgegangen. Dennoch verfügt jeder der baltischen Staaten über ein Kulturministerium, dessen Aufgabe es ist, die Kunst zu fördern, die Vergangenheit zu bewahren und die Integration nationaler Minderheiten zu unterstützen.

Auseinandersetzungen über Diskriminierung und Menschenrechtsverletzungen gibt es vor allem in Estland und Lettland. Nachdem diese Republiken 1991 ihre Unabhängigkeit gesichert hatten, wählten sie eine Politik, die die Landessprache bevorzugt. Der großen Mehrheit der russischsprachigen Bevölkerung entzogen sie das Wahlrecht (siehe dazu auch den Beitrag von Katja Wezel). Litauen, das in der Sowjetära weniger von Russifizierung bedroht war, behandelte seine russische Bevölkerung wohlwollender und gewährte Staatsbürgerrechte, die vielen in Estland und Lettland lebenden Russen verwehrt blieben. Litauens größte Bevölkerungsminderheit sind heute Polen, die sich im Gebiet von Vilnius im Südosten konzentrieren. Die Spannungen zwischen Polen und Litauern sind jedoch leichter zu bewältigen als die ethnischen Beziehungen zu den Russen in Lettland und Estland, wo die kulturelle und sprachliche Trennung weiterhin tiefe Auswirkungen auf die dortigen Gesellschaften hat. Die geringere staatsbürgerliche und politische Teilhabe der Russischsprechenden ist sicherlich ein Argument, um deren relativ hohe Armuts-, Arbeitslosen- und Krankheitsrate zu erklären.

Und doch sind es die baltischen Russen, die an den Feiertagen der früheren Sowjetära, wie dem Tag des Sieges (9. Mai), auf die Straße gehen. In Riga treffen sich üblicherweise russischsprechende Kriegsveteranen in einem großen Park, in dessen Mitte das Siegesdenkmal für die Sowjetarmee steht – ein Denkmal, das viele Letten als Beleidigung empfinden. Als die Behörden in Tallinn im April 2007 beschlossen, ein anderes sowjetisches Kriegsdenkmal, bekannt als der »Bronzesoldat«, an einen weniger prominenten Ort umzusetzen, kam es zum Aufruhr und einer diplomatischen Auseinandersetzung zwischen der estnischen und der russischen Regierung. Da jüngere Russischsprechende oft auch die Landessprachen beherrschen und besser in die örtliche Kultur integriert sind, stellt sich die Frage, ob diese Auseinandersetzungen im Laufe der Zeit nachlassen werden. Andererseits können die Bemühungen der Russischen Föderation, unter den Russischsprechenden Estlands und Lettlands Unzufriedenheit zu schüren, unvorhersehbare Folgen haben, die ihre kulturelle Eingliederung verhindern.

Im Gegensatz zu den Russischsprechenden neigen Esten, Letten und Litauer dazu, sowjetische Feiertage zu ignorieren und dafür eigene Gedenktage zu begehen. Ein treffendes Beispiel sind die Gedenkveranstaltungen, die jährlich am 25. März in jedem Staat des Baltikums stattfinden, jenem Tag, an dem 1949 die großen Deportationen stattfanden (vgl. dazu den Beitrag von

Lenin-Skulptur im Grutas-Park. Nach der Unabhängikeit gestürzte Denkmäler und Skulpturen sowjetischer Genossen, Funktionäre und Ordensträger werden der Öffentlichkeit heute im Grutas-Park in der Nähe der weißrussischen Grenze präsentiert.

Kaarel Piirimae). In jedem der baltischen Staaten gibt es Denkmäler und Museen, die dem Gedenken an das Leiden unter den totalitären bzw. diktatorischen Regimen gewidmet sind. Im Gegensatz dazu hatte das Sowjetregime Denkmäler für nationales Leiden zu verhindern gesucht, denn die Kommunisten stellten das Leiden des Zweiten Weltkriegs als gemeinsame Tragödie und die sowjetische Besatzung als »Befreiung vom Faschismus« dar.

Das Sowjetregime errichtete zahllose Denkmäler für den »Großen Vaterländischen Krieg«, doch in den baltischen Staaten wird der Soldaten und Patrioten gedacht, die ihr Leben in den Unabhängigkeitskriegen bis 1922 ließen. Der düstere Brüderfriedhof in Riga mit seinen unzähligen Reihen an Grabsteinen sowie zahlreichen Denkmälern und Statuen illustriert in perfekter Weise den Wunsch, diejenigen zu ehren, die sich zum Wohl des Volkes geopfert haben.

Riga ist die einzige Stadt im Baltikum, die einem der umstrittenen Diktatoren der Zwischenkriegszeit, Kārlis Ulmanis

(1877–1942), ein Denkmal gewidmet hat. Die Tatsache, dass es keine entsprechenden Statuen von Konstantin Päts (1874–1956) in Estland und von Antanas Smetona (1874–1944) in Litauen gibt, unterstreicht die zwiespältige Haltung der Regierungen: Ulmanis, Päts und Smetona gehörten zu den Gründervätern ihrer jeweiligen Länder, und doch waren sie auch autoritäre Persönlichkeiten, die ihre Heimat durch die schwierigen 1930er Jahre lenkten und vom Sowjetregime als »Faschisten« bezeichnet wurden. Die Sowjets zögerten nicht, Denkmäler für Lenin und andere lokale kommunistische Helden zu errichten, doch diese verschwanden Anfang der 1990er Jahre wieder. An ihrer Stelle trifft man manchmal auf merkwürdige Ehrungen kultureller Erneuerer aus dem Westen. In Vilnius gibt es zum Beispiel ein Denkmal für Frank Zappa und eines für John Lennon (der Lenin ersetzte).

Politiker wurden nur wenige in Bronze verewigt, doch trifft man in allen baltischen Hauptstädten auf eine Vielzahl von Denkmälern für führende nationale kulturelle Persönlichkeiten. Außerhalb ihrer Heimatländer sind aber nur wenige baltische Schriftsteller, Dichter und Komponisten bekannt. Eine Ausnahme ist der russisch-jüdische Maler Mark Rothko (1903–1970), der in Daugavpils, Lettland, das Licht der Welt erblickte.

Zwischen Tradition und westlicher Moderne

Die Lücke, die der sowjetische Rückzug Anfang der 1990er Jahre hinterlassen hatte, wurde schnell und nahezu vollständig von einer Art westlichem Kulturimperialismus gefüllt, der vor allem durch anglo-amerikanische Unterhaltungsmusik, Filme und Fernsehserien verkörpert wird. Zu den sichtbarsten Zeichen dieses Phänomens gehörte, dass in den besten Lagen der baltischen Hauptstädte schon bald McDonalds-Restaurants auftauchten. Besonders junge Leute haben eine Affinität für amerikanische und westeuropäische Kultur. So wie mit großen finanziellen Aufwand produzierte Hollywood-Filme die Kinoleinwände der baltischen Staaten dominieren, beherrscht angloamerikanische Unterhaltungsmusik den Äther. In dem Wissen, dass englische Sprachkenntnisse Voraussetzung für ein erfolgreiches Berufsleben sind, spricht die heutige Jugend oft Englisch als Zweitsprache. In der Tat sind Zigtausende junger Esten, Letten und Litauer ins Ausland gegangen, um Gelegenheiten wahrzunehmen, die zuhause schwieriger zu finden sind.

Allen Anstrengungen, die die baltischen Staaten unternommen haben, um Patriotismus und Nationalbewusstsein zu fördern, wirk(t)en die unaufhaltsamen Kräfte der Globalisierung entgegen. Vom sowjetischen Sozialismus befreit, sind die baltischen Staaten nun Teil der globalen Wirtschaft und im Ergebnis werden auch ihre Hauptstädte den internationalen Großstädten immer ähnlicher. In Riga und Tallinn bilden die Hochhäuser aus Glas und Stahl einen architektonischen Kontrapunkt zu den alten gotischen und romanischen Kirchtürmen, die noch immer die mittelalterlichen Stadtkerne dominieren. Während Tallinn in Bezug auf Technologie, Staatlichkeit und den Lebensstandard insgesamt die »westlichste« der baltischen Hauptstädte ist, spürt man im Stadtbild von Riga die Anziehungskraft der westlichen *Kultur* in der baltischen Region am stärksten. In der Tat ist das hoch aufragende, nach Westen ausgerichtete Freiheitsdenkmal (1935) im Stadtzentrum eines der auffälligsten Kennzeichen Rigas. Es ersetzt eine frühere Statue von Peter dem Großen, dem ersten russischen Zaren und Eroberer Rigas.

Kultur- und Identität sind wichtig in den baltischen Staaten, deren eigene Kultur und Sprache durch die Sowjetisierung fast ein halbes Jahrhundert lang bedroht waren. Das zeigt sich auch darin, dass so viele der politischen Führer der baltischen Staaten in den 1990er Jahren und Anfang der 2000er ihre Karriere im kulturellen Bereich begonnen haben. Als Lettland die Sowjetunion verließ, wurde der berühmteste Sänger und Pianist des Landes, Raimonds Pauls (geb. 1936), der erste Kulturminister Lettlands; Vaira Vīķe-Freiberga (geb. 1937), eine Expertin für lettische Folklore, wurde später die erste Präsidentin. Während der erste postsowjetische Präsident Estlands, Lennart Meri (1929–2006), zuvor vor allem für seine ethnografischen Dokumentationen bekannt war, wurde der Musikwissenschaftler Vytautas Landsbergis (geb. 1932), ein Motor der Unabhängigkeitsbewegung Litauens, von der Arbeit von Mikalojus Čiurlionis (1875–1911) inspiriert, einem der größten Komponisten und abstrakten Künstler Litauens.

Kevin C. O'Connor

picture alliance/AP Photo

Die Minderheitenpolitik in den baltischen Staaten ist vor allem von den Konflikten zwischen den drei Titularnationen, den namensgebenden Nationen der Esten, Letten und Litauer auf der einen Seite und der russischsprachigen Bevölkerung auf der anderen Seite geprägt. Der Begriff »russischsprachig« schließt nicht nur ethnische Russen, sondern auch andere Zuwanderer aus der Sowjetzeit ein, die Russisch als Erstsprache sprechen, russische Schulen besucht haben und primär von der russischen Kultur geprägt sind.

Mehrere Studien haben in den letzten Jahren belegt, dass Einwohner in den baltischen Staaten ihre Identität mehrheitlich über die Sprache definieren. Das Bild zeigt russische Teenager und Schulkinder bei einem Protestmarsch in Riga am 5. Februar 2004. Sie protestierten mit 6000 anderen Demonstranten gegen die Einführung des bilingualen Unterrichts an lettischen Schulen. Der Slogan auf dem Plakat lautet: »Hände weg von unseren Schulen«.

Ethnische Minderheiten und Minderheitenpolitik in Estland, Lettland und Litauen

Aus historischen Gründen unterscheiden sich Größe und ethnische Zugehörigkeit der Minderheiten in den drei baltischen Staaten erheblich. Während Russen in Lettland mit 25 Prozent und in Estland mit 24 Prozent die größte Minderheit stellen, ist in Litauen die polnische Minderheit mit sechs Prozent zahlenmäßig am stärksten vertreten. Wählt man die Sprache als Unterscheidungsmerkmal, so ist auch in Litauen die russischsprachige Minderheit mit acht Prozent am größten, während in Estland 29 Prozent und in Lettland 32 Prozent der Einwohner Russisch als ihre Erstsprache angeben.

Die im Vergleich geringe Zahl russischsprachiger Einwohner in Litauen lässt sich unter anderem darauf zurückführen, dass die sowjetische Planwirtschaft in Litauen zwischen 1945 und 1990 weit weniger Großindustrie ansiedelte als in Estland und Lettland und folglich auch weniger russischsprachige Arbeitsmigranten in die litauische Sowjetrepublik kamen. Litauen war in der Sowjetzeit weit stärker von Agrarwirtschaft geprägt als Estland und Lettland. Außerdem war im katholisch geprägten Litauen die Geburtenrate höher, was sich wiederum auf das Arbeitskräftereservoir auswirkte. Das Gefühl der Überfremdung war somit in Litauen 1990 weniger stark ausgeprägt.

Die Litauer verfügten am Ende der Sowjetzeit mit 80 Prozent noch immer über eine klare Mehrheit in der Gesamtbevölkerung. Litauen verabschiedete daher bereits im November 1989 ein Gesetz, das es allen permanenten Einwohnern der Litauischen Sozialistischen Sowjetrepublik ermöglichte, sich als litauische Staatsbürger zu registrieren. Estland und Lettland hingegen schlossen nach dem Zerfall der Sowjetunion die sowjetischen Migranten zumindest vorübergehend von der Staatsbürgerschaft aus. In der letzten sowjetischen Volkszählung 1989 war der Anteil der Letten an der Gesamtbevölkerung Lettlands auf 52 Prozent, der Anteil der Esten in Estland auf 62 Prozent geschrumpft.

Historische Grundlagen

Alle drei baltischen Staaten vertreten die Auffassung, dass ihre Eigenstaatlichkeit durch die Besetzung durch sowjetische Truppen 1940 (sowie abermals 1944/45) gewaltsam unterbrochen wurde, nach völkerrechtlichen Gesichtspunkten aber weiterbestand. Daher spricht man auch von der *Wieder*herstellung der Unabhängigkeit nach dem Zerfall der Sowjetunion. In Estland und Lettland hatte diese Auffassung auch Rückwirkungen auf die Staatsbürgerschaft. Die massenhafte Ansiedlung von Arbeitsmigranten durch die sowjetische Zentralregierung in Moskau wird als Besatzungspolitik interpretiert, die einer demokratischen Grundlage entbehrte. Daher wurde die Staatsbürgerschaft 1991 in beiden Ländern auf Basis des Staatsbürgerschaftsrechtes der unabhängigen Republiken der Zwischenkriegszeit (1918–1940) wiederhergestellt. Nur jene Staatsbürger (und deren Nachfahren), die vor 1940, also vor dem Einmarsch sowjetischer Truppen, die lettische bzw. die estnische Staatsbürgerschaft besaßen, konnten sich 1991 automatisch als Staatsbürger registrieren lassen. Sowjetische Zuwanderer hingegen mussten warten, bis das estnische und lettische Parlament Mitte der 1990er Jahre neue Staatsbürgerschaftsgesetze verabschiedete, ehe sie die estnische bzw. die lettische Staatsbürgerschaft beantragen konnten. Sie waren außerdem gezwungen, ein Einbürgerungsverfahren zu durchlaufen, das unter anderem einen Nachweis über Kenntnisse der Landessprache einforderte. Da Russisch in der Sowjetzeit als Verkehrssprache galt und das Erlernen der Sprachen des Baltikums nicht gefördert wurde, bedeutete dies für weite Teile der russischsprachigen Bevölkerung den – zumindest vorübergehenden – faktischen Ausschluss von der politischen Teilhabe.

Die aktuelle Problem- und Konfliktlage

Diese Regelungen führten in der Folge zu Spannungen zwischen den russischsprachigen Minderheiten und den Esten und Letten sowie zum Vorwurf der institutionellen Benachteiligung und Diskriminierung russischstämmiger Einwohner, den vor allem die russische Regierung vorbrachte. Hier ist jedoch zu betonen,

Frauen einer im Südosten Estlands lebenden Minderheit mit dem Namen Setukesen stehen am 27. September 2000 am Rande der Eröffnungsfeierlichkeiten ihres Nationentages an der Plaza-Bühne des Weltausstellungsgeländes in Hannover.

dass es sowohl in Estland als auch in Lettland historische russische Minderheiten gab, die Vorfahren in diesen Ländern hatten und sich daher 1991 automatisch für die estnische bzw. lettische Staatsbürgerschaft qualifizierten. Es handelte sich also nicht pauschal um eine Benachteiligung aufgrund ethnischer Zugehörigkeit. So konnte beispielsweise in Lettland 1991 ungefähr ein Viertel der russischsprachigen Einwohner aufgrund der Staatsangehörigkeit ihrer Vorfahren die lettische Staatsbürgerschaft erwerben, ohne ein Einbürgerungsverfahren zu durchlaufen oder lettische Sprachkenntnisse nachzuweisen.

Dennoch bevorzugt die Gesetzgebung der baltischen Staaten in der Sprach- und Minderheitenpolitik klar die Titularnationen. So haben zwar alle drei Staaten nach dem EU-Beitritt 2004 das europäische Rahmenabkommen zum Schutz nationaler Minderheiten ratifiziert. Doch stellen nach baltischer Auffassung die sowjetischen Arbeitsmigranten, die zwischen 1945 und 1991 ins Land kamen, keine nationale Minderheit dar, da sie nicht traditionell in diesen Ländern ansässig waren und es ihnen daher an historischen Bezügen mangelt.

Für Aufsehen in den westlichen Medien sorgte insbesondere der 1995 eingeführte sogenannte Nichtbürgerstatus: Er ist jenen sowjetischen Arbeitsmigranten vorbehalten, die nach dem Zerfall der Sowjetunion in Estland oder Lettland verblieben. Der Nichtbürgerstatus wurde 1995 auf Druck der Europäischen Union geschaffen. Ziel war es, eine rechtlich gesicherte Übergangsregelung für ehemalige sowjetische Arbeitsmigranten (und deren Familien) mit Wohnsitz in Estland oder Lettland zu schaffen, deren sowjetischer Pass nicht mehr gültig war, die aber die Bedingungen für die Einbürgerung (noch) nicht erfüllten oder noch keinen Antrag auf Naturalisierung stellen konnten. So hatte Lettland 1994 mit der Staatsbürgerschaftsnovelle zwar grundsätzlich ein Einbürgerungsfenster geschaffen. Jedoch konnten jedes Jahr nur bestimmte Jahrgänge die Naturalisierung beantragen.

Der Nichtbürgerstatus ist nicht mit Staatenlosigkeit zu verwechseln: Nichtbürger werden von der estnischen bzw. lettischen Regierung im Ausland vertreten, haben die gleichen Reise- und Arbeitsrechte innerhalb des Schengen-Raums und sind, was Sozialleistungen betrifft, den Bürgern Estlands und Lettlands gleichgestellt. Allerdings haben sie kein Wahlrecht und sind von bestimmten Berufen, die eine Staatsbürgerschaft voraussetzen (beispielsweise Polizei), ausgeschlossen. In Estland verfügen Nichtbürger über das Wahlrecht bei Kommunalwahlen. 22 Jahre nach der Einführung des Nichtbürgerstatus hat sich die Zahl der Betroffenen zwar stetig verkleinert, aber es gibt noch immer zirka 250 000 Nichtbürger in Lettland (zwölf Prozent der Gesamtbevölkerung) und 80 000 Nichtbürger in Estland (sechs Prozent der Gesamtbevölkerung). Viele Nichtbürger haben sich mit ihrem Status abgefunden oder sie scheuen die Hürden der Naturalisierung. Personen mit Vorstrafen und einem kriminellen Hintergrund sind zudem von der Naturalisierung ausgeschlossen. Außerdem begünstigt die russische Politik indirekt die Beibehaltung des Nichtbürgerstatus, indem sie es den mehrheitlich russischstämmigen Nichtbürgern erlaubt, visafrei in die Russische Föderation zu reisen – während Esten, Letten und Litauer ein Visum benötigen.

Russisch ist in keiner der drei baltischen Länder offizielle Amtssprache. Zwar hat es in Lettland 2012 den Versuch gegeben, per Volksentscheid dem Russischen den Status einer offiziellen Zweitsprache einzuräumen. Dies lehnten im Referendum jedoch 74 Prozent der wahlberechtigen Einwohner Lettlands ab. Trotz dieser offiziellen Sprachenpolitik, die darauf ausgelegt ist, Status und Sprache der Titularnationen zu festigen und zu schützen, ist ein Großteil der Bewohner in den baltischen Staaten faktisch zwei- oder sogar dreisprachig. Unter der älteren Bevölkerung, die ihre Schullaufbahn noch zur Sowjetzeit durchlaufen hat, ist nach wie vor Russisch eine weit verbreitete Verkehrssprache, während die jüngere Generation der Esten, Letten und Litauer meist sehr gut Englisch spricht. Deutsch ist nach Englisch und Russisch in der Regel die dritte Fremdsprache, die an Schulen gelehrt wird, wobei es hier auch regionale Ausnahmen gibt. Insbesondere in der Region um die litauische Hafenstadt Klaipeda (früher Memel), sind Deutschkenntnisse weit verbreitet, da viele deutsche Touristen in die frühere Memelregion und auf die Kurische Nehrung reisen.

Sprache und Schulpolitik

Traditionell haben Minderheiten in den drei baltischen Staaten eigene Schulen, in denen zumindest ein Teil des Unterrichts in der Muttersprache der Minderheiten, also meist auf Russisch oder Polnisch, abgehalten wird. In Lettland und Estland wird der Unterricht in den Minderheitensprachen seit Beginn der 2000er Jahre begrenzt – mit dem Ziel, die Beherrschung der Titularsprachen zu fördern. In Lettland führte diese Bildungsreform 2003/04 zu Protesten. Weite Teile der russischsprachigen Bevölkerung Lettlands interpretierten das Recht auf russische Schulen als Traditionsrecht und lehnten die Einführung bilingualer Unterrichtsprogramme (60 Prozent Lettisch, 40 Prozent Russisch) an Sekundarschulen ab. Hintergrund war die Furcht vor einer Herabsetzung der Qualitätsstandards aufgrund unzureichender Lettischkenntnisse bei den bislang auf Russisch unterrichtenden Lehrern sowie die Empfindung, dass es sich um eine Zwangsverordnung des lettischen Bildungsministeriums handelte. Die lettische Bildungsreform wurde letztlich trotz breiter Kritik wie geplant umgesetzt, hatte jedoch eine weitere Verschärfung der

Katja Wezel

Jedes Jahr versammeln sich am 9. Mai, hier im Jahre 2016, Tausende Angehörige der russischsprachigen Bevölkerung Lettlands am sowjetischen Kriegsdenkmal, um Blumen niederzulegen und der Veteranen des Zweiten Weltkriegs zu gedenken. Die Teilnehmer an den Feierlichkeiten erinnern sich an den 9. Mai als den »Tag der Befreiung vom Faschismus«, während für die lettische Mehrheitsbevölkerung das Jahr 1945 nicht nur das Ende der NS-Besatzung, sondern den Beginn einer erneuten Besatzung durch die Rote Armee symbolisiert. Seit 2011 ist es in Russland üblich, die Fotos gefallener Verwandten an solchen Denkmalen aufzustellen – eine Praxis, die auch in Riga Nachahmung findet.

interethnischen Spannungen zur Folge. Im Herbst 2017 kam es in Lettland erneut zu massiven Protesten, als im Parlament die Ausweitung des Unterrichts in lettischer Sprache in Minderheitenschulen über die 60/40-Formel hinaus diskutiert wurde. In Litauen war bereits 2011 eine vergleichbare Reform zur Ausweitung des Unterrichts in der Titularsprache auf Widerstand gestoßen, der sich 2015 in landesweiten Protesten niederschlug. Hier wurden die Proteste mehrheitlich von polnischen Schülern, Eltern und Lehrern getragen.

Die Stellung der russischen Minderheit in der Gesellschaft

Sozialwissenschaftliche Studien zum Verhältnis der Mehrheits- und Minderheitsbevölkerungen in den baltischen Staaten weisen seit Jahren auf das Problem von Parallelgesellschaften hin. Diese sind zum Teil auf die parallelen Schulstrukturen zurückzuführen, spiegeln sich aber darüber hinaus besonders im Medienverhalten wider. Angehörige der russischsprachigen Bevölkerung schauen bevorzugt russischsprachige Fernsehprogramme, meist direkt aus Russland. Dadurch können russische Staatssender die politische Wahrnehmung beeinflussen. Das russische Staatsfernsehen unterhält sogar einen »Baltischen Kanal«, der neben Programmen des Ersten Russischen Kanals auch spezifische, auf die regionalen Bedürfnisse der Menschen im Baltikum zugeschnittene Sendungen zeigt. Zwar bieten auch die drei baltischen Staatssender neben Programmen in estnischer, lettischer und litauischer Sprache Nachrichtensendungen in russischer Sprache an. Doch die aus Russland stammenden Angebote erfreuen sich weit größerer Beliebtheit und prägen so nicht nur die mediale Kultur, sondern auch die politische Haltung der russischsprachigen Bevölkerungen in den baltischen Staaten. Dies führt dazu, dass die Gesellschaften dort oft nach wie vor entlang der Sprachgrenzen gespalten sind. Zu den Unterschieden in der Erstsprache gesellen sich abweichende Auffassungen in geopolitischen, historischen, sozialen und teilweise auch wirtschaftlichen Fragen. Dies bedeutet aber nicht, dass die Mehrheit der russischsprachigen Bevölkerung einen Anschluss an Russland nach dem Modell der Krim befürworten würde. Trotz aller Mentalitätsunterschiede und politischen Meinungsverschiedenheiten sieht die Mehrheit der russischsprachigen Bevölkerung des Baltikums ihre Heimat und Zukunft in Estland, Lettland und Litauen – oder in einem anderen Staat der Europäischen Union. Hier besteht ein entscheidender Unterschied zur Situation in der östlichen Ukraine oder der Krim.

Katja Wezel

Der Umgang mit dem Holocaust in Litauen nach 1945

Was den litauischen Juden während der deutschen Besatzung angetan worden war, war nach 1945 immer auch Gegenstand politischer Erwägungen. Zu unterscheiden sind drei Epochen und Räume der Erinnerung: die Sowjetrepublik, die Exilgemeinde (vor allem in Nordamerika) und die demokratische Republik seit 1991.

Ein schillerndes und teilweise widersprüchliches Bild zeigte sich in der Sowjetperiode. Nach einem anfänglichen Gedenken an die Verbrechen, symbolisiert durch ein jüdisches Museum in Vilnius und eine Gedenkstelle in Paneriai, sowie ersten Aktivitäten zum Sammeln von Dokumenten und Quellen zum Holocaust änderte sich die Ausrichtung ab 1952. Die Schließung des jüdischen Museums ging einher mit einer Politik, welche die jüdischen Opfer unter der häufig in sowjetischen Publikationen verwendeten Chiffre der »friedfertigen Bevölkerung der Sowjetunion« subsumierte, sprich: man suchte das eigentliche Motiv der Ermordung der Juden zu verschleiern. Obwohl ein besonderer Akzent auf kommunistische Opfer gelegt wurde, erschienen in den 1960er und 1970er Jahren dann aber auch Publikationen, in denen der Leser unschwer erkennen konnte, dass vor allem Juden in Litauen ermordet worden waren. In Paneriai wurde in den 1980er Jahren eine Gedenktafel aufgestellt, deren Inschrift lautet: »Hier, im Wald von Paneriai, haben die Hitler-Okkupanten und ihre Helfershelfer vom Juli 1941 bis Juli 1944 100 000 Menschen umgebracht, darunter 70 000 Juden – Männer, Frauen und Kinder.«

Im Exil ging es in den ersten Jahrzehnten nach 1945 vor allem um die litauische Beteiligung am Holocaust, die mehr oder weniger in Abrede gestellt wurde. In den 1970er und 1980er Jahren wandelte sich das Bild: Eine jüngere Generation setzte sich weit kritischer mit den Vorfällen von 1941 auseinander. Tomas Venclova, einer der bekanntesten heutigen litauischen Schriftsteller und seit 1977 im Exil, fand beeindruckende Worte: »Wir müssen zugleich für alle Zeit verstehen, dass die Vernichtung der Juden unsere eigene Vernichtung, die Erniedrigung der Juden unsere eigene Erniedrigung ist, und dass die Zerstörung der jüdischen Kultur ein Angriff auf uns selbst ist.«

Ab Mitte der 1990er Jahre begannen vor allem junge litauische Historiker die Ereignisse von 1941 bis 1944 zu erforschen. Im Rahmen des EU- und NATO-Beitritts wurde in Litauen ebenso wie in den anderen baltischen Staaten eine Internationale Kommission zur Erforschung der nationalsozialistischen und sowjetischen Verbrechen gegründet, die sich vor allem der litauischen Beteiligung am Holocaust annahm (www.komisija.lt). Von Anfang an legte die Kommission großen Wert auf politisch-öffentliche Bildung und Information. Seit mehr als 15 Jahren werden litauische Lehrer in die israelische Holoaustgedenkstätte Yad Vashem zu Schulungen delegiert, und litauische Schulklassen spüren der jüdischen Geschichte ihres Ortes nach. Im wissenschaftlichen Bereich sorgte die Kommission für die Publikation von Forschungsergebnissen, die einen umfangreichen Dokumententeil aufweisen. In Planung ist eine populärwissenschaftliche Gesamtdarstellung des Holocaust in Litauen.

So bleibt festzuhalten, dass der Holocaust im heutigen Litauen schon lange kein Tabuthema mehr ist, auch wenn er nicht die Bedeutung im öffentlichen Dialog besitzt wie in Deutschland. *jt*

picture alliance/Bernd von Jutrczenka/dpa

Bundespräsident Frank-Walter Steinmeier besucht mit der Vorsitzenden der jüdischen Gemeinde Litauens, Faina Kukliansky (rechts neben Steinmeier)), am 25. August 2017 die Holocaust-Gedenkstätte Paneriai in der Nähe von Vilnius.

picture alliance/Kay Nietfeld/dpa

Die Osterweiterung der NATO ist eine der bedeutendsten politischen Veränderungen in Europa seit 1990. Die baltischen Staaten versprechen sich davon einen erheblichen Sicherheitsgewinn gegenüber dem zunehmend als bedrohlich empfundenen Nachbarn Russland. Das Bild zeigt im Vordergrund einen deutschen Soldaten am 7. Februar 2017 in Rukla (Litauen) zusammen mit Soldaten des multinationalen Gefechtsverbandes beim Empfang für Bundesverteidigungsministerin Ursula von der Leyen (CDU) durch die Präsidentin von Litauen, Dalia Grybauskaitė.

Die NATO-Erweiterung und die baltischen Staaten

Internationale Organisationen neigen dazu, ihre Mitgliedschaft zu vergrößern. Dieser Prozess – bekannt als Erweiterung – ist für die NATO von grundlegender Bedeutung. Artikel 10 des Nordatlantikvertrags, des Gründungsdokuments der NATO von 1949, legt fest, dass »jeder [...] europäische Staat« als Mitglied berücksichtigt werden kann. Diese Verpflichtung wurde erst vor Kurzem beim NATO-Gipfeltreffen 2016 in Warschau bekräftigt. Im Kommuniqué des Gipfels wurde festgehalten, dass »die NATO allen europäischen Demokratien offensteht, die die Werte [der] Allianz teilen« und die »zur Sicherheit des Nordatlantikraumes beitragen können«.

Die Erweiterung – ein Überblick

Im Jahr ihrer Gründung umfasste die NATO zwölf Nationen. In den darauffolgenden Jahren setzten die geopolitischen Fakten des Kalten Krieges einer möglichen Erweiterung Grenzen. Griechenland und die Türkei wurden 1952 in die NATO aufgenommen, die Bundesrepublik Deutschland 1955. Die Zahl der Mitglieder blieb dann bis zum Beitritt Spaniens 1982 unverändert. Die deutsche Wiedervereinigung 1990 band die ehemalige Deutsche Demokratische Republik in die Allianz ein, was aber ein Sonderfall war. Mit dem Ende des Kalten Krieges erfand sich die NATO neu. Sie betonte die Partnerschaft mit ihren früheren Gegnern in Osteuropa und der ehemaligen Sowjetunion. Es vergingen aber etliche Jahre, bevor die Offenheit der NATO für ehemalige kommunistische Länder zur Aufnahme neuer Mitglieder führte. In den 1990er Jahren hatte die NATO andere Prioritäten: Stabilität und Sicherheit auf dem Balkan (daher die Interventionen in Bosnien-Herzegowina und im Kosovo) und ein tragbares Arbeitsverhältnis mit Russland herzustellen (NATO-Russland-Grundakte von 1997) sowie die eigenen Befehlsstrukturen zu reformieren. Die Nachfrage nach weiteren Beitritten ließ jedoch nicht nach. Die Tschechische Republik, Ungarn und Polen traten der NATO 1999 offiziell bei. Im Jahr 2004 nahm die NATO weitere sieben Staaten auf: Bulgarien, Estland, Lettland, Litauen, Rumänien, die Slowakei und Slowenien. Albanien und Kroatien folgten 2009. Im Juni 2017 wurde dann Montenegro das 29. Mitglied der NATO.

Nachdem sich die Anzahl der Nationen seit den 1990er Jahren fast verdoppelt hat, wird sich die Mitgliedsstruktur der NATO zumindest in naher Zukunft nicht mehr ändern. Auf dem NATO-Gipfeltreffen 2008 in Bukarest wurden Georgien und die Ukraine als zukünftige NATO-Staaten ausgewählt, aber die Mehrheit der derzeitigen NATO-Mitglieder, darunter die USA und Deutschland, stehen einer Aufnahme dieser beiden Staaten skeptisch gegenüber. Dies geht darauf zurück, dass sie Ziel russischer Destabilisierungsaktionen waren bzw. sind, siehe etwas den russisch-georgischen Krieg 2008 und die Annexion der Krim 2014. Unterdessen wird auf dem Balkan die Aufnahme Mazedoniens von Griechenland abgelehnt, Bosnien-Herzegowina stagniert seit Jahren in verschiedenen NATO-Partnerschaftsprojekten, und Serbien scheint der politische Wille zur Orientierung in Richtung der Allianz zu fehlen.

Weitere mögliche Kandidaten befinden sich eher in Europas Norden. Finnland und Schweden haben ausgefeilte Partnerschaftsvereinbarungen mit der NATO und würden die für eine Mitgliedschaft erforderlichen militärischen und politischen Voraussetzungen mühelos erfüllen. In beiden Ländern hat sich auch die öffentliche Meinung als Reaktion auf Russlands militärische Aufrüstung in der Arktis und in den baltischen Regionen auf die Möglichkeit einer Mitgliedschaft zubewegt. Aber zurzeit bleiben beide außerhalb der NATO. Die Regierungen beider Länder werden eine Mitgliedschaft wahrscheinlich erst nach den geplanten Wahlen im Jahr 2018 (in Schweden) und 2019 (in Finnland) erwägen.

Der Beitritt der baltischen Staaten zur NATO

Insgesamt betrachtet ist die NATO-Erweiterung ein wichtiger Faktor in der jüngsten Geschichte Europas. Gemeinsam mit der EU hat die NATO durch die Einbeziehung des östlichen Teils des Kontinents die internationalen Beziehungen Europas um-

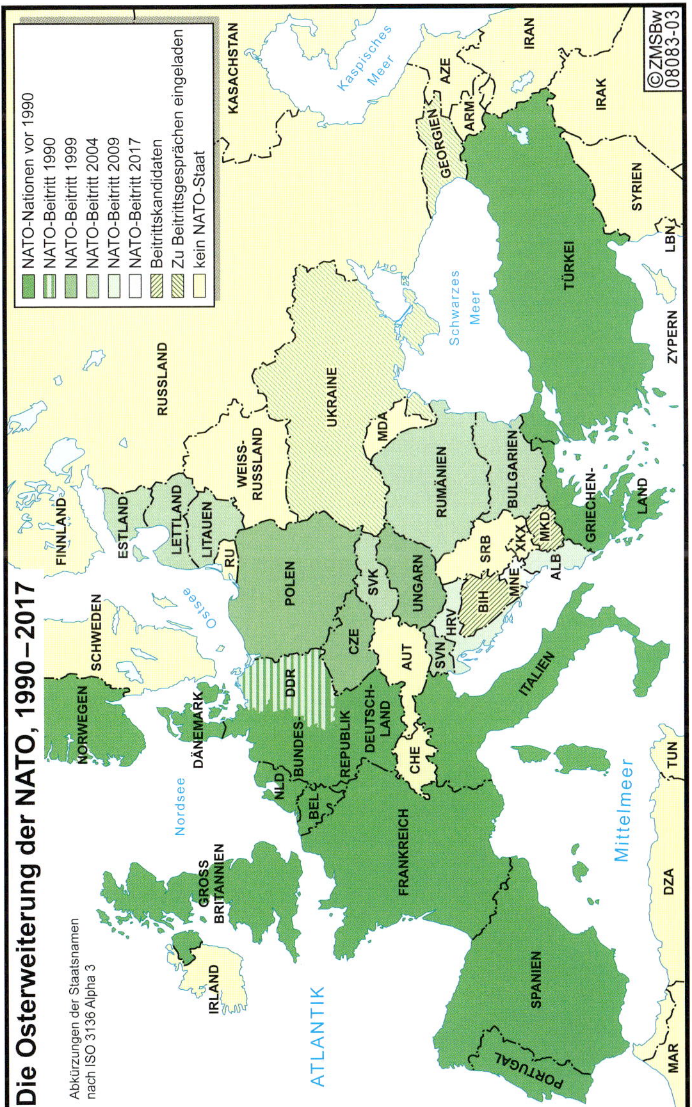
Die Osterweiterung der NATO, 1990–2017
Abkürzungen der Staatsnamen
nach ISO 3136 Alpha 3
NATO-Nationen vor 1990
NATO-Beitritt 1990
NATO-Beitritt 1999
NATO-Beitritt 2004
NATO-Beitritt 2009
NATO-Beitritt 2017
Beitrittskandidaten
Zu Beitrittsgesprächen eingeladen
kein NATO-Staat
ATLANTIK
Nordsee
Ostsee
Mittelmeer
Schwarzes Meer
Kaspisches Meer
IRLAND
GROSS BRITANNIEN
NORWEGEN
SCHWEDEN
FINNLAND
DÄNEMARK
ESTLAND
LETTLAND
LITAUEN
RU
RUSSLAND
WEISS-RUSSLAND
UKRAINE
MDA
POLEN
DDR
BUNDES-REPUBLIK DEUTSCH-LAND
NLD
BEL
FRANKREICH
CHE
AUT
CZE
SVK
UNGARN
SVN
HRV
BIH
SRB
MNE
XKX
MKD
ALB
RUMÄNIEN
BULGARIEN
GRIECHEN-LAND
ITALIEN
SPANIEN
PORTUGAL
TÜRKEI
GEORGIEN
ARM
AZE
KASACHSTAN
IRAN
IRAK
SYRIEN
LBN
ZYPERN
TUN
DZA
MAR
©ZMSBw
08083-03

gestaltet. Bezeichnenderweise waren alle neuen Partner der Allianz einst kommunistische Staaten und in einigen Fällen auch Mitgliedsstaaten des Warschauer Paktes. Die geopolitische Reise der Erweiterung ist insbesondere im Fall der baltischen Staaten Estland, Lettland und Litauen von Bedeutung, da diese einst Teil der Sowjetunion waren. Nachdem diese Staaten 1991 ihre Unabhängigkeit wiedererlangt hatten, waren sie immer noch stark in die sowjetischen Militärstrukturen eingebunden. Die folgenden Verhandlungen über den Abzug sowjetischer und dann russischer Truppen, Stützpunkte und Ausrüstung vom baltischen Staatsgebiet erstreckten sich noch über drei Jahre. Erst nach dem vollständigen Abzug setzten die Balten die nötigen Prozesse für einen NATO-Beitritt in Gang. Ironischerweise verfügten sie dabei über einen speziellen Vorteil. Infolge der sowjetischen Besatzung mussten sie ihre eigenen Streitkräfte neu aufstellen. Das bot Estland, Lettland und Litauen die Gelegenheit, ihr Militär auf Operationen und Standards der NATO zuzuschneiden. Die drei traten 1994 dem NATO-Programm »Partnerschaft für den Frieden« (Partnership for Peace, PfP) bei und reichten im selben Jahr jeweils ihren offiziellen Antrag auf Vollmitgliedschaft ein. Um ihre militärische Bereitschaft zu demonstrieren, nahmen Truppen aus den baltischen Staaten in den 1990er Jahren an den NATO-Einsätzen in Bosnien-Herzegowina und im Kosovo teil. Das Baltic Defence College wurde im Jahr 1999 in der estnischen Stadt Tartu aufgestellt. Dänisches, deutsches sowie amerikanisches Personal unterstützt dessen Betrieb.

In Estland, Lettland und Litauen bestand starker innenpolitischer Konsens zugunsten des Beitritts. Auch in Bezug auf die Strategie war der Fall klar und eigentlich zwingend. Die Geschichte der belasteten Beziehungen zum großen östlichen Nachbarn ließ es als geraten erscheinen, der NATO als notwendigem Garanten langfristiger Sicherheit zuzustreben. Der Beitritt zur NATO (mit dem gleichzeitigen Ziel eines Beitritts zur EU) wurde als Beginn der »Rückkehr« der baltischen Staaten »nach Europa« gesehen und bekräftigte damit die entscheidende historische Wahl zugunsten eines liberalen, demokratischen Europas und der transatlantischen Partnerschaft mit den USA und mit Kanada.

Innerhalb der NATO gab es jedoch kein großes Entgegenkommen. Als die Erweiterungsdiskussion Mitte der 1990er Jahre

picture alliance

Auf dem Paradeplatz des Supreme Headquarters Allied Powers Europe (SHAPE) in Casteau (Mons), Belgien, wird die lettische Fahne gehisst, 15. April 2004. Anlass ist der Anfang April erfolgte Beitritt weiterer sieben Länder zur NATO: Bulgarien, Estland, Lettland, Litauen, Rumänien, Slowakei und Slowenien.

Fahrt aufnahm, begrüßten die USA die Mitgliedschaft der baltischen Staaten im Grundsatz, waren aber nicht bereit, irgendeine Art von Zeitplan anzubieten. Dänemark war entgegenkommender, aber Deutschland und Großbritannien scheuten bindende Verpflichtungen zur Verteidigung des Baltikums. Diese Skepsis wurde durch pessimistisches Denken hinsichtlich russischer Absichten gestärkt, da Moskau der Erweiterung feindlich gegenüberstand. Estland, Lettland und Litauen besaßen kleine, unterentwickelte Streitkräfte, die es nicht mit den weit überlegenen Fähigkeiten Russlands aufnehmen konnten. Geografische Gegebenheiten stellten ebenfalls einen beträchtlichen Nachteil dar. Die drei baltischen Staaten hatten gemeinsame Landgrenzen mit Russland, und bis zum polnischen Beitritt 1999 fehlte ihnen die Nähe zu einem anderen NATO-Verbündeten. Die NATO hatte auch keine Strategie zur ihrer Verteidigung.

Dass es den baltischen Staaten dann 2004 doch gelang, die Mitgliedschaft zu erwerben, lässt sich durch eine veränderte Haltung der USA nach dem 11. September 2001 erklären. Mit dem von der Bush-Regierung initiierten »Krieg gegen den Terrorismus« zeigten sich die Vereinigten Staaten für den Ausbau ihrer militärischen Beziehungen durch Allianzen deutlich zugänglicher und aus demselben Grund weitaus weniger tolerant gegenüber russischen Bedenken gegen politische Maßnahmen der USA, einschließlich der NATO-Erweiterung. In dieser Hinsicht hatte sich die russische Haltung in der Tat gemäßigt. Wladimir Putin (der Boris Jelzin als russischer Präsident im Mai 2000 nachfolgte) äußerte im Juni 2002, dass die Mitgliedschaft Estlands in der NATO »keine Tragödie« für Russland sei. Anhaltende Bemühungen seitens der baltischen Staaten, Interoperabilität mit den amerikanischen und NATO-Streitkräften herzustellen und Unterstützungseinrichtungen im Rahmen des Host Nation Support zu entwickeln, machten sie außerdem attraktiv für die Allianz. In den frühen 2000er Jahren erhöhten die drei Staaten ihren Verteidigungshaushalt mit dem Ziel, professionelle, verlegefähige Streitkräfte aufzubauen. Nischenfähigkeiten (Spezialkräfte, Sanitätskräfte, Kampfmittel- und Minenräumeinheiten) wurden ebenfalls entwickelt. Anteile dieser Kräfte wurden zur Unterstützung amerikanischer und alliierter Anstrengungen zur Bekämpfung der Taliban nach Afghanistan entsandt. Auch die territoriale Verteidigung wurde nicht vernachlässigt. Wehrpflicht- und Reserveverbände wurden beibehalten, und alle drei Staaten investierten jeweils in eine kleine Marine und Luftstreitkraft. Diese wiederum waren Gegenstand einer regionalen Zusammenarbeit auf dem Verteidigungssektor, die nach wie vor besteht: in einem Baltic Naval Squadron (BALTRON) mit Stützpunkt in Estland und in einem Baltic Air Surveillance Network (BALTNET), das von Litauen aus operiert.

Ein Bericht des US-Kongresses von 2003 stellte fest, dass von allen Bewerberländern die baltischen Staaten die größten Fortschritte bei der Umsetzung der Anforderungen im Rahmen des NATO Membership Action Plan gemacht hatten. Der offizielle Beitritt zur NATO im Jahr 2004 brachte auch kontinuierliche Verpflichtungen mit sich. Das estnische Sicherheitskonzept von 2004 stellte fest, dass das Land mit dem Beitritt aufgerufen sei, »sich vollständig an die [...] Verteidigungsplanung und die Verpflichtungen der NATO anzupassen«, um an NATO-Operationen teilnehmen zu können und seine »militärischen Fähigkeiten mit dem Ziel zu verbessern, moderne, verlegefähige, mobile und durchhaltefähige schnelle Eingreifverbände zu entwickeln,

NATO-Generalsekretär General Anders Fogh Rasmussen (Mitte), der lettische Staatspräsident Andris Berzins (2. v.l.), der estnische Staatspräsident Toomas Hendrik Ilves (2. v.r.) und die litauische Staatspräsidentin Dalia Grybauskaitė (l.) statten der NATO Response Force und den Streitkräften der baltischen Staaten während einer gemeinsamen Übung (»Steadfast Jazz 2013«/»Baltic Host 2013«) in Adazi, Lettland, einen Besuch ab, 6. Novermber 2013.

die für mehrere Zwecke eingesetzt werden können«. Lettlands Verteidigungskonzept von 2003 enthielt ähnliche Aussagen: »Lettlands Mitgliedschaft in der NATO würde eine größere Verantwortung für die Stärkung der gemeinsamen internationalen Sicherheit sowie die Abwendung und Bewältigung asymmetrischer Bedrohungen mit sich bringen«.

Die baltischen Staaten in der NATO

Wie gut haben die baltischen Staaten hinsichtlich ihres Beitritts zur NATO abgeschnitten? Ein wichtiger Maßstab sind die Verteidigungsausgaben. In den 1990er Jahren erfuhren die Verteidigungsausgaben eine deutliche Steigerung, da die drei Länder ihre im Entstehen begriffenen Streitkräfte zu entwickeln begannen. Die Aussicht auf die NATO-Mitgliedschaft verlieh zusätzlichen Antrieb. Laut Angaben des Stockholmer Internationalen Friedensforschungsinstituts (SIPRI) sind die Ausgaben zwischen 1996 und 2004 wie folgt beständig gestiegen (Angaben in Millionen US-Dollar): in Estland von 91,6 auf 323, in Lettland von 85,8 auf 372 und in Litauen von 110 auf 415. Obgleich diese Beträge in absoluten Zahlen niedriger sind als die anderer NATO-Beitrittskandidaten, lag nur Bulgarien gleichauf mit den baltischen Staaten hinsichtlich der Steigerungsrate bei den Verteidigungshaushalten. In den zehn Jahren nach 2004 dagegen sank der Prozentsatz des Bruttoinlandsprodukts (BIP), der für Verteidigungsausgaben in Lettland und Litauen aufgewandt wurde. Die BIP-Zahl ist politisch gesehen ein wichtiger Indikator. Im Jahr 2006 führte die NATO für alle Mitglieder der Allianz den Richtwert von zwei Prozent ein. Dieser wurde auf dem NATO-Gipfeltreffen im September 2014 in Wales nochmals bestätigt; ferner wurde den NATO-Nationen geraten anzustreben, jeweils mindestens 20 Prozent ihres Verteidigungshaushalts für Ausrüstung, Forschung und Entwicklung auszugeben. 2014 war Estland einer von nur vier NATO-Staaten, die das Ziel von zwei Prozent erreichten (Griechenland, Großbritannien und die USA waren die anderen). Lettland und Litauen lagen weit darunter und gaben jeweils nur 1,0 bzw. 1,1 Prozent ihres BIP für die Verteidigung aus. Die geringeren Verteidigungsausgaben waren größtenteils eine Folge der nach der weltweiten Finanzkrise von 2008 auferlegten Sparmaßnahmen. In diesem Zusammenhang standen die baltischen Staaten bei der schwierigen Entscheidung über die öffentlichen Ausgaben nicht allein da, zumal fast in allen NATO-Staaten Einsparungen vorgenommen wurden (Litauens Nachbar Polen war eine Ausnahme). Gleichwohl waren die Einsparungen in Lettland und Litauen dramatisch. Laut dem Internationalen Institut für Strategische Studien (IISS) sanken die lettischen Verteidigungsausgaben von 2008 bis 2010 um rund 48 Prozent. Der entsprechende Wert für Litauen lag knapp unter 30 Prozent. Beide Zahlen standen für die tiefsten Einschnitte in der gesamten NATO.

Russlands Annexion der Krim 2014 führte dann zu einem grundlegenden Wandel. Im Jahr 2015 erhöhte Lettland NATO-Angaben zufolge seinen Verteidigungshaushalt effektiv um 14,3 Prozent. Er stieg in der Folge um bemerkenswerte 42,1 Prozent im Jahr 2016. Die Zahlen für Litauen waren mit 31,7 und 33,5 gleichermaßen beeindruckend. Beide Zahlen standen für die höchsten prozentualen Steigerungen in der gesamten NATO. Bis 2016 gaben Lettland und Litauen 1,46 bzw. 1,49 Prozent ihres Bruttoinlandsprodukts (BIP) für Verteidigung aus; diese Einstellung entsprach dem Durchschnitt der europäischen NATO-Partner (Estland dagegen gab zu diesem Zeitpunkt 2,18 Prozent seines BIP für Verteidigungszwecke aus). Die Erhöhungen glichen die früheren Einschnitte aus. Bis 2016 hatte der lettische Verteidigungshaushalt das Niveau von 2008 wieder erreicht. In Estland und Litauen waren die Zahlen deutlich höher.

Die höheren Verteidigungsausgaben ermöglichten den Erwerb von Ausrüstung und Gerät (zum Beispiel den Kauf polnischer tragbarer Flugabwehrraketensysteme des Typs GROM durch Litauen und von drei Mehrzweckradarsystemen des Typs TPS-77 von Lockheed-Martin durch Lettland). Estland, Lettland und Litauen haben, um NATO-Truppen beherbergen zu können, ebenfalls erhebliche Investitionen in die heimische Infrastruktur und Logistik getätigt (Luftwaffenstützpunkte, Kasernen, Ausbildungsstandorte). Jedes der drei Länder beherbergt ein NATO-Kompetenzzentrum – für Cyberverteidigung (Estland), strategische Kommunikation (Lettland) und Energiesicherheit (Litauen).

Diese Trends zeigen, wie Russlands Destabilisierung der Ukraine die drei baltischen Staaten dazu veranlasst hat, den Schwerpunkt auf die territoriale Verteidigung zu verlagern. Als Konsequenz daraus haben sie sich von den Expeditionsoperationen zurückgezogen. Seit Februar 2017 unterstützt nur noch Estland die Kosovo Force (KFOR, mit lediglich zwei Soldaten), und die gesamte baltische Präsenz im Rahmen des NATO-Einsatzes in Afghanistan betrug nur 47 Militärangehörige.

Der NATO-Beitrag zur baltischen Sicherheit

Mit dem Beitritt zur NATO wurden die baltischen Staaten Nutznießer einer NATO Air Policing Mission. Diese wird vom NATO Combined Air Operations Centre (CAOC) in Uedem, Deutschland, geführt und gesteuert, während die Luftfahrzeuge in Šiauliai, Litauen, stationiert sind. Seit Mitte 2015 befindet sich der Stützpunkt der Luftfahrzeuge in Ämari, Estland. Das 45. Einsatzkontingent nahm im August 2017 den Dienst auf, als die USA die Führung von der polnischen Luftwaffe übernahmen.

Die Mission »Air Policing Baltikum« ist Teil der gemeinsamen Verteidigungsverpflichtung der NATO gegenüber den baltischen Staaten. Bis 2014 war es ein unauffälliger Einsatz. Nach der Erweiterung im Jahr 2004 war die NATO nicht geneigt, praktische Maßnahmen zur Verteidigung ihrer neuen östlichen Allianzpartner durchzuführen. Das Vereinigte Königreich und die USA waren mit ihren Einsatzverpflichtungen im Irak und in Afghanistan beschäftigt, während Deutschland und Frankreich Maßnahmen ablehnten, die Russland hätten provozieren können. Dennoch begann die NATO Ende 2009 als Reaktion auf den russisch-georgischen Krieg mit der Eventualplanung für die Verteidigung des Baltikums. Die Dinge änderten sich noch mehr ab dem Jahr 2014, als die NATO ihren Aktionsplan zur Steigerung der Reaktionsfähigkeit (Readiness Action Plan, RAP) im Anschluss an die Annexion der Krim durch Russland aufstellte. In der Folge erweiterte die Allianz das Air Policing im Baltikum und erhöhte Anzahl und Umfang der militärischen Übungen, wie z.B. BALTOPS 2015. Es handelte sich dabei um die größte Übung, die die NATO je in der Ostsee durchgeführt hat, wogegen »Operation Anakonda«, eine im Juni 2016 veranstaltete nationale Übung unter polnischer Führung, die größte Übung im Feld war, die NATO-Allianzpartner seit Ende des Kalten Krieges in Osteuropa durchgeführt haben. Ferner wurde die Very High Readiness Joint Task Force mit schnellen Eingreifkräften aufgestellt, und das Hauptquartier des Multinationalen Korps Nordost (in Szczecin, Polen) wurde personell verstärkt. Im September 2015 wurden sechs neue multinationale Stäbe (sogenannte Force Integration Units) aufgestellt, die die Verlegung von NATO-Kräften erleichtern sollten (in jedem der drei baltischen Länder wurde einer der neuen Stäbe eingerichtet). Die NATO-Verteidigungsminister stimmten im Februar 2016 ebenfalls einer »verstärkten Vornepräsenz im östlichen Teil [...] der Allianz« zu. Anschließend wurden im ersten Halbjahr 2017 vier multinationale Gefechtsverbände (Battlegroups) verlegt: nach Litauen (unter deutscher Führung), Polen (unter Führung der USA), Lettland (mit Kanada als Führungsnation) und Estland (britische Führung). Diese Verbände ergänzen das im Januar 2017 nach Polen verlegte US Armored Brigade Combat Team. Die USA etablierten seit 2014 ein European Activity Set, das im Vorfeld in den baltischen Staaten sowie in Polen, Bulgarien und Rumänien eingelagertes militärisches Gerät (einschließlich Kampfpanzer und Haubitzen) umfasst.

Inwieweit diese Kräfte in einem Gefecht angemessen sind, bleibt eine offene Frage. Die Kräfte sind dünn über einen großen Raum verteilt, und ihre baltischen Gastnationen (Host Nations) verfügen immer noch nicht über die einheimische Infrastruktur, die für eine schnelle Verstärkung notwendig ist. Russlands militärische Einrichtungen in der Exklave Kaliningrad zwischen Litauen und Polen bieten hier mittlerweile die Fähigkeiten, den Zugang bzw. die Nutzung strategisch wichtiger Gebiete bzw. Räume zu verwehren (Anti Access/Area Denial, A2/AD). Diese stellen eine große Bedrohung für die NATO dar. Darüber hinaus sind die in der Nähe dislozierten russischen Land-, See- und Luftstreitkräfte denen der baltischen Staaten zahlenmäßig haushoch überlegen – dies sogar dann, wenn letztere mit Kräften der NATO-Alliierten und Partner im Süden (Polen), Westen (Dänemark, Schweden und Norwegen) und Norden (Finnland) zusammengeführt werden. Es besteht weitgehend Einheit darüber, dass die NATO auf der konventionellen Ebene einen russischen Großangriff nicht zurückschlagen könnte (so unwahrscheinlich dieser auch sein möge). Vielmehr agieren die NATO-Kräfte als militärischer »Stolperdraht«, der eine Verpflichtung für die Sicherheit des Baltikums signalisiert und Russland gleichzeitig aufzeigt, dass Estland, Lettland und Litauen (anders als Georgien und die Ukraine) Teil des Verantwortungsbereichs der NATO sind.

Vor allem im wirtschaftlichen Bereich, beispielsweise bei der Lieferung von Erdgas, sind Estland, Lettland und Litauen weiterhin von Russland abgängig, wogegen die Allianz nur wenig tun kann. Entscheidend ist aber, dass die Mitgliedschaft in der NATO allen dreien einen erheblichen Sicherheitsgewinn bietet. Für die baltischen Staaten sind die NATO-Erweiterung und die daraus folgenden Unterstützungsmaßnahmen daher von entscheidender Bedeutung.

Mark Webber

picture alliance/ZUMA Press

Das Verhältnis zwischen Russland und der NATO ist gespannt. Aus Sicht Moskaus bedroht die Expansion der NATO nicht nur den eigenen Handlungsspielraum, sondern die grundsätzliche politisch-strategische Position Russlands. Gleichzeitig wird das westliche Wertesystem als manipulatives Instrument zur Machtausdehnung interpretiert. Die Regierung unter Wladimir Putin hat hat als Reaktion darauf in den letzten Jahren eine ganze Palette an Maßnahmen entwickelt. Oben abgebildet ist ein Soldat mit Ausrüstung und Uniform, wie sie russische Sondereinsatzkommandos tragen. Er hält Wache vor einem Gebäude der ukrainischen Marinebasis in Perevalne (Krim), 6. März 2014.

Geopolitische Ziele der Russischen Föderation

Nach dem Zusammenbruch der UdSSR vertrat die neugebildete russische Regierung die Auffassung, dass die damalige Sowjetunion unter Staatspräsident Michail Gorbatschow die deutsche Wiedervereinigung bei gleichzeitigem Verbleib des neuen Gesamtstaates in der NATO unter der Bedingung gebilligt hätte, dass die Allianz ihre militärische Präsenz nicht nach Osten ausdehnen würde. Obwohl diese Auffassung nie in einem Vertrag festgeschrieben wurde, glaubte Moskau, dass auf dieser Basis eine neue Sicherheitsarchitektur in einem ungeteilten Europa aufgebaut würde, die die Interessen aller Staaten im euro-atlantischen Raum garantierte.

Die »Flitterwochen« zwischen Russland und dem Westen waren kurz. Moskau begriff, dass die versprochene Umstrukturierung der NATO als eine von vielen Säulen einer neuen, auf politischer Gleichberechtigung vor allem auch Russlands basierenden Ordnung von einer Politik der Erweiterung verdrängt werden sollte. Im Jahre 1994 schuf die NATO das Programm »Partnerschaft für den Frieden« (Partnership for Peace, PfP), das jedoch vom politischen Establishment Russlands nur als Mittel zur Beruhigung angesehen wurde. In der NATO-Studie von 1995 zur Erweiterung der Allianz hieß es in der Tat, dass es keinem Land außerhalb des Bündnisses erlaubt sein sollte, ein Veto gegen eine Ausdehnung einzulegen. Moskau argumentierte, dass diese Erweiterung zwangsläufig ein hohes Potenzial für eine Dominanz über die russische Außenpolitik biete. In der Zwischenzeit stießen die NATO-Luftangriffe in der ehemaligen Republik Jugoslawien zum Schutz der Bevölkerung Bosniens auf die zunehmende Ablehnung Moskaus.

Die NATO-Russland-Grundakte von 1997 versprach Konsultationen und eine Zusammenarbeit in Sicherheitsfragen. Sie wurde von Moskau als verbindliche Vereinbarung gegen eine dauerhafte Stationierung von NATO-Truppen auf dem Gebiet des ehemaligen Warschauer Paktes ausgelegt. Russlands regierende Elite, die den wachsenden Konsens zur Erweiterung mit Misstrauen betrachtete, akzeptierte dies nur bedingt. Das Strategiekonzept der NATO aus dem Jahre 1999, in dem es u.a. hieß, dass das Bündnis Sicherheit, Verteidigung/Abschreckung und Krisenmanagement außerhalb des Bündnisgebietes übernehmen würde, machte deutlich, dass die NATO der wichtigste institutionelle Akteur in der europäischen Sicherheitspolitik geworden war. Inzwischen entwickelte Moskau in den Bereichen Verteidigung und Sicherheit seine eigenen regionalen Integrationsstrukturen in Form der Organisation des Vertrages über kollektive Sicherheit (Collective Security Treaty Organisation, CSTO) und der Shanghaier Organisation für Zusammenarbeit (Shanghai Cooperation Organisation, SCO).

Intervention in Jugoslawien

Die Intervention der NATO in der Bundesrepublik Jugoslawien zum Schutze des Kosovo im März 1999 und die damit verbundenen Luftangriffe (»Operation Allied Force«) – ohne Mandat des Sicherheitsrates der Vereinten Nationen und ohne Einbeziehung Russlands – bildeten ein Schlüsselmoment in den Beziehungen zwischen Russland und dem Westen nach dem Kalten Krieg. Präsident Putin, der neu im Amt war, betonte, dass Militäraktionen der Westmächte unter dem Vorwand einer »humanitären« Intervention letztlich vor allem der Versuch seien, die souveränen Rechte von Staaten zu missachten, und einen Rückfall in Verhaltensmuster des Kalten Krieges darstellten.

Die Intervention verstärkte Russlands zunehmende Ernüchterung über die politische Entwicklung nach dem Umschwung 1990/91. Insbesondere ereiferte man sich über vermeintliche Versuche der USA und der NATO, den Einfluss Russlands zu marginalisieren. Die Bereitschaft des Bündnisses, Einsätze zur Krisenbewältigung außerhalb der direkten Bündnisverteidigung (»Nicht-Artikel-5-Missionen«) durchzuführen, überzeugte Moskau, dass »kooperative Sicherheit« und »humanitäre Intervention« als Vorwand genutzt wurden, um Bündnisinteressen mit Unterstützung der Feuerkraft der Vereinigten Staaten zu verfolgen und einen möglichen Präzedenzfall für eine NATO-Intervention in instabilen Regionen im direkten Einflussbereich Russlands zu schaffen.

Der russische Präsident Boris Jelzin während einer Pressekonferenz am 8. September 1995 in Moskau. Jelzin warnte dabei für den Fall einer Osterweiterung der NATO vor der Gefahr eines Krieges in Europa. »Es ist ein großer politischer Fehler, wenn die NATO erweitert wird«, sagte Jelzin vor der internationalen Presse. »Es wird die Flammen des Krieges in ganz Europa entfachen – bestimmt«.

Dennoch zögerte Moskau, die Partnerschaft nach dem Kalten Krieg aufzugeben. Der Kreml entschied sich für ein pragmatisches Engagement und setzte die konstruktive Zusammenarbeit mit der NATO fort. Moskau spielte eine zentrale Rolle in den Waffenstillstandsverhandlungen in der ehemaligen Republik Jugoslawien und stellte Kräfte für die von der NATO geführte Friedenstruppe für das Kosovo bereit. Der Westen wiederum versuchte Moskau davon abzuhalten, sich zu isolieren; Russland wurde im Mai 1998 als Vollmitglied der G8 aufgenommen. Mit dem Besuch des neuen NATO-Generalsekretärs George Robertson in Moskau im Februar 2000 wurden die Beziehungen erneuert. Sie führten im Mai 2002 zur Gründung des NATO-Russland-Rates (NATO-Russia Council, NRC), eines Gremiums, das Moskau eine wirksamere Stimme bei Beschlüssen zu Fragen von allgemeinem Interesse, einschließlich der Friedenserhaltung, verlieh.

Aus der NATO-Intervention im Kosovo ergaben sich zwei Schlussfolgerungen. Die erste bestand darin, dass Russland die westliche Auslegung der internationalen Normen und Regelungen nicht akzeptieren würde. Der demütigende Ausschluss aus der Beschlussfassung beim NATO-Einsatz im Kosovo zeigte, dass ein starker, unabhängiger Staat nötig war, der in Zeiten wachsender internationaler Instabilität von nationalen Interessen geleitet würde. Als Moskau realisierte, dass – anders als in der entsprechenden Resolution 1244 des UN-Sicherheitsrates vorgesehen – die Souveränität der Bundesrepublik Jugoslawien nicht gewährleistet würde, zog Russland sein Kontingent der Friedenstruppen ab und trat entschieden gegen die Unabhängigkeitserklärung des Kosovo im Februar 2008 auf. Die Kosovo-

picture alliance/newscom

Der NATO-Luftkrieg gegen die Bundesrepublik Jugoslawien unter Slobodan Milošević – im Bild der Start eines Mehrzweckkampfflugzeuges F/A-18C »Hornet« vom Flugzeugträger »USS Theodore Roosevelt« am 12. April 1999 – war zwar ein Erfolg und eine Demonstration der militärischen Stärke, blieb jedoch völkerrechtlich umstritten und bildete einen markanten Aspekt der zunehmend problematischen Beziehungen zwischen Russland und der Allianz.

Episode hatte unmittelbare Auswirkungen auf Russlands militärische Antwort auf die Invasion in Südossetien und kulminierte in der Anerkennung der Unabhängigkeit von Südossetien und Abchasien.

Georgien 2008

Moskau wurde ferner durch die »Rosenrevolution« in Georgien 2003 und die »Orangene Revolution« in der Ukraine 2004 beunruhigt. Beiden Ländern wurde auf dem NATO-Gipfeltreffen im Jahre 2008 eine Aufnahme in die NATO in Aussicht gestellt. Im August 2008 kam es zum offenen Konflikt mit Georgien, der durch die Entscheidung des ehemals westlich orientierten georgischen Präsidenten Micheil Saakaschwili, in Südossetien einzumarschieren, ausgelöst wurde. Damit führte das postsowjetische Russland zum ersten Mal einen Krieg außerhalb seiner Grenzen

– mit einem ernüchternden Ergebnis für den Westen, der nichts tun konnte, um die De-facto-Unabhängigkeit Südossetiens und Abchasiens auf Kosten Georgiens zu verhindern.

Nach dem Konflikt kam es zu einem von US-Präsident Barack Obama inspirierten Neustart (»reset«) der Beziehungen: dem Abkommen zur Reduzierung strategischer Waffen zwischen den USA und Russland, der Wiederaufnahme der vollumfänglichen Beziehungen im NATO-Russland-Rat sowie zu Russlands Unterstützung der von der NATO geführten International Security Assistance Force (ISAF) in Afghanistan.

Die Probleme wuchsen jedoch weiter. NATO-Mitglieder aus dem ehemaligen Warschauer Pakt, darüber verunsichert, inwieweit sich die Vereinigten Staaten in Zukunft in Europa engagieren würden, drängten auf eine Bekräftigung der Garantien gemäß Artikel 5 des Nordatlantikvertrages (besagter Artikel betrifft die Bündnisvereinbarung der NATO) gegen einen Angriff Russlands. Die Entscheidung der NATO, das System zur Abwehr ballistischer Flugkörper (Ballistic Missile Defence, BMD) voranzutreiben, das Moskau bis heute als Bedrohung für seine Sicherheit ansieht, weswegen der Kreml darauf besteht, es mit anderen Rüstungskontrollfragen zu verbinden, gestaltete die Sache noch komplizierter. Moskau seinerseits kam immer mehr zu der Überzeugung, dass Abwehr und Abschreckung die zentralen Aufgaben der NATO blieben. Gleichzeitig sei die Allianz aber auch von dem Wunsch beseelt, Russland einzudämmen und an den Rand zu drängen. Der Graben wurde breiter, was unter anderem dazu führte, dass Moskau seine eigenen regionalen Integrationsbemühungen intensivierte und in seiner unmittelbaren Nachbarschaft eine »Zone privilegierter Interessen« unter Verteilung von Sicherheits- und Wirtschaftsgütern errichtete.

Die Intervention in Libyen und die russische Politik in Syrien

Russland kritisierte die Umsetzung des UN-Mandats für die Intervention der NATO im Bürgerkrieg in Libyen im Jahre 2011 durch die Westmächte. Moskau hatte sich bei der Abstimmung zur Resolution 1973 des Sicherheitsrates der Vereinten Nationen, die zu einer Flugverbotszone und einem Waffenembargo führte, der Stimme enthalten. Der Kreml konstatierte, dass die NATO-Luftschläge über den direkten Schutz von Zivilpersonen hinausgingen und letztlich nur eine ausgeklügelte Tarnung für einen Regimewechsel darstellten.

Die Intervention in Libyen bestimmte dann auch Russlands Vorgehensweise im Syrienkonflikt. Moskau lehnte Forderungen nach Einrichtung einer Flugverbotszone ab und stimmte gegen mehrere Resolutionen des UN-Sicherheitsrates, die das Assad-Regime verurteilten und internationale Einsätze genehmigten. Wohl in umgekehrter Nachahmung des NATO-Einsatzes in Libyen setzte Putin dann seine eigene Luftwaffe in Syrien zum Schutz von Assad ein. Nach der Intervention im Kosovo und den Ereignissen in Libyen und Syrien wurde aus Russlands Perspektive klar, dass die westlichen liberalen Demokratien das UN-zentrierte Völkerrecht missbrauchten, um ihre eigenen Interessen zu verfolgen. Moskau wird weiterhin seinen globalen Einfluss geltend machen, um internationale »humanitäre« Interventionen infrage zu stellen, die nicht vom Sicherheitsrat der Vereinten Nationen sanktioniert sind.

Der Konflikt in der Ukraine

Russlands Annexion der Krim und die Einmischung im Donbass im Jahre 2014 nach dem vorherigen Sturz des Präsidenten der Ukraine, Wiktor Janukowytsch, haben gezeigt, dass Moskau in regionalen Konflikten bereit ist, Militäraktionen zu eskalieren, wenn seine Kerninteressen bedroht sind. Dabei spielen insbesondere Maßnahmen unterhalb der Schwelle der direkten NATO-Bündnisverteidigung gemäß Artikel 5 des Nordatlantikvertrages etwa im Rahmen „hybrider Kriegführung" eine große Rolle (zum Thema »hybride Kriegführung« siehe den Infokasten auf S. XXX).

Moskau behauptet dabei, es sei keine Konfliktpartei, obwohl belegt ist, dass seine Streitkräfte und der militärische Nachrichtendienst im Donbass aktiv sind. Ferner verfolgt man das Ziel, dass die Entflechtung der Konfliktparteien entlang der aktuellen

Frontlinien im Bürgerkrieg erfolgt und damit die gegenwärtige Teilung der Ukraine praktisch zementiert wird. Moskau verweist dabei auf die Bestimmung des Minsk-II-Abkommens, das die Wiederherstellung der Kontrolle Kiews über seine Ostgrenze nach den Kommunalwahlen im Donbass auf der Grundlage einer Verfassungsreform beginnen soll, die eine weitreichende Dezentralisierung beinhaltet. Die Regierung in Kiew widersetzt sich derlei Forderungen trotz des Drucks aus Europa. Sie befürchtet, dass der Donbass damit faktisch Sonderstatus erhält und dessen Behörden – und dadurch indirekt auch Moskau – übermäßigen Einfluss auf die nationale Souveränität ausübt, einschließlich von Schritten hin zu einer europäischen Integration. Die Parallelen zum Vorgehen Russland in Südossetien und Abchasien sind deutlich. Westliche Forderungen, dass Russland sich von der Krim und aus der Ostukraine zurückziehen solle, ehe die Sanktionen der EU aufgehoben und politische Beziehungen wieder vollständig aufgenommen werden können, finden kein Gehör. Es gibt zwar bilaterale Abkommen zum Störfallmanagement zwischen NATO-Staaten und Russland, indes liegt die Initiative zur kooperativen Nutzung des Luftraumes (Cooperative Airspace Initiative) auf Eis. Diese muss reaktiviert und angepasst werden. Ferner muss das Wiener Dokument der Organisation für Sicherheit und Zusammenarbeit in Europa (OSZE) aktualisiert und das Abkommen zwischen der NATO und Russland über den Umgang mit gefährlichen Zwischenfällen mit Leben gefüllt werden.

Da Ungewissheit über die Absichten Moskaus herrscht, zögert der Westen, die Lage zu verschärfen oder gar die direkte Konfrontation zu suchen. Die USA haben zwar zusätzliche Kräfte nach Europa verlegt, jedoch keine große Änderung ihrer globalstrategischen Ausrichtung veranlasst. Die NATO-Partner stationieren rotierende Kampfverbände etwa im Baltikum, halten sich jedoch mit allzu offensiven Äußerungen zurück. Die schnelle Eingreiftruppe der NATO, die Very High Readiness Joint Task Force, ist ein Verband mit relativ bescheidenem Umfang. Die Aufstockung der Verteidigungshaushalte bleibt trotz der dringenden Appelle der US-Regierung unter Donald Trump begrenzt. Der von innenpolitischen Schwierigkeiten geplagten Ukraine werden nur »strategische Verhandlungen« außerhalb der Bestimmungen von Artikel 5 sowie in den Bereichen Zusammenarbeit in der militärischen Ausbildung, Regierungsführung im Sicherheitsbereich, beim Aufbau militärischer Kapazitäten sowie in der Zusammenarbeit bei der Krisenbewältigung angeboten.

Die Betonung kollektiver Verteidigung und Abschreckung durch die NATO berührt nicht das zentrale Problem der institutionellen Verschlechterung des Verhältnisses zwischen NATO und Russland und das Vakuum in der Sicherheitspolitik in der Nachbarschaft. Moskau wirft der NATO vor, sie verhalte sich wie im Kalten Krieg, indem sie Spannungen entlang seiner Nordwestgrenze eskaliert, was eigentlich im direkten Widerspruch zu ihren Verpflichtungen aus der Grundakte stehe. Damit werden, unter Verweis auf das Potenzial der NATO zur Abwehr ballistischer Raketen sowie auf das Angriffspotenzial der USA, umgekehrt eigene Militärübungen legitimiert. Die Allianz wiederum unternimmt trotz gegenteiliger Rhetorik Anstrengungen zum Kapazitätsaufbau – ohne eine näher erkennbare politische Strategie, die Moskau motivieren könnte, einen neuen Dialog zu initiieren. Etliche Beobachter werten das als Einstieg in die Rückkehr zu den Konfrontationen wie in den Zeiten des Kalten Kriegs.

Einschätzungen maßgeblicher russischer Kommentatoren legen nahe, dass es kaum Hinweise auf ein russisches Kräftedispositiv gibt, das für einen großangelegten konventionellen Angriff gegen die NATO im Baltikum angelegt ist. Dennoch stellt Moskaus Zugriff auf bis zu 60 000 gut ausgebildeter und ausgerüsteter Eingreiftruppen für die NATO eine Herausforderung dar, und es ist unwahrscheinlich, dass der Vertrag über Konventionelle Streitkräfte in Europa (KSE) zu neuem Leben erweckt wird. Die Verlegung eines Iskander-M-Flugkörpersystems nach Kaliningrad (dessen Indienststellung Ende 2018 abgeschlossen sein soll) trägt einiges dazu bei, dass Russlands Fähigkeit zur Blockierung des Zugangs zu den baltischen Staaten und weiterer Schlüsselgebiete in der östlichen Ostsee verbessert wird. Außerdem ist nicht klar, ob die Very High Readiness Joint Task Force die geeignete Antwort auf Russlands Taktik der hybriden Kriegführung ist.

Der Umgang mit Russland in der Zukunft

Wie sein Engagement im Syrienkonflikt gezeigt hat, ficht Russland den politischen Führungsanspruch des Westens an und strebt gleichzeitig nach mehr globalem Einfluss. Auf regionaler Ebene fordert es die kollektive Ausgestaltung der europäischen Sicherheitsordnung. Die NATO kann ihrerseits jedoch Russlands Versuche, die Souveränität der Ukraine einzuschränken – einschließlich der Forderung nach offizieller Absage an eine NATO-Mitgliedschaft durch die Regierung in Kiew – nicht akzeptieren, da dies einen Präzedenzfall mit erheblicher Signalwirkung schaffen würde. Russlands fortgesetzte militärische Einmischung im Donbass, die Besetzung der Krim sowie der Einsatz politischer und wirtschaftlicher Druckmittel gegen die Ukraine und andere Staaten im postsowjetischen Raum sind mit einer wertebasierten Ordnung in Europa nicht zu vereinbaren.

Der Ukraine-Konflikt hat das Arrangement zwischen Russland und dem Westen nach Ende des Kalten Krieges de facto beendet. Die Aussichten für eine weitere substanzielle Sicherheitskooperation sind gering. Moskaus Forderung nach strategischer Unabhängigkeit verstärkt tiefgehende Vorbehalte in den Reihen der NATO-Mitgliedsstaaten in Bezug auf seine zukünftigen Absichten.

Die strategische Selbstständigkeit und der Status als globale »Großmacht« sind entscheidende Elemente in Russlands globaler Identität. Sowohl Russland als auch der Westen akzeptieren, dass es keine schnelle Rückkehr zum »Normalbetrieb« geben wird. Moskau ist gegenwärtig nicht bereit, normative Beschränkungen zu akzeptieren sowie seine innenpolitische und wirtschaftliche Ordnung zu reformieren. Es ist indes nicht auszuschließen, dass langfristige Interessen und das Bewusstsein der komplexen Abhängigkeiten und Beschränkungen Russland veranlassen, zum Dialog mit der NATO zurückzukehren und eine Zusammenarbeit im Krisenmanagement sowie eine Neuverhandlung der Kernprinzipien einer gemeinsamen Sicherheitspolitik auf gesamteuropäischer Grundlage anzustreben.

Derek Averre

picture alliance/dpa

Als die Sowjetunion zerfiel und die baltischen Staaten 1991 ihre Unabhängigkeit zurückerlangten, wurde das Kaliningrader Gebiet (russ. Oblast Kaliningrad), Teil des früheren Ostpreußens, eine zwischen Litauen und Polen eingezwängte Exklave. Dem Gebiet kommt heute überragende militärstrategische Bedeutung zu, da es direkt an den Seewegen und Nachschublinien der NATO zu den baltischen Staaten liegt. Insbesondere Baltijsk, das ehemalige Pillau, dient hier als Operationsbasis für die russische Marine. Das Bild zeigt den Besuch des russischen Präsidenten Dmitri Medwedew auf dem Flaggschiff der baltischen Flotte, dem Zerstörer »Nastojtschivji«, im Hafen von Baltijsk während des Tages des Marine am 31. Juli 2011.

Die Bedeutung der Exklave Kaliningrad für die Russische Föderation

Russlands erste Priorität war es, die Region als untrennbaren Bestandteil der Föderation zu erhalten und einen weiteren Zerfall zu verhindern. Über 80 Prozent der ungefähr 950 000 Einwohner gehören heute zur ethnischen Gruppe der orthodoxen Russen, von denen die meisten im Oblast geboren wurden. Die Nachbarstaaten hegen ganz eindeutig nicht den Wunsch, dort die Macht zu übernehmen oder die Grenzen zu verändern. Damit die Region in den 1990er Jahren wirtschaftlich überleben konnte, wurden die Grenzen geöffnet. 1996 wurde der Oblast eine Sonderwirtschaftszone mit zollfreiem Handel und Steuererleichterungen für ausländische Investoren. Die meisten Einwohner besitzen inzwischen einen russischen Reisepass und fahren häufiger in die benachbarten Staaten als nach Russland.

Die Kaliningrader sind die am stärksten europäisierten Russen. Viele Menschen interessieren sich für das deutsche Erbe der Region, und deutsche Gebäude werden restauriert oder aufgebaut – auch um Touristen anzulocken. Aus Angst vor einem wachsenden Separatismus in Kaliningrad übt Moskau indes vor Ort eine besonders strenge Kontrolle aus und versucht, die Anbindung des Oblast an das restliche Russland zu verbessern. Vor dem EU-Beitritt der baltischen Staaten und der Einführung der Visafreiheit im Schengen-Raum erreichte Russland ein Abkommen über das visafreie Reisen durch Litauen per Zug mit einem speziellen Transitdokument. Nach einer entsprechenden Initiative durch die Kaliningrader Behörden schloss Russland 2011 ebenfalls ein Abkommen mit Polen über den visafreien Kleinen Grenzverkehr zwischen der gesamten Region Kaliningrad und Teilen der benachbarten polnischen Gebiete. Dies führte zu einer erheblichen Steigerung des grenzüberschreitenden Reise- und Handelsverkehrs. Moskau unterstützte das Abkommen jedoch hauptsächlich, weil es darin einen Schritt in Richtung visafreie Einreise in die Europäische Union für ganz Russland sah, und sträubte sich gegen eine Sonderbehandlung Kaliningrads.

Nach dem Angriff Russlands auf die Ukraine im Jahr 2014 verschlechterten sich die Beziehungen zur EU. Mitte 2016 setzte die neue polnische Regierung das Grenzabkommen mit Russland außer Kraft. Sinkende Energiepreise auf dem Weltmarkt sowie von der EU verhängte politische und wirtschaftliche Sanktionen gegen Russland trugen zum Wertverlust des Rubels sowie zur Kapital- und Investitionsflucht aus Russland bei. Aufgrund seiner starken Abhängigkeit vom Außenhandel war auch Kaliningrad von diesen Entwicklungen betroffen. Darüber hinaus wurde die Region mehr als andere russische Gebiete von russischen Gegensanktionen getroffen, die sich vor allem auf Importe westlicher Lebensmittel erstreckten. Die westlichen Einfuhren hatten mittlerweile die schwache Nahrungsmittelproduktion in der Region in erheblichem Maße ersetzt. Zudem endeten 2016 die Privilegien der Sonderwirtschaftszone. Ferner droht Kaliningrad durch den Wechsel Litauens zum europäischen Stromnetz von der zentralen Stromversorgung aus Russland abgeschnitten zu werden. So gehen der wachsende russische Nationalismus, Feindseligkeiten gegenüber dem Westen sowie eine Verstärkung der staatlichen Kontrolle Kaliningrads mit zunehmenden wirtschaftlichen Problemen einher.

Der Hauptgrund für die Übernahme der Oblast durch die Sowjetunion im Jahr 1945 war eindeutig militärischer Natur. Es ging darum, einen Stützpunkt in Reichweite der Ostsee zu erhalten und ggf. rasch militärische Streitkräfte einzusetzen. Ferner fiel der Sowjetunion mit Pillau (Baltijsk) ein dauerhaft eisfreier Hafen zu. Die Region wurde vollständig militarisiert und von den Nachbarstaaten isoliert. 1956 wurden die Stadt Kaliningrad zum Sitz des Hauptquartiers der Baltischen Flotte und das an der Küste gelegene Baltijsk einer der wichtigsten Marinestützpunkte. Als die baltischen Staaten die Unabhängigkeit erlangten und später der NATO beitraten, wurde die Region zum isolierten russischen Vorposten. Ursprünglich hatte Russland einen Korridor durch Litauen oder Polen gefordert, durch den die baltischen Staaten isoliert worden wären, aber es musste sich mit jährlichen Abkommen über einen streng reglementierten militärischen Transitverkehr durch Litauen per Zug abfinden.

Die politische Entspannung und die wirtschaftliche Krise in den 1990er Jahren führten dann zu einer Reduzierung der Anzahl der Bodentruppen von ca. 100 000 Mann 1993 auf ungefähr 12 000 im Jahr 2004 – beziehungsweise auf 25 000 Soldaten, wenn die anderen Truppengattungen mitgerechnet werden. Diese Zahlen waren aber immer noch höher als die Summe der regulären Streitkräfte der baltischen Staaten im Frieden zusammen. Die Schiffe der Baltischen Flotte wurden deutlich reduziert und in Baltijsk konzentriert. Mit den Seestreitkräften anderer Anrainerstaaten der Ostsee begann ein Austausch. Es wurden auch Anstrengungen zur Entmilitarisierung der lokalen Industrie unternommen.

Als sich die russische Wirtschaft in den 2000er Jahren erholte und sich die Beziehungen zum Westen infolge des US-amerikanischen Angriffs auf den Irak sowie des russischen Krieges in Georgien im Jahr 2008 stetig verschlechterten, erhöhte Russland seine Militärausgaben jedoch wieder, während die europäischen weiter sanken. Die Truppenzahl in der Oblast stabilisierte sich, und die russischen Streitkräfte modernisierten ihr Waffenarsenal. Ferner wurden Schritte unternommen, um den militärischen Transitverkehr via Litauen durch Transporte über die Ostsee zu ersetzen. In der Region sowie in deren Umgebung wurden mehr und größere Manöver durchgeführt, oftmals zusammen mit den Streitkräften Weißrusslands. Als Reaktion auf US-amerikanische Pläne zum Aufbau eines Systems zur Abwehr ballistischer Flugkörper in Europa verlegte Russland ein neues Radarsystem zur Abwehr von Raketen sowie ein Flugabwehrraketensystem mit einer Reichweite von ungefähr 450 Kilometern hierher.

Das Raketensystem des Typs »Iskander« mit einer größeren Reichweite und der Fähigkeit zum Einsatz taktischer Atomwaffen wurde dauerhaft dorthin verlegt und deckt den Ostseeraum somit weitgehend ab, wodurch die Möglichkeiten der NATO zur Verteidigung der baltischen Staaten im Falle eines russischen Angriffs beeinträchtigt wären. Mit der zunehmenden Anspannung infolge des Krieges in der Ukraine und der NATO-Einsätze in der Umgebung von Kaliningrad fällt die Region somit in ihre alte Rolle als Brückenkopf des russischen Militärs an der Ostsee zurück.

Ingmar Oldberg

picture alliance/dpa

Vor der Krise in der Ukraine im Jahr 2014 unterschieden sich die Sicherheitsagenden der wichtigsten westlichen NATO-Staaten und der baltischen Staaten (wohl auch Polens und Rumäniens) deutlich voneinander. In Westeuropa war die oberste Priorität der Sicherheitspolitik der Kampf gegen den Terrorismus und andere »neue Bedrohungen«, einschließlich der Situation in Afghanistan und im Irak. Die Lage in Nordosteuropa war nur von begrenzter Bedeutung. Spätestens mit der Besetzung der Krim durch Russland im Jahre 2014 verlagerte sich der strategische Schwerpunkt auch nach Osteuropa und in das Baltikum. Für die drei baltischen Staaten war diese Entwicklung nicht vollkommen neu. Trotz ihrer Aufnahme in die NATO fühlen sie sich dem politischen und militärstrategischen Vorgehen Russlands viel stärker ausgesetzt als die weiter westlich gelegenen Partner. Im Bild der russische Präsident Wladimir Putin und Verteidigungsminister Sergei Iwanow am 23. März 2004 im Gespräch im Verteidigungsministerium in Moskau angesichts der Ankündigung der NATO, Truppen in den baltischen Staaten zu stationieren.

Die Auswirkungen der hybriden Kriegführung Russlands auf die Sicherheit der baltischen Staaten

Nur für einen kurzen Zeitraum hatte es nach dem Zusammenbruch der Sowjetunion den Anschein, dass die Beziehungen zwischen den baltischen Staaten und Russland in ein freundschaftliches Verhältnis münden könnten. Die Lage verschlechterte sich jedoch schnell. Mit der Annäherung der baltischen Staaten an den Westen und den Bemühungen um eine Mitgliedschaft in der NATO und der Europäischen Union wurden sie allmählich zur Zielscheibe russischer Maßnahmen, die sich gegen ihre Autonomie und Unabhängigkeit richteten. Nicht zuletzt nutzte Russland die Abhängigkeit des Baltikums von russischen Energielieferungen aus, um Einfluss auf innenpolitische Verfahren zu nehmen. Darüber hinaus stützte sich Russland in hohem Maße auf Methoden der »sanften Gewalt« und versuchte, Angehörige der russischen Minderheit für die innerstaatliche Destabilisierung zu instrumentalisieren. So vermittelt sich der Eindruck, dass ein großer Teil der politischen Kaste und auch die breite Öffentlichkeit der Russischen Föderation die Unabhängigkeit der baltischen Staaten nicht ernst nimmt und entschlossen ist, sie früher oder später in ihren Einflussbereich zurückzuholen.

Die Eskalation der Krise in der Ukraine brachte daher für Estland, Lettland und Litauen keine grundlegend neue Situation. Bereits bestehende Tendenzen und Bedenken wurden lediglich bestätigt, und die Probleme rückten schlicht näher. Die neue Situation zwang jedoch die NATO, ihre bisherigen Einschätzungen der sicherheitspolitischen Lage zu überdenken und die Sorgen ihrer Bündnispartner aus dem Osten ernster zu nehmen.

Entscheidungen Russlands

Es heißt, es sei schwierig oder gar unmöglich, Russland bzw. die Vorgänge im Kreml zu verstehen. Die außenpolitische Strategie Russlands ist indes einfach und rational, zumindest im Hinblick auf ihre allgemeine Ausrichtung. Russland konnte als Großmacht stets zwischen mehreren Möglichkeiten wählen. Das Kaiserreich Russland seit Peter I. strebte danach, Teil des westlichen internationalen Systems zu werden, was schließlich auch gelang. Nach dem Umsturz von 1917 und im Kalten Krieg wurde die Sowjetunion vom Westen isoliert. Sie brachte eine alternative Weltordnung hervor, die sich der westlichen entgegenstellte. Nach dem Ende des Kalten Krieges erhielt die Russische Föderation das Angebot, sich der westlichen Welt anzuschließen. Die Entscheidung Michail Gorbatschows und Boris Jelzins, diesen Schritt auch zu unternehmen, wurde jedoch sehr bald von Präsident Putin rückgängig gemacht.

Welche Denkweise steckt hinter dieser politischen Entscheidung Putins? Dazu gibt es verschiedene Auffassungen. Einige Analysten glauben, dass Russland ein alternatives, globales Zivilisationsprojekt entwickelt, das dem Westen in jeglicher Hinsicht entgegensteht. Andere meinen, dass die Föderation aus innenpolitischen Gründen ein aggressives außenpolitisches Verhalten als effektives Hilfsmittel für die Festigung der innerstaatlichen Unterstützung des Regimes an den Tag legt. So stieg die Zustimmung zu Putins Politik nach der Annexion der Krim auf bis zu 90 Prozent.

Russlands Tendenz zu einer konfliktgeladenen und auf Konfrontation ausgerichteten Haltung gegenüber dem Westen und der liberalen Weltordnung ist offensichtlich. Und diese Haltung umfasst nicht zuletzt ein Element der »Erwiderung« und der Wiederherstellung des früheren Einflussbereiches in den Gebieten der ehemaligen Sowjetunion oder dem »nahen Ausland« (near abroad).

Nach dem Zusammenbruch der Sowjetunion nutzte Russland Konflikte mit oder in Nachbarländern in der einen oder anderen Form aus oder unterstützte diese. Das Ergebnis waren – und sind – oftmals »festgefahrene Konflikte«, in denen zwar keine Austragung mit Waffen stattfindet, aber auch kein Friedensvertrag oder ein anderer politischer Rahmen zur Lösung existiert. Der Konflikt kann deshalb jederzeit wieder aufbrechen, was zu einem Klima der Unsicherheit und der Instabilität führt. Zu diesen Fällen gehören derzeit Abchasien und Südossetien in Georgien, Bergkarabach im Grenzgebiet zwischen Aserbaidschan und Armenien sowie Transnistrien an der östlichen Gren-

picture alliance/dpa

Breite Zustimmung für Putins Politik in der Russischen Föderation: Zahlreiche Menschen besuchen die Konzertveranstaltung in Moskau anlässlich des ersten Jahrestages der Annexion der Krim, 18. März 2015.

ze Moldawiens zur Ukraine. Mit der Ukraine-Krise im Jahr 2014 wurde diese Liste um neue Fälle erweitert: das Donezbecken (Donbass) und die Krim.

Russland ist in der Lage, die Ukraine zu provozieren und zu destabilisieren sowie die geopolitische Annäherung an den Westen auf effektive Weise zu verhindern – mit minimalem Aufwand. Dies ist möglich, da es einem Land mit »festgefahrenen Konflikten« viel schwerer fällt, Wirtschaftsreformen umzusetzen, Investoren zu gewinnen und den Sozialstaat zu verbessern. Das gleiche gilt für Georgien oder die Republik Moldau. Dennoch hat der Fall der Ukraine aufgrund seiner größeren Tragweite und Schwere deutlich mehr Aufmerksamkeit erfahren. Er veranlasste die internationale Gemeinschaft, russische Vorgehensweisen umfassender in den Blick zu nehmen. Besonderes Augenmerk haben hierbei die russischen Taktiken erfahren, die als »hybride Kriegführung« bezeichnet werden.

Hybride Kriegführung

Die revolutionären Ereignisse 2013/14 in Kiew, die nachfolgenden blutigen Auseinandersetzungen in der Ostukraine zwischen Regierung und »Separatisten« sowie die Annexion der Krim durch Russland waren Konflikt- und Kriegsszenarien, wie sie in der Form bislang noch nicht stattgefunden hatten. Der Begriff »hybride Kriegführung« versucht, diese Konfliktformen zu erklären und einzuordnen. Ein anderes, ungleich brutaleres Beispiel ist das Vorgehen des »Islamischen Staates«, der von einem »Staatsgebiet« aus militärisch agiert, parallel durch Terror Angst und Schrecken in Europa verbreitet und im Internet propagandistisch neue Anhänger anwirbt.

Der maskierte Uniformträger ohne Hoheitsabzeichen auf der Krim – das »grüne Männchen« – ist Sinnbild dieser Art von Kriegführung. Dem einfach strukturierten Modell eines offenen Kampfes auf dem Schlachtfeld zwischen zwei erkennbaren Kriegsparteien steht ein komplexes Phänomen gegenüber. Die Bedeutung des Begriffs »Hybridität« verweist darauf, dass sich alles zu vermischen scheint, sodass die einzelnen Komponenten völkerrechtlich, politisch und militärisch nicht mehr klar voneinander abgrenzbar sind. Die Übergänge und Wechsel zwischen Krieg, Bürgerkrieg und Frieden, militärischen, polizeilichen und geheimdienstlichen Mitteln, symmetrischem und asymmetrischen Kampf, äußerer und innerer Sicherheit sowie zwischen Freund und Feind sind fließend, d.h. die bisherigen Grenzziehungen erodieren. Die Verschränkung der genannten Kategorien erschwert es, die Verantwortlichen den Ereignissen zuzuordnen und zu identifizieren. Agiert wird meist verdeckt, eine Beteiligung am Geschehen wird abgestritten oder erst nach dem erfolgreichen Abschluss eingeräumt.

Inwieweit hiermit wirklich eine neue Form des Krieges entstanden ist, bleibt wissenschaftlich umstritten. Zumindest erinnert sie an alte Muster des verdeckten Kampfes. Als unterstützende Kampfmaßnahmen finden sich mit der Sabotage, Zersetzung, Desinformation und Propaganda bereits entsprechende Elemente in der traditionellen Kriegführung. Flankiert werden sie durch militärische Drohgebärden (z.B. Mobilisierung, grenznahe Manöver, Spezialtruppen). Durch das Internet haben sich die Instrumente weiterentwickelt. Attacken im Cyberspace sind geradezu dafür prädestiniert, Politik, Wirtschaft und Gesellschaft auf physische und psychische Art an ihren verwundbarsten Stellen zu treffen.

Durch hybride Kriegführung können politische Ziele aus sicherer Entfernung erreicht werden, ohne dass rasche und effiziente Gegenwehr möglich ist. Insbesondere offene Gesellschaften mit einer liberalen, kaum durch Verbote und Kontrolle eingeschränkten Medien- und Kommunikationswelt sind anfällig für unterschwellige Bewusstseinsveränderungen. In der Folge werden fundamentale Menschen- und Freiheitsrechte, Rechtsstaatlichkeit und freie Meinungsäußerung durch subversive Maßnahmen von innen heraus unterhöhlt. Die Nato-Staaten und die EU haben bereits auf diese Form der Bedrohung reagiert. Gefordert ist auch eine Reaktivierung der »wehrhaften Demokratie«, jedoch in einer den modernen Bedingungen angepassten Form.

Hans-Joachim Reeb

»Hybridkrieg« oder »full spectrum conflict«?

Ursprünglich wurde der Begriff »hybride Kriegführung« ausschließlich für eine spezifische Art militärischer Aktivitäten verwendet. Er beschreibt die kombinierte Kriegführung mit konventionellen Waffen, irregulären Kampfweisen, terroristischen Methoden und organisierter Kriminalität. Durch den Konflikt in der Ukraine wurde das Konzept jedoch viel weiter gefasst, und gemäß der Erklärung auf dem NATO-Gipfel in Wales meint Hybridkrieg »eine große Bandbreite an offenen und verdeckten militärischen, paramilitärischen und zivilen Maßnahmen«, die »auf hochabgestimmte Weise eingesetzt«werden. Grundsätzlich trägt diese Definition den in der Ukraine getroffenen Maßnahmen viel besser Rechnung. Sie beruht aber immer noch auf der fragwürdigen Annahme, dass es eine klare Unterscheidung zwischen militärischen und nichtmilitärischen Aktionen gibt. Deshalb verwenden einige Wissenschaftler den weiter gefassten Begriff des »Konfliktes mit großer Bandbreite« (full spectrum conflict).

Bei näherer Betrachtung kann man feststellen, dass mit den in der Ukraine durchgeführten militärischen Aktionen im Allgemeinen kein direktes militärisches Ziel verfolgt wurde, nämlich den Sieg über den Gegner zu erlangen. Russland hatte kein Interesse an einer militärischen Eroberung der Ukraine.

Durch die Annexion der Krim und den festgefahrenen Konflikt im Donezbecken gelang es Russland aber, Einfluss auf die ukrainischen Angelegenheiten und Interessen zu nehmen. In diesem Fall steht »hybride Kriegführung« oder »Hybridkrieg« für eine politische Konfrontation auf mehreren Ebenen, bei der der Einsatz des Militärs nur eines von vielen Mitteln ist, zu denen unter anderem geheime Maßnahmen, nachrichtendienstliche Aktivitäten mit dem Ziel der Subversion, Propaganda, wirtschaftliche Sanktionen, Erpressung mit Energie und Cyberangriffe zählen.

Sicherheit im Baltikum durch »Gegenwehr mit großer Bandbreite«

Die baltischen Staaten unterhalten seit mehr als 20 Jahren keine normalen Beziehungen zu Russland. Obwohl Russland und die baltischen Staaten offiziell diplomatische Beziehungen pflegen, sind die Botschafter nur in beschränktem Rahmen tätig. Aufgrund ihrer Abhängigkeit von Energielieferungen aus Russland sahen sich die baltischen Staaten wiederholt der Erpressung in diesem Bereich und Versuchen seitens der Russischen Föderation ausgesetzt, das innenpolitische System zu unterwandern. Exporte der baltischen Staaten nach Russland unterlagen von Anfang an einer Vielzahl von Restriktionen und Auflagen und wurden nach der Durchsetzung von Gegensanktionen drastisch reduziert.

In den baltischen Staaten werden die Ideale der nationalen Unabhängigkeit und der Demokratie hochgehalten. Innerstaatliche Konflikte herbeizuführen, ist folglich schwierig. Versuche der Einflussnahme auf politische Prozesse und die Unterstützung pro-russischer politischer Parteien waren nicht sehr erfolgreich. Ein gewisses Konfliktpotenzial scheint aufgrund der Existenz zahlreicher russischsprachiger Gemeinden in Lettland und Estland zu bestehen. Diese Gemeinden zeigen jedoch wenig Interesse an Aktivitäten, durch die eine Abhängigkeit der baltischen Staaten von Russland entstehen könnte.

Die Trumpfkarte Energie konnte aufgrund nationaler Anstrengungen, beispielsweise Einsparmaßnahmen, sowie der Un-

Ein Flüssiggasterminal im Hafen von Klaipeda sorgt seit Mitte der 2010er Jahre für die Unabhängigkeit des Baltikums von russischen Gaslieferungen. Auf dem Bild salutieren litauische Marineangehörige beim Einlaufen des Flüssiggastankers »Independence« (Aufnahme vom 27. Oktober 2014). Die Tanker liefern flüssiges Erdgas aus Norwegen, das über das Hafen-Terminal in das Pipelinenetz eingespeist wird.

terstützung der Europäischen Union auch nicht mit voller Wirkung ausgespielt werden. Die baltischen Staaten haben mit Hilfe der EU bereits Stromtrassen nach Finnland, Polen und Schweden gebaut. In der litauischen Stadt Klaipeda wurde 2015 ein Flüssiggasterminal eröffnet und somit das Monopol von Gazprom auf dem baltischen Gasmarkt gekippt. Russland versucht jedoch, diesen Errungenschaften die Stirn zu bieten. Die Wirtschaft der baltischen Staaten leidet unter russischen Gegensanktionen. Dank der Mitgliedschaft in der Eurozone, dem Zugang zum EU-Binnenmarkt und der erfolgreichen Einwerbung ausländischer Direktinvestitionen sind sie in der Lage, dem Druck aus Russland zu widerstehen und sogar ein beständiges Wachstum des Bruttoinlandsproduktes zu erreichen.

Der Konflikt in der Ukraine hat die baltischen Staaten auf sehr eindringliche Weise daran erinnert, dass nicht alle taktischen Elemente eines »Konfliktes mit großer Bandbreite« gegen sie eingesetzt wurden. Seit 1991 waren die Hoheitsgebiete der baltischen Staaten nicht vom direkten Einsatz militärischer Gewalt betroffen. Inzwischen gibt es aber eine Drohkulisse. Russland hat in erheblichem Umfang Streitkräfte entlang der östlichen Grenzen der baltischen Staaten in der Region Kaliningrad konzentriert. Darüber hinaus führt es ständig angekündigte und unangekündigte Truppenübungen durch, deren Ziel es im Grunde ist, Fähigkeiten für eine Konfrontation mit der NATO zu erlangen. Die NATO-Mission zur Luftraumüberwachung (Air Policing) im Baltikum kann sich auch nicht über mangelnde Beschäftigung beschweren. So nimmt die Zahl russischer Luftfahrzeuge, die mit ausgeschalteten Transpondern fliegen, nicht ab.

Die Krise in der Ukraine war sowohl für die baltischen Staaten als auch für die NATO allgemein ein Weckruf. Die Regierungen der baltischen Staaten begannen umgehend damit, ihre Verteidigungspolitik zu überdenken. Litauen entschied sich für die Wiedereinführung der Wehrpflicht. Alle drei baltischen Staaten erhöhten in der Folge ihre Verteidigungsausgaben, wofür sie die volle Unterstützung der Öffentlichkeit hatten. Mithilfe steigender Verteidigungshaushalte haben sie zahlreiche Vorhaben zur Beschaffung neuer militärischer Ausrüstung initiiert. Für die NATO war 2014 ebenfalls ein Jahr des Durchbruchs. Das Bündnis gibt nicht mehr bloße Erklärungen ab, sondern führt Einsätze am Boden durch. Zudem hat die NATO mit der Verlegung von internationalen Bataillonen mit einer Stärke von jeweils 1000 Soldaten mitsamt der benötigten Gefechtsausrüstung in die baltischen Staaten begonnen.

Der Konflikt in der Ukraine hat für die strategische Lage der baltischen Staaten insofern große Bedeutung, als dass die NATO sich jetzt direkt vor Ort an deren Verteidigung beteiligt. Er gibt zudem einen Hinweis darauf, *wie* und *unter welchen Umständen* Russland seine militärische Gewalt in Lettland, Estland und Litauen möglicherweise einsetzen könnte. Ein frontaler und nicht provozierter Angriff Russlands gegen die drei Staaten und die gesamte Allianz ist unwahrscheinlich. Russland könnte jedoch seine militärische Gewalt im Kontext der Taktik eines »full spectrum conflict« als ein Mittel zur Provokation einsetzen, was in Ansätzen schon geschehen ist. Das entsprechende Vorgehen in den Medien und im virtuellen Raum könnte jederzeit durch militärische Aktionen, etwa durch die Generierung von »Vorfällen«, ergänzt werden. Derlei lässt sich nicht mit einem direkten militärischen Angriff gleichsetzen. Besonders bedrohlich wäre ein Szenario, in dem russische Militäreinheiten, wenn auch nur beschränkt, das Hoheitsgebiet der baltischen Staaten verletzten, obwohl diese NATO-Mitglieder sind. Die NATO stünde dann vor der Alternative, entweder einen Krieg zu riskieren oder die russische Intervention unter erheblichem Gesichtsverlust hinzunehmen. Die NATO ist insofern darauf vorbereitet, dass sie mit derlei Szenarien, wenn auch unter anderen Rahmenbedingungen, bereits im Kalten Krieg konfrontiert war und spezielle Einsatztruppen hierfür aufbaute, die das Vorbild für die entsprechenden Verbände heute darstellen.

Gediminas Vitkus

picture alliance/dpa

Gesellschaftliche Verunsicherung über die politische und geostrategische Entwicklung des mächtigen Nachbarn Russland, die Kultur der Erinnerung an das mühevolle Ringen um nationale Unabhängigkeit, vor allem aber die als bedrohlich wahrgenommen Entwicklungen auf der Krim und in der östlichen Ukraine lassen die Bereitschaft breiter Bevölkerungskreise der baltischen Staaten steigen, in paramilitärischen Verbänden einen aktiven Beitrag zur Heimatverteidigung zu leisten. Die Wehrverbände sehen sich in der Tradition historischer Vorläuferorganisationen zwischen 1918 und 1940, etwa des estnischen Freiwilligenverbandes »Kaitseliit« in Tallin. Das Denkmal für den Verbandsgründer Johan Pitka (1872–1944) steht in Tallin.

Baltische Freiwilligenverbände: Paramilitärischer Heimatschutz als Antwort auf hybride Kriegführung?

Der freiwillige Dienst in Bürgerwehren hat in den letzten Jahren sowohl in Estland als auch in Lettland und Litauen erheblich an Attraktivität gewonnen. Die Wehrverbände erfreuen sich unabhängig von Bildungsgrad, beruflicher und sozialer Stellung eines regen Zulaufs an Männern und Frauen unterschiedlichen Alters.

Estland

Die bekannteste und größte paramilitärische Organisation des Baltikums findet sich in Estland: Der Verteidigungsbund »Kaitseliit« zählt rund 15 000 aktive Mitglieder aus der Zivilbevölkerung. Er schult seine Angehörigen regelmäßig im Rahmen von Manövern vorwiegend in infanteristischen Grundfertigkeiten. Im Verteidigungsfall sollen die 15 Bataillone, die sich auf die estnischen Landkreise verteilen, die regulären Streitkräfte bei der Panzerabwehr, der Sicherung rückwärtiger Räume, dem Objektschutz und bei der Bekämpfung luftgelandeter und irregulärer Feindkräfte unterstützen. Sie werden dazu im Bedarfsfall der Militärführung unterstellt. Darüber hinaus kann der Wehrverband auch unterstützend für polizeiliche Ordnungs- und Sicherheitsaufgaben herangezogen werden.

Im Gegensatz zum estnischen Heer verfügt der Kaitseliit in der Masse nur über ungepanzerte Kraftfahrzeuge und er besitzt lediglich einige wenige Schützenpanzerwagen sowjetischer Bauart. Wie manche Einheitsführer zudem einräumen, können sich die Wehrübende in Bezug auf die militärischen Fertigkeiten nicht mit der Professionalität regulärer Streitkräfte messen. Dies schließt auch die kleine Kompanie aus IT-Spezialisten ein, die der Wehrverband speziell zum Zwecke der Cyberkriegführung ins Leben gerufen hat. Dementsprechend ist der taktische Einsatzwert der Bürgerwehr sowohl für den Fall einer direkten feindlichen Invasion als auch für ein Szenario hybrider Kriegführung mit verdeckt kämpfenden Truppen und Cyberangriffen als eher begrenzt zu beurteilen.

Der Kaitseliit vermittelt in seiner Selbstdarstellung ohnehin den Eindruck, in erster Linie lediglich die Moral und den Wehrwillen der eigenen Bevölkerung festigen und im patriotischen Sinne auf die estnische Gesellschaft Einfluss nehmen zu wollen. Dies gilt auch für die rund 6000 Mitglieder zählenden zivilen Unterorganisationen: den »Naiskodukaitse« (Heimatschutzverband/Heimwehr der Frauen), die »Noored Kotkad« (Junge Adler) und die »Kodutütred« (Töchter der Heimat), die vor allem in der eigenen Monatsschrift »Kaitse Kodu« (Schutz des Vaterlandes) öffentlich präsentiert werden. Der militärische Aspekt scheint dabei eher dem Zweck zu dienen, den Mitgliedern das kollektive Gefühl zu vermitteln, sich im Falle einer externen Aggression nicht allein auf die Streitkräfte verlassen zu müssen.

Die russischsprachige Minderheit des Landes wird nicht eingebunden, sondern weitgehend ignoriert. Im Falle einer direkten oder indirekten Auseinandersetzung mit der Russischen Föderation könnte sich dies als Problem für den gesellschaftlichen Zusammenhalt erweisen. Zumindest Teile der russischsprachigen Minderheit könnten sich auf die Seite Moskaus stellen, unterstützt von russischer Untergrundtätigkeit. Inwieweit bereits jetzt entsprechende Aktivitäten stattfinden, lässt sich kaum seriös nachweisen. Indes bestehen diesbezüglich erhebliche Befürchtungen gerade vor dem Hintergrund der Entwicklungen in der Ostukraine.

Lettland und Litauen

In Lettland nimmt die »Zemessardze«, die lettische Landwehr, eine ähnliche Funktion wie der Kaitseliit wahr. Die Volksmiliz besteht aus 18 Bataillonen mit insgesamt rund 8000 Mitgliedern, deren Angehörige – ähnlich dem estnischen Verband – in regelmäßigen Übungen infanteristisch geschult werden. Auch die Aufgaben im Verteidigungsfall sind weitgehend identisch. Nachteilig erweist sich aus militärischer Sicht auch hier das vollständige Fehlen gepanzerter Fahrzeuge. Auch dürfte die bunte Vielfalt aus sowjetischen, schwedischen und NATO-Waffensys-

Angehörige der lettischen Volksmiliz »Zemessardze« in Jekabpils, 26. April 2015.

temen und Handfeuerwaffen den Nachschub an geeigneter Munition bei Gefechtshandlungen erschweren. Insgesamt bleibt zu erwarten, dass die Schlagkraft der lettischen Landwehr bei feindlichen Angriffen auf das eigene Staatsgebiet nur sehr begrenzte Wirkung entfalten würde.

Die Stärke der Zemessardze ist ebenfalls vorwiegend psychologischer Natur. Wie in Estland widmet sich die Volksmiliz intensiv der Förderung der Heimatverbundenheit, der Stärkung des Wehrwillens in der Bevölkerung und der patriotischen Erziehung des Nachwuchses in der eigenen Jugendorganisation »Jaunsardze«. Auch hier wird die russischsprachige Volksgruppe nicht einbezogen.

Die »Lietuvos šaulių sąjunga« (Litauische Schützenunion) zählt derzeit rund 10 000 Mitglieder und unterscheidet sich hinsichtlich ihres Aufgabenspektrums ein wenig vom Kaitseliit und der Zemessardze. Die Ausbildung der Schützen konzentriert sich in erster Linie auf Guerilla- und Partisanenkriegführung nach dem Vorbild der sogenannten Waldbrüder, einer estnisch-lettisch-litauischen Widerstandsbewegung, die seit dem Ende des Zweiten Weltkriegs bis zum Jahr 1953 gegen die sowjetische Besetzung des Baltikums kämpfte. Diese Strategie könnte den

Einsatzwert der Schützenunion gegenüber dem Kaitseliit und der Zemessardze möglicherweise erhöhen. Dennoch hält sich der militärische Nutzen auch der Schützenunion in Grenzen. Im Gegensatz zur estnischen und lettischen Landwehr sind rund 40 Prozent der Beteiligten 18 Jahre oder jünger.

Wie bei den beiden baltischen Schwesterorganisationen wird der jugendliche Nachwuchs in einer Unterorganisation, der »Jaunieji Šauliai« (Junge Schützen) zusammengefasst und dort gezielt vormilitärisch geschult. Ein Einsatz der Jungen Schützen im Guerillakampf erscheint jedoch allein aus völkerrechtlichen und humanitären Gründen mehr als problematisch. Nichtsdestoweniger organisiert die litauische Armee für die Jugend Sommerlager mit Gelände- und Pfadfinderausbildung sowie Sport- und Schießwettbewerbe mit dem Ziel, deren Wehrfähigkeit bereits im jungen Alter zu steigern. Parallel dazu vermitteln Angehörige der litauischen Militärakademie, aber auch altgediente, pensionierte Offiziere den Jungen Schützen Staatsbürgerkunde; sie propagieren Vaterlandsliebe und kümmern sich um die Entwicklung eines kollektiven Nationalgefühls. Hier knüpft die Schützenunion direkt an Traditionen der 1920er und 1930er Jahre an, ein nicht unproblematisches Unterfangen.

Historische Vorbilder

Alle drei Organisationen sehen sich als direkte Nachfolger der baltischen Bürgerwehren zwischen 1918 und 1940, die vor allem in der kritischen, von bürgerkriegsähnlichen Kämpfen gezeichneten Anfangsphase bis 1922 (vgl. dazu den Beitrag von Karsten Brüggemann) wichtig für die Selbstverteidigung gegen Deutsche, Bolschewiki und Polen gewesen waren. In der Konsolidierungsphase der drei jungen Staaten arbeiteten sie vor allem auf die Stärkung des Nationalgefühls und der Verbundenheit mit der Heimat hin. Dabei gab es Brüche, Widersprüche und Kämpfe. Die Wehrverbände traten mit eigenen Kommandostrukturen auf, verstanden sich dabei als Speerspitze der »Nation«, weniger des Staates. Insbesondere der Šauliai in Litauen, der, anders als der Kaitseliit (Estland) und der Aizsargi (Lettland), nicht von der Regierung, sondern von privater Seite gegründet worden war, verstand sich als eigenständige Organisation. Die Armeen hatten anfangs erhebliche Schwierigkeiten, die Freiwilligenverbände in staatliche Strukturen zu integrieren, nachdem die unmittelbare Gefahr von außen beseitigt worden war.

Aber auch danach blieben diese Verbände nur bedingt berechenbare Elemente, die politisch deutlich nach rechts tendierten und von den entstehenden autoritären Regierungen (siehe dazu den Beitrag von Kaarel Piirimae) zum Teil gegen innere Widersacher eingesetzt wurden. Eine klare Linie gab es auch in dieser Hinsicht nicht unbedingt. Zwar ging die Stoßrichtung eindeutig gegen links, teilweise aber auch gegen ultranationalistische Gruppierungen. Viele ihrer Mitglieder hegten antisemitische Einstellungen, auch wenn etwa der Šauliai in der Bürgerkriegszeit versucht hatte, Juden für den nationalen Verteidigungskampf zu gewinnen.

Eine historische Einordnung in die demokratiefeindlichen, autoritären, teils auch rechtsradikalen Bewegungen Europas ist nicht einfach. Die Forschung schwankt zwischen Vergleichen mit tschechischen, finnischen oder polnischen Verbänden und mit radikalen völkischen Organisationen wie der Sturmabteilung (SA), den ungarischen Pfeilkreuzlern und der kroatischen Ustascha.

Nicht endgültig geklärt ist die Verstrickung der drei baltischen Freiwilligenverbände in die Massenmorde des nationalsozialistischen Regimes. Ferner dürften sie auch als Reservoir für die Rekrutierung von Freiwilligen für entsprechende SS-Verbände gedient haben. Jedenfalls existierte bis Anfang der 1990er Jahre eine heute nicht mehr bestehende (Veteranen-)Einheit der Zemessardze, deren Mitglieder überwiegend ehemalige Angehörige der – teilweise in NS-Verbrechen verstrickten – lettischen SS-Legion waren.

Stefan Maximilian Brenner

picture alliance/dpa

Polen baut, nicht zuletzt aufgrund seiner geostrategischen Lage und seiner Geschichte, in Fragen der Sicherheitspolitik auf die Unterstützung der NATO. Sinnfällig wurde dies in der bislang größten NATO-Übung seit Ende des Kalten Krieges: »Anakonda 16« vom 7. bis zum 17. Juni 2016. NATO-Großverbände übten auf polnischem Gebiet die Abwehr eines Angriffs »aus dem Norden« (eine Anspielung auf die russische Exklave Kaliningrad). Unter anderem wurde auch der Einsatz deutscher Panzerverbände auf dem direkten Landweg durchgespielt. Polen betrachtet die USA als den wichtigsten Garanten der politischen und militärischen Stabilität, was auch kulturell zum Ausdruck kommt und auf dem Foto ersichtlich ist: US-Soldaten des 2. Cavalry Regiment auf dem Marsch in den Übungsraum von »Anakonda 16« mit einem Bürger in Tarnow, Polen, am 31. Mai 2016.

Die Sicherheit Mitteleuropas aus der Perspektive Polens

Die militärische Sicherheit spielt eine herausragende Rolle in der Verteidigungs- und Sicherheitspolitik Polens. Zwar kommt auch darüber hinausgehenden Sicherheitsaspekten durchaus ein hoher Stellenwert bei den strategischen Planungen zu, tatsächlich sind jedoch Herausforderungen und Bedrohungen nichtmilitärischer Art wie Terrorismus, illegale Einwanderung oder Umweltverschmutzung nicht die größte Sorge der polnischen Entscheidungsträger. Polen ist kein bevorzugtes Ziel von illegalen Einwanderern, weswegen die polnische Gesellschaft sehr homogen bleibt. Außerdem hat es bislang keine Anschläge auf polnischem Staatsgebiet gegeben.

Polens Konzentration auf militärische Sicherheit und den Schutz von Werten wie Überleben, Unabhängigkeit, Souveränität, territoriale Unversehrtheit und die Unverletzbarkeit der polnischen Grenzen erklärt sich aus der geopolitischen Situation und der Vergangenheit. Der Großteil der Geschichte des Landes ist geprägt von seinem Kampf ums Überleben. Bestimmender Faktor für die Sicherheit Polens war und ist die geografische Lage zwischen Russland und Deutschland, die seit Jahrhunderten als höchst nachteilig gesehen wird. Ende des 18. Jahrhunderts wurde Polen zwischen Russland, Preußen und Österreich aufgeteilt. Es verschwand für 123 Jahre von der Landkarte Europas. Nachdem das Land 1918 seine Unabhängigkeit wiedererlangt hatte, versuchte es, seine Souveränität beizubehalten, wurde jedoch im September 1939 von seinen beiden Nachbarn Deutschland (am 1. September) und Sowjetunion (am 17. September) besetzt. Nach dem Zweiten Weltkrieg verlor Polen seine Souveränität an die Sowjetunion und war an den Ostblock gebunden. Das geschichtlich geprägte Sicherheitsdenken in Polen basiert auf »harten« Sicherheitserwägungen wie Macht, Einflussbereichen, Rivalität, Konflikten und militärischen Instrumenten.

Nach dem Kalten Krieg gelang es Polen weitgehend, die traditionellen Ängste vor Deutschland zu überwinden, jedoch ist das Vertrauen in den westlichen Nachbarn nach wie vor fragil. Bemühungen einer deutsch-russischen Annäherung auf

Kosten polnischer Interessen lassen in Polen Befürchtungen in Bezug auf die »eingeklemmte« Position zwischen Russland und Deutschland sowie der damit zusammenhängenden Herausforderungen für die Sicherheit wieder aufleben. Die im September 2005 zwischen Russland und Deutschland geschlossene Vereinbarung über den Bau der Nord-Stream-Pipeline, die durch die Ostsee und Transitländer wie Polen und die baltischen Staaten verläuft, stieß in Polen auf laute Kritik. Der damalige polnische Verteidigungsminister Radosław Sikorski bezeichnete die Vereinbarung als einen neuen Molotow-Ribbentrop-Pakt. (Der deutsch-sowjetische Nichtangriffspakt vom 24. August 1939 sicherte dem Deutschen Reich im Falle eines Krieges mit Polen die sowjetische Neutralität zu.) Solange die polnisch-deutsche Kooperation jedoch gut funktioniert und sich beide Länder durch ihre gemeinsame Mitgliedschaft in der NATO und der EU annähern, geht in den Augen der polnischen Entscheidungsträger die Hauptbedrohung von Russland aus.

Die Bedrohung der Sicherheit durch die Politik Russlands

Polen sieht in Russland die größte potenzielle Gefahr für seine Sicherheit und die anderer Länder Mittel- und Osteuropas, insbesondere der baltischen Staaten und der Ukraine. In den 1990er Jahren hatte Russland erhebliche Probleme, die Instabilität im Innern in den Griff zu bekommen, was in Polen dazu führte, dass sich das Gefühl der Bedrohung durch Russland abschwächte. Mit der Machtübernahme Wladimir Putins im Jahr 2000 begann Russland jedoch, seine Macht wieder aufzubauen und sich der Führungsposition des Westens entgegenzusetzen. Bei der Münchner Sicherheitskonferenz im Februar 2007 stellte Präsident Putin die hegemoniale Vormachtstellung der USA infrage und rief zur Schaffung einer multipolaren internationalen Ordnung auf, in der Russland eine gleichberechtigte Position einnehmen würde. Dies war ein deutliches Signal dafür, dass Russland die internationale Ordnung ändern wollte, die sich nach dem Kalten Krieg etabliert hatte.

Diese Bemühungen manifestierten sich deutlich im georgisch-russischen Krieg, der im August 2008 ausbrach. Sie signalisierten den Widerstand Russlands gegen weitere Versuche des Westens, seinen Einfluss auf den postsowjetischen Bereich auszuweiten. Angesichts dieser Ereignisse artikulierte die polnische Seite immer deutlicher ihre Befürchtungen, dass der russische Revisionismus die internationale Ordnung zu verändern trachte und Russland seine traditionellen Interessensbereiche in benachbarten Ländern, einschließlich Polen, wieder aufbaue. Dies zeigte sich besonders deutlich in den Worten, die der polnische Staatspräsident Lech Kaczyński im Sommer 2008 auf einer Kundgebung in Tiflis zu einer jubelnden Menschenmenge sprach. Zwischen den Präsidenten Wiktor Juschtschenko (Ukraine), Toomas Hendrik Ilves (Estland), Ivars Godmanis (Lettland), und Valdas Adamkus (Litauen) stehend, erklärte Kaczyński: »Wir stehen hier, die Staatschefs von fünf Ländern: Polen, Ukraine, Estland, Lettland und Litauen. Wir sind hier, um einen Kampf aufzunehmen. Zum ersten Mal seit langer Zeit haben unsere Nachbarn im Norden, in unserem Fall auch die Nachbarn im Osten, ein Gesicht gezeigt, das wir bereits seit Jahrhunderten kennen. Diese Nachbarn denken, dass die Staaten um sie herum ihnen untergeordnet sein sollten [...] Eines dieser Länder ist Russland [...] Russland denkt, dass die alten Zeiten eines Reiches, welches vor 20 Jahren zusammenbrach, wiederkehren und dass Dominanz diese Region erneut bestimmen wird. Das wird nicht passieren! [...] Auch wissen wir sehr genau, dass es heute Georgien trifft, morgen die Ukraine, übermorgen die Baltischen Staaten, und danach ist mein Land dran, Polen! [...] Aber wir können uns dagegen wehren«. In Polen herrschte die Meinung vor, dass Russland zu seiner imperialistischen Politik zurückgekehrt sei. Das Gefühl der Bedrohung durch Russland wurde durch die Bemühungen, die russischen Streitkräfte zu modernisieren, noch weiter verstärkt.

Die Befürchtungen Polens bezüglich des russischen Revisionismus nahmen durch die Eskalation der Ukraine-Krise und die Annexion der Krim durch Russland im März 2014 weiter zu. Akut wurde die Lage rund ein halbes Jahr später: Mit der »Nationalen Sicherheitsstrategie der Republik Polen« vom November 2014 enthielt einige Monate später erstmals nach dem Ende des Kalten Krieges ein offizielles Dokument der polnischen Regierung die klare Aussage, dass Russland für Polen die Hauptbedrohung darstelle. In der öffentlichen Debatte gingen Politiker und Experten sogar so weit, von einer russischen Aggression gegen die Baltischen Staaten und Polen in einem kurz- oder mittelfristigen Zeitraum zu sprechen.

In diesem Zusammenhang war die russische Region Kaliningrad – die Exklave zwischen Polen und Litauen – von besonderer Bedeutung für die polnische Sicherheitspolitik. Die polnisch-russische Landgrenze ist dort 210 km lang und die maritime Grenze 22 km. Die zunehmenden Spannungen haben zu einer verstärkten Militarisierung dieses Bereichs geführt, was eine ernste Sicherheitsbedrohung für Polen und für die baltischen Staaten darstellt. Im Oktober 2016 bestätigte der russische Verteidigungsminister Sergei Schoigu die permanente Stationierung von Startgeräten für taktische ballistische Raketen des Typs Iskander-M in der Region Kaliningrad. Informationen über die Verlegung dieser Raketen waren erstmals 2013 aufgetaucht. Gleichzeitig stiegen auch die russischen Militärausgaben systematisch an. Laut der Datenbank des Stockholm International Peace Research Institute (SIPRI) steigerte Russland seine Militärausgaben zwischen 2015 und 2016 um 5,9 Prozent auf 69,2 Milliarden US-Dollar. Es tätigt somit weltweit die dritthöchsten Militärausgaben (nach den USA und China).

Das wachsende Gefühl der Bedrohung durch Russland hat dazu geführt, dass Polen seine Maßnahmen zur Stärkung seiner Verteidigungsfähigkeiten intensiviert hat. Diese Bemühungen konzentrieren sich auf zwei Bereiche: erstens auf Polens Stärkung seiner eigenen Ressourcen und militärischen Fähigkeiten und zweitens auf die Stärkung und Konsolidierung der NATO, einschließlich der Verstärkung der östlichen Flanke des Bündnisses, dessen Mitglied Polen seit März 1999 ist.

Die NATO: Hauptgarant für Polens Sicherheit

Die gegenwärtige Regierung Polens sieht – wie ihre Vorgängerinnen – die NATO als den wichtigsten externen Garanten für die Sicherheit Polens und anderer Mitglieder der Organisation, insbesondere jener Länder, die an den Außengrenzen des Bündnisses liegen: Litauen, Lettland und Estland. Aus der Sicht Polens ist das wichtigste Ziel die Beibehaltung der traditionellen Rolle der NATO, die in Artikel 5 des Nordatlantikvertrags dargelegt wird und auch den Bündnisfall regelt. Nach dem georgisch-russischen Krieg 2008 intensivierte Polen die Bemühungen bei seinen Verbündeten, eine Stärkung von Artikel 5 sowie die Beibehaltung eines Gleichgewichts der kollektiven Fähigkeiten zur Bündnisverteidigung zu bewirken sowie einen Beitrag zu Operationen außerhalb des Bündnisgebiets (out-of-area operations) zu leisten. Während des NATO-Gipfels in Lissabon im November 2010 versuchten die polnischen Vertreter zu erreichen, dass Artikel 5 als entscheidende Grundlage des neuen strategischen Konzepts der NATO festgelegt wurde. Außerdem riefen sie zu einer gleichmäßigen Verteilung und Modernisierung der NATO-Verteidigungsinfrastruktur auf und forderten die Garantie, dass die Eventualfallplanung im Fall einer Bedrohung oder Krise in der Nähe der polnischen Grenzen aktualisiert werde. Polen hatte den ersten entsprechenden Plan schon 2001 erhalten.

Nach der Eskalation der Krise in der Ukraine intensivierte Polen seine Bemühungen um eine Verstärkung der östlichen Flanke der NATO nochmals. In April 2014 forderte der polnische Verteidigungsminister Sikorski die Stationierung von zwei Panzerbrigaden aus anderen NATO-Ländern in Polen. Während des NATO-Gipfels in Newport am 4./5. September 2014 wurde über die Verstärkung der östlichen Flanke des Bündnisses diskutiert und die NATO-Führer vereinbarten, die Fähigkeiten der NATO Response Force (NRF) durch Bereitstellung einer schnellen Eingreiftruppe (Very High Readiness Joint Task Force, VJTF) zu verbessern. Obwohl die auf dem NATO-Gipfel in Newport getroffenen Entscheidungen von vielen polnischen Politikern und Experten als zu konservativ und unzureichend angesehen wurden, machte die polnische Regierung deren praktische Umsetzung zur Priorität. Die »Nationale Sicherheitsstrategie« vom November 2014 unterstrich Polens Unterstützung für eine Konsolidierung der NATO-Verteidigungsfähigkeiten, einschließlich der Verstärkung der östlichen Flanke. Der nächste NATO-Gipfel in Warschau 2016 bot Gelegenheit, diesem Vorhaben Leben einzuhauchen. Auf diesem Gipfel entschieden die Führer der NATO-Mitgliedsstaaten die Verstärkung der östlichen Flanke des

picture alliance/dpa

Stein des Anstoßes: US-Botschafter in Polen Paul W. Jones, der stellvertretende US-Verteidigungsminister Robert Work, der polnische Verteidigungsminister Antoni Macierewicz, der polnische Außenminister Witold Waszczykowski und der polnische Parlamentsabgeordnete der Partei »Recht und Gerechtigkeit«, Michał Jach, während einer Zeremonie zum Baubeginn einer US-Raketenbasis in Redzikowo, Polen, am 13. Mai 2016. Die Anlage ist Teil des im Aufbau befindlichen Raketenabwehrschirms gegen ballistische Flugkörper aus dem Mittleren Osten. Obwohl von der NATO vehement bestritten, betrachtet Moskau diese Anstrengungen als gegen Russland gerichtet.

Bündnisses durch Stationierung von vier Gefechtsverbänden in Bataillonsstärke mit jeweils etwa 1000 Soldaten in Polen und in den baltischen Staaten auf Rotationsbasis. Die Ergebnisse des NATO-Gipfels in Warschau 2016 wurden von den polnischen Entscheidungsträgern mit großer Zufriedenheit aufgenommen, insbesondere die Entscheidung, dass die USA die Rolle als Leitnation (»Framework Nation«) in Polen einnehmen würde (zu den anderen Kontingenten siehe den Beitrag von Mark Webber). Dies wurde noch verstärkt durch die Entscheidung der US-Administration, zusätzlich noch eine Panzerbrigade auf Rotationsbasis in Mittel- und Osteuropa mit Kommandostab in Polen zu stationieren. Im März 2017 kamen amerikanische Soldaten in Polen an und einen Monat später wurde der multinationale Gefechtsverband der NATO (Poland Multinational Battalion Battle Group) offiziell in Polen begrüßt.

In Polen gelten die Vereinigten Staaten als der größte politische und militärstrategische Partner und somit als Garant für die Sicherheit Europas sowie der Länder Mittel- und Osteuropas. Seit dem Ende des Kalten Krieges ist Warschau um ein engeres Verhältnis zu den USA bemüht. Die USA sind der Hauptpartner für die Modernisierung der polnischen Rüstung. Auch werden Komponenten des amerikanischen Raketenabwehrsystems im Rahmen des phasenweise angepassten Aufbaus eines Raketenabwehrschildes für Europa (European Phased Adaptive Approach, EPAA) auf polnischem Staatsgebiet aufgestellt. Die Aufstellung der Startgeräte für die US-Flugabwehrraketen des Typs SM-3 IIA als Teil dieses Raketenabwehrschilds in Redzikowo im Kreis Słupsk soll bis 2018 abgeschlossen sein. Dies ist die dritte Phase der Errichtung des europäischen Raketenabwehrschilds im Rahmen der NATO. Die erste Phase betraf auf dem Mittelmeer dislozierte Komponenten, die zweite den antiballistischen Raketenabwehrstützpunkt in Rumänien.

Die Konsolidierung der NATO, die Verstärkung der Ostflanke des Bündnisses, die engen Verbindungen zu den USA und anderen NATO-Nationen sowie die Stärkung der eigenen Verteidigungsfähigkeiten sind die wichtigsten Instrumente, die Polen zur Stärkung seiner Sicherheit und der anderer Länder in der Region zur Verfügung stehen. Tatsächlich haben die Staaten in Mittel- und Osteuropa 2015 und 2016 ihre Militärausgaben um 2,4 Prozent erhöht. Bereits im Dezember 2012 verabschiedete Polen einen Plan für den Zeitraum von 2013 bis 2022 mit dem Ziel, die Bewaffnung und Ausrüstung der polnischen Streitkräfte durch den Austausch veralteter Waffen und militärischer Ausrüstung zu erneuern sowie Gefechtstechniken zu modernisieren. Um dieses zu erreichen, wurde ein Betrag von 91,5 Milliarden Złoty vorgesehen. Im Juli 2015 entschied sich Polen entsprechend den NATO-Forderungen, seine Verteidigungsausgaben auf zwei Prozent des Bruttoinlandsprodukts (BIP) zu steigern. Das polnische Verteidigungsministerium strebt eine Erhöhung seiner Verteidigungsausgaben bis zum Jahr 2030 auf 2,5 Prozent des BIP an.

Justyna Zając

picture alliance/TASS/dpa

Die ehemaligen sozialistischen Republiken der Sowjetunion beschritten nach der Auflösung der UdSSR im Jahre 1991 jeweils eigene Wege der Staatsbildung. Ein Großteil der Staaten auf ehemaligem Unionsgebiet, darunter auch die baltischen, hatte sich schon bald auf die neue russische Außenpolitik einzustellen, insbesondere auf die Leitlinie in Bezug auf das »nahe Ausland« (near abroad). Dies führte zu neuen Konflikten und zur Schaffung neuer Grenzen bzw. der faktischen Aufteilung von Herrschaftsräumen. Beispielsweise besteht zwischen der Ukraine und der von prorussischen Separatisten 2014 ausgerufenen Volksrepublik Lugansk nur ein einziger auch für Zivilisten passierbarer Kontrollposten, hier eine Aufnahme vom 25. Januar 2017.

Regionale Akteure östlich des NATO-Bündnisses: Aserbaidschan, Armenien, Georgien, Ukraine

Durch ihre Mitgliedschaft in der Europäischen Union (EU) und im Nordatlantikpakt (North Atlantic Treaty Organization, NATO) sind die baltischen Staaten Teil des europäischen Sicherheitsverbundes geworden. Da sie seither somit auch unter dem schützenden Schirm eines atomwaffengestützten Bündnisses stehen, sind sie nicht mehr unmittelbares Ziel des russischen Dominanzstrebens, auch wenn Moskau seine Ambitionen in Bezug auf die baltischen Staaten nicht aufgegeben hat.

Für alle sonstigen Nachfolgestaaten der Sowjetunion, wie etwa die Ukraine oder das südkaukasische Trio aus Armenien, Aserbaidschan und Georgien, gestaltete sich die Situation anders. Sie verfügten über keine kollektive Sicherheitsgarantie, waren im Randbereich der politischen Interessen Russlands als auch Europas sich selbst überlassen und suchten nach eigenen Wegen, Beziehungen zu knüpfen und angemessene politische Positionen gegenüber Europa und Russland zu beziehen, abhängig von der strategischen Situation und den Beziehungen des jeweiligen Landes zu einem sehr großen und immer noch mächtigen Nachbarn.

Ukraine

Die Ukraine war einer jener Staaten, die Russland am nächsten standen. Von der Auflösung der Sowjetunion bis zum Zerwürfnis im Jahre 2014 blieb die Ukraine Russlands strategischer Partner. Ende 2013 wurde sie von einer schweren politischen Krise erschüttert. Der Grund für diese Krise war der Versuch der ehemaligen Sowjetrepublik, sich mit vorläufigen Schritten der Integration und der Unterzeichnung eines Assoziierungsabkommens enger an die EU zu binden. Russland sah hierdurch seine Politik des »near abroad« bedroht und drängte die Regierung des offenkundig korrupten Präsidenten Wiktor Janukowytsch, diesen Pfad der Integration wieder zu verlassen. Das Ergebnis war breiter politischer Widerstand in der ukrainischen Bevölkerung, bekannt geworden unter dem Begriff »Euromaidan«, der dann zur Absetzung von Janukowytsch im Februar 2014 führte.

Russland reagierte darauf recht rasch mit der Besetzung der ukrainischen Halbinsel Krim und begann, die separatistischen Bewegungen im Osten des Landes zu unterstützen. Dies provozierte den Ausbruch eines Bürgerkrieges im östlichen Teil der Ukraine. Die russische Regierung und russische Truppen unterstützen die Separatisten auch heute noch maßgeblich.

Der Konflikt im Osten der Ukraine ist bislang noch nicht beigelegt und hängt an einem sehr brüchigen Waffenstillstandsabkommen, das häufig verletzt wird. Russland hat die Krim in der Zwischenzeit in die Russische Föderation eingegliedert und behandelt sie wie staatseigenes Gebiet. Die Ukraine indes unterhält nach wie vor diplomatische Beziehungen zu Russland, auch wenn diese von Feindseligkeit geprägt sind. Sie erkennt die Eingliederung der Krim nach Russland nicht an, macht Russland für den Konflikt in der Ostukraine verantwortlich und wirft dem Kreml vor, die Separatisten zu unterstützen. Russland streitet sein Engagement im Osten der Ukraine weitestgehend ab und argumentiert, dass die Krim auf legalem Wege in das russische Staatsgefüge eingegliedert worden sei.

Die Lage der Ukraine zwischen Russland und Europa ist vor allem für Russland strategisch wichtig. Als historische Brücke zwischen dem »größeren Europa« (larger Europe) und dem »russischen Kerngebiet« (Russia's mainland) war die Ukraine für Russland schon immer von Bedeutung, vor allem nach wirtschaftlichen und militärischen Maßstäben. Häufig wird auch die Tatsache übersehen, dass die Ukraine für Russland ein territoriales Bindeglied darstellt. Die Entfernung zwischen der ukrainischen Staatsgrenze (im Osten Europas gelegen) und Kasachstan beträgt an den engsten Stellen nur zwischen 500 und 600 km. Dazwischen liegt das Staatsgebiet der Russischen Föderation. Russlands Sorge besteht aus militärischer Sicht also darin, dass NATO-Kräfte bis zu 500 km an das russische Kernland heranrücken würden, sollte die Ukraine der Europäischen Union und später vielleicht auch der NATO beitreten, einem Bündnis also, das Russland als Gegner betrachtet. Würde dieses Gebiet besetzt, wäre Russland auf einen Schlag von zwei Meeren (dem Schwarzen und dem Kaspischen Meer) sowie der gesamten Kaukasusregion abgeschnitten.

Während ein solches Szenario eher unwahrscheinlich ist und daher nicht nachvollziehbar wirken mag, so spiegelt es doch weitestgehend das russische Militär- und Verteidigungsdenken wider, das hinter den Schritten steckt, mit denen Russland seine Beziehungen zur Ukraine zerstört hat. Die Ukraine wiederum hatte in der gesamten Zeit nach dem Zerfall der Sowjetunion mit nahezu flächendeckender Korruption in bis dahin nicht gekanntem Ausmaß zu kämpfen. Das Land hätte das Potenzial gehabt, nach Russland die zweitstärkste Wirtschaftsmacht unter den ehemaligen Sowjetstaaten zu werden. Es wurde stattdessen zu einer der schwächsten Volkswirtschaften heruntergewirtschaftet, und das zusätzlich zu der militärischen Krise. Wegen dieser schwierigen Gemengelage war die Ukraine unfähig, auf Russlands aggressives Verhalten angemessen zu reagieren. Angesichts all dessen ist es unwahrscheinlich, dass Russland seine Politik gegenüber der Ukraine kurz- oder mittelfristig ändern wird.

Armenien

Nach dem Zerfall der Sowjetunion führte Armenien mit seinem Nachbarland Aserbaidschan einen ausgewachsenen Krieg um die Region Bergkarabach, die auf aserbaidschanischem Boden liegt, aber hauptsächlich von Armeniern bevölkert ist. Der Krieg endete 1994 damit, dass Bergkarabach selbst und sieben angrenzende Gebiete Aserbaidschans unter armenischer Besatzung standen. Armenien etablierte in den besetzten Gebieten ein Regime von Separatisten und kontrolliert die Region auf wirtschaftlicher und militärischer Ebene mittels De-facto-Behörden. Diese Gebiete gehören rein rechtlich betrachtet zu Aserbaidschan und sind von der internationalen Gemeinschaft nicht als Staat anerkannt worden; viele internationale Organisationen haben Resolutionen herausgegeben, in denen ein Rückzug Armeniens aus den besetzten Gebieten gefordert wird.

Das aggressive Vorgehen gegen Aserbaidschan bescherte Armenien massive politische und wirtschaftliche Nachteile. Im

picture alliance/dpa

Der armenische Staatspräsident Sersch Sargsjan bekreuzigt sich während eines Gottesdienstes in der Kathedrale der Armenischen Apostolischen Kirche in Moskau, September 2013. Das Bild demonstriert nicht nur die komplexen Verhältnisse in den Beziehungen der ehemaligen sowjetischen Teilrepublik zu Russland, sondern auch die politische Bedeutung der Religion in der ganzen Region.

Nachgang des Konflikts schlossen sowohl Aserbaidschan als auch die Türkei als dessen strategischer Partner und Verbündeter die Grenzen zu Armenien; sie unterhalten seitdem keinerlei diplomatische Beziehungen zu Armenien. Da nun die beiden längsten Grenzen des Landes geschlossen waren, wurde es im Grunde bei allen regionalen Energie- und Infrastrukturprojekten außen vor gelassen. Dank seiner beschränkten Handelsbeziehungen mit dem Iran über die weit kürzere gemeinsame Grenze konnte sich Armenien über Wasser halten und zumindest grundlegende Energie- und Handelsbedarfe decken. Eine andere Grenze, die Armenien noch offen steht, ist die zum Nachbarland Georgien, das für dieses Land die größte Absatzmöglichkeit und Verbindung zu den Weltmärkten und -meeren darstellt.

In einer solch schwierigen strategischen Lage driftete Armenien sowohl wirtschaftlich als auch militärisch unweigerlich in Richtung seines einzigen Verbündeten im nahen Umfeld ab – Russland. In den Jahren nach dem Zerfall der Sowjetunion schaffte Russland es, ein Liefermonopol auf Erdgas nach Armenien zu etablieren, 70 bis 75 Prozent von Armeniens kritischer Infrastruktur zu erwerben (teils durch Regierungskäufe, teils durch private Investoren), seine Militärbasis in Gjumri, der zweitgrößten Stadt Armeniens, zu vergrößern und einen Luftwaffenstützpunkt in der Nähe der armenischen Hauptstadt Jerewan einzurichten. Russische Grenztruppen sind für die Sicherheit armenischer Grenzen verantwortlich. Erst kürzlich haben Armenien und Russland ein Abkommen über gemeinsame Luftverteidigung geschlossen, das die Verantwortung für die Luftverteidigung Armeniens im Grunde genommen an die Russische Föderation übertrug. Darauf folgte ein Abkommen zwischen Armenien und Russland zur Schaffung gemeinsamer Armeeverbände, in dessen Rahmen Verbände in Bataillonsstärke unter gemeinsamem Oberbefehl aufgestellt wurden. Armenien ist zudem ein Mitglied der unter russischer Führung stehenden Organisation des Vertrags über kollektive Sicherheit (Collective Security Treaty Organisation, CSTO), wodurch es erhebliche militärische Unterstützung von Russland erhält, einschließlich Waffen und Nachschub.

Gleichzeitig baute Armenien seine Beziehungen zu den USA und zur EU aus. Armenien ist Teil des NATO-Programms »Partnerschaft für den Frieden« (Partnership for Peace, PfP), führt einen intensiven Dialog über eine Zusammenarbeit mit den Vereinigten Staaten und bewarb sich für einen Beitritt zur EU. Kurz vor Unterzeichnung des Beitrittsabkommens entschied sich Armeniens Präsident Wasken Sarkissjan unter massivem Druck von russischer Seite gegen einen EU-Beitritt. Stattdessen wurde Armenien ein Mitglied in der russisch dominierten Eurasischen Wirtschaftsunion. Diese Kehrtwende in der Außenpolitik zeigt deutlich, wieviel Einfluss Russland tatsächlich in diesem Land hat.

Insgesamt wird Armenien wirtschaftlich von russischem Engagement, Zahlungen aus der großen globalen armenischen Diaspora und eingeschränktem Handel über Wasser gehalten. Durch seine starke Abhängigkeit von Russland ist Armenien in seinen politischen und strategischen Entscheidungen sehr eingeschränkt. Dass diese sich über die vergangenen Jahrzehnte

Krisenherde in Osteuropa 1990–2017

Quelle: B. Lemke, Periphery or Contact Zone?, 2015, Nachsatz.

©ZMSBw 08084-03

hinweg stetig verstärkende Abhängigkeit in näherer Zukunft abnehmen wird, ist unwahrscheinlich.

Aserbaidschan

Wirtschaftlich wie auch politisch befand sich Aserbaidschan nach dem Zerfall der Sowjetunion, ebenso wie die meisten anderen ehemaligen Sowjetstaaten, in einer sehr schwierigen Lage. Zudem wurde Aserbaidschan durch den Krieg mit Armenien verwüstet und verlor im Zuge dessen auch Teile seines Staatsgebietes. Nach dem Ende des Krieges im Jahr 1994 war Aserbaidschans politische Situation kritisch. Im Gegensatz zu Armenien, das Russland sehr nahe stand und auch während des Krieges russische Unterstützung erfahren hatte, konnte Aserbaidschan keine so guten Beziehungen mit einem der wichtigen und mächtigeren regionalen Akteure vorweisen. Mit seinem offenkundigen Misstrauen und der Vorsicht gegenüber Russland, einhergehend mit einem sehr distanzierten Verhältnis zum Iran, blieb Aserbaidschan als Kooperationspartner nur der drittwichtigste Akteur der Region: die Türkei. Jedoch sollten sich diese engen Beziehungen zur Türkei als ausschlaggebend für die Entwicklung Aserbaidschans zum dann doch führenden Staat in der kleinen Region Südkaukasus erweisen.

Im Gegensatz zu seinen Nachbarn Armenien und Georgien besitzt Aserbaidschan beträchtliche Vorkommen an fossilen Brennstoffen wie Öl und Gas, was dem Land ein rasches und beträchtliches Wirtschaftswachstum bescherte. Seit 1994 besteht seine Wirtschaftsstrategie darin, diese Ressourcen in den Westen und nicht nach Russland zu exportieren. Allen russischen Bemühungen und Protesten zum Trotz gelang es dem Land, Ölexporte über eine Pipeline von Georgien in die Türkei zu etablieren und Russland so komplett zu umgehen. Das zweite, ähnlich große aserbaidschanische Projekt in dieser Hinsicht umfasst Gasexporte nach Europa. Dadurch soll Europas Gasversorgung auf eine breitere Basis gestellt werden, um die Länder der Union von Russland unabhängiger zu machen und einen Beitrag zur europäischen Energiesicherheit zu leisten. Die projektierten Gas-

Pipelines sollen planmäßig zu Beginn der 2020er Jahre in Betrieb genommen werden.

Es überrascht nicht, dass Aserbaidschans unabhängige Politik Anlass für Spannungen mit Russland bot. Darüber hinaus gelang es Aserbaidschan im Jahre 2012, die verbliebene russische Militärpräsenz im Lande zu beenden. In diesem Jahr lief der russische Leasing-Vertrag über die Radarstation in der aserbaidschanischen Stadt Gabala aus und Aserbaidschan verweigerte eine Verlängerung. Das Land arbeitet im Rahmen des PfP-Programms eng mit der NATO zusammen und unterstützt die USA sowie Israel in militärischen Angelegenheiten im großen Stil. Zudem beteiligt es sich aktiv an den Terrorbekämpfungsmaßnahmen dieser beiden Länder. Des Weiteren muss erwähnt werden, dass Aserbaidschan wegen des andauernden Konflikts in Bergkarabach einen beträchtlichen Anteil seiner Ressourcen in seinen Verteidigungsetat investiert hat.

Trotz all dieser Faktoren sind die Beziehungen zwischen Aserbaidschan und Russland derzeit nicht übermäßig angespannt. Ganz im Gegenteil: Dank seines politischen Taktierens und einer Außenpolitik, die in verschiedene Richtungen zielt, ist Aserbaidschan derzeit das einzige Land im Südkaukasus, das sowohl zu Russland als auch dem Westen diplomatische Beziehungen pflegt.

Aserbaidschan hat bislang keinerlei Anstalten unternommen, der EU oder der NATO beizutreten. Vielmehr hat es sich dafür entschieden, sich nicht gegen Russland zu stellen, sondern stattdessen der Bewegung der Blockfreien Staaten beizutreten und so die Bereitschaft zu signalisieren, mit jedem interessierten Akteur zusammenzuarbeiten, ohne sich dabei auf Angliederungsversuche einzulassen. Genauso verhielt es sich gegenüber den russischen Projekten wie der Eurasischen Wirtschaftsunion und der Organisation des Vertrags über kollektive Sicherheit (CSTO). Indem es seine neutrale Position aufrechterhielt, konnte Aserbaidschan bis heute erfolgreich den Spagat zwischen regionalen und globalen Mächten meistern, ohne seine allgemeine Sicherheit zu gefährden.

Russlands Politik gegenüber Aserbaidschan mündete in eine komplizierte Pattsituation ein, in der Russland keinen nennenswerten wirtschaftlichen Einfluss auf Aserbaidschan hat – ganz

picture alliance/dpa

Ein russischer Soldat bewacht georgische Panzer, die von der russischen Armee erobert wurden, Südossetien, 17. August 2008.

anders als in Armenien. Gleichzeitig verfügt Russland, anders als etwa im benachbarten Georgien, hier auch nicht über starke Soft-power-Mechanismen wie beispielsweise die orthodoxe Kirche, da Aserbaidschan mehrheitlich muslimisch ist. Das einzige reelle Druckmittel, das Russland gegenüber Aserbaidschan zur Verfügung steht, ist folglich der Konflikt in Bergkarabach, den Russland nutzt, um sowohl auf Aserbaidschan als auch auf Armenien Druck auszuüben, indem es beide Länder gleichzeitig mit Waffen versorgt.

Georgien

Der Zerfall der Sowjetunion war auch für Georgien eine Herausforderung. Interne Konflikte mit den abtrünnigen georgischen Gebieten Südossetien und Abchasien, eine immer stärker werdende nationalistische Bewegung und Aufruhr in der Regierung sowie eine schlechte wirtschaftliche Lage standen am Anfang der unabhängigen Entwicklung Georgiens. Seit den frühen 1990er Jahren und bis in die Anfänge der 2000er Jahre hinein unterhielt Georgien vergleichsweise gute Beziehungen zu Russland. Es beherbergte einige von Russlands Militärbasen und genoss günstige Handelsbedingungen. Als Folge des Gipfeltreffens der Organisation für Sicherheit und Zusammenarbeit in Europa (OSZE) im Jahre 1999 in Istanbul und des dort geschlossenen Abkommens begann sich die Lage jedoch zu ändern. Russland stimmte zu, seine Militärstützpunkte in Georgien ab dem Jahr 2001 sukzessive abzubauen, was letztlich erst 2007 abgeschlossen war.

Nachdem 2003 die Spannungen in der georgischen Bevölkerung aufgrund der Korruption der Regierung unter Eduard Schewardnadse ihren Höhepunkt erreicht hatten, kam es in Georgien zu einem Regierungswechsel, der später die Bezeichnung »Rosenrevolution« erhielt. Nach diesem Ereignis wurde Revolutionsführer Micheil Saakaschwili zum neuen Präsidenten gewählt. Interessanterweise stellt dies den Wendepunkt dar, an dem sich Georgien völlig dem Westen, den USA und Europa zu- und von Russland abwandte. Saakaschwilis Politik, die bei so mancher Gelegenheit von Russland als offen feindlich empfunden wurde, eskalierte 2008, als georgische Truppen versuchten, die abtrünnige Provinz Südossetien wiedereinzunehmen und dabei die zentral gelegene Stadt Zchinwali schwer bombardierten. Russland hatte bereits in den frühen 1990er Jahren Friedenstruppen dort stationiert und marschierte als Antwort in den Separatistenregionen Südossetien und Abchasien ein. Es folgten fünf Tage andauernde Kämpfe, die mit einem Rückzug georgischer Truppen endeten. Russland und Georgien kappten ihre diplomatischen Beziehungen und die Russische Föderation erkannte die abtrünnigen Gebiete mit ihren separatistischen Regierungen als eigenständige Staaten an.

Georgien ist heute ein pro-westliches Land mit wenig Verbindung zu Russland. Es hat offen die Absicht geäußert, künftig sowohl Mitglied der NATO als auch der EU werden zu wollen, und verhält sich sowohl auf politischer als auch auf diplomatischer Ebene entsprechend. Ungeachtet dieser Tatsache vertrat die neue georgische Regierung, nachdem Saakaschwilis Partei die Wahlen 2012 verloren hatte, eine lockerere Haltung gegenüber Russland und ließ in eingeschränktem Maße Kontakte mit Russland zu, um einem grundlegenden Handlungsbedarf im humanitären und wirtschaftlichen Bereich gerecht zu werden. Diese Einstellung wiederum erlaubte es Russland, mehr Softpower-Mechanismen in Georgien in Gang zu setzen, die sich bislang indes kaum auf Georgiens Grundsatzpolitik gegenüber der Russischen Föderation auswirken.

Trotz allem bleibt Georgien aufgrund seiner geografischen Lage für die Verbindung Russlands zum Nordkaukasus ein strategisch wichtiges Land für russische Interessen. Zudem stellt der Weg über Georgien für Aserbaidschan die einzige Verbindung zur Türkei dar und bietet Zugang zum Westen.

Strategische Gesamtsituation

Russland wird auch weiterhin strategisches Interesse an der Ukraine und am Südkaukasus bekunden. Die Ukraine wird als das historische Kernland russischer Zivilisation betrachtet und ist sowohl aus militärischer als auch aus wirtschaftlicher Sicht von Bedeutung, und der Südkaukasus war in vielerlei Hinsicht schon immer ein wichtiger Knotenpunkt. Aufgrund seiner geografischen Lage zwischen Russland, dem Iran und der Türkei hat die Macht, die dort den meisten Einfluss besitzt, praktisch die Kontrolle über das Kaspische Meer. Daher ringen diese drei Regionalmächte seit jeher um die Vorherrschaft in diesem Gebiet, und im Zuge der zunehmenden Globalisierung beteiligen sich auch die USA, die EU und China an den Streitigkeiten.

Die Beziehungen zwischen Armenien, Aserbaidschan, Georgien und der Ukraine untereinander sind nicht weniger kompliziert als deren Beziehungen zu Russland. Im Großen und Ganzen sind diese Länder – einmal abgesehen von der Beziehung zwischen Armenien und Aserbaidschan – jedoch stabil und kooperationswillig. Dennoch verfolgen sie dank ihrer unterschiedlichen Außenpolitik und den entsprechenden Beziehungen mit dem Nachbarn Russland ganz unterschiedliche Strategien. Russland wiederum ist daher bereit, diese Differenzen zu nutzen und seinen Einfluss auf das »nahe Ausland« frei nach dem Motto *divide et impera* (»teile und herrsche«) auszubauen. Dabei macht es sich insbesondere bewaffnete Konflikte zunutze, die ganz deutliche Anzeichen des allgegenwärtigen russischen Einflusses erkennen lassen.

Kamal Makili-Aliyev

ullstein bild – Reuters/INTS KALNINS

Seit Russland im März 2014 die Krim-Halbinsel im Schwarzen Meer annektierte, steht auch der Ostseeraum wieder im Fokus der europäischen Sicherheitspolitik. Beobachter sprechen von einem »strategischen Hotspot«. Sie diskutieren, ob der Westen in der Lage ist, das Baltikum zu verteidigen, und wie die militärische Kooperation zwischen Alliierten und Partnern in der Region verbessert werden kann. Nicht alle Ostsee-Anrainer sind Mitglieder der NATO. Um die Zusammenarbeit gerade bei der Verteidigung zu verbessern, haben sich Island, Dänemark, Finnland, Norwegen und Schweden zur Nordic Defence Cooperation (NORDEFCO) zusammengeschlossen, die indes kein formales Bündnis mit festen Kommandostrukturen ist, sondern ein Forum für freiwillige Zusammenarbeit in wichtigen Bereichen (u.a. in der gemeinsamen Fähigkeitsentwicklung) und den wechselseitigen Austausch. Das Bild zeigt norwegische Soldaten während der NATO-Großübung »Iron Wolf« in Stašėnai, Litauen, im Juni 2017.

Der Ostseeraum im Spannungsfeld geostrategischer Interessen

Ob zuzeiten der Hanse, im Dreißigjährigen Krieg, im Zeitalter der Weltkriege oder im Kalten Krieg – der Ostseeraum war immer schon von besonderem strategischem Interesse. Allerdings wechselten sich in dieser Region Phasen der Anspannung immer wieder mit längeren Perioden der Stabilität ab. Die heutige Situation wird vor allem von den Auswirkungen der Besetzung der Krim durch Russland stark beeinflusst. Diesem strategischen Schock war eine längere Periode vorausgegangen, in der die Region sicherheitspolitisch nur wenig Beachtung erfahren hatte.

Mit der Auflösung der Sowjetunion hatte Anfang der 1990er Jahre zunächst Unsicherheit über die Zukunft der Russischen Föderation und ihr Verhältnis zu den unabhängig gewordenen baltischen Staaten geherrscht. Bald aber setzte eine Phase ein, in der die Ostsee vor allem als stabiler und wirtschaftlich dynamischer Raum hervortrat, in dem sich die euro-atlantischen Strukturen ohne größere Konflikte ausweiteten. Gleichzeitig richtete sich die strategische Aufmerksamkeit des Westens auf die Südflanke der Allianz, auf den Balkan und die Konflikte im Nahen Osten und in Afrika. Spätestens nach dem Terrorangriff von 9/11 und mit den darauffolgenden Kriegen in Afghanistan und Irak war die NATO »out of area«. Das »Kerngeschäft« der Allianz, die kollektive Verteidigung, war auf der westlichen Agenda in den Hintergrund gerückt.

Währenddessen arbeitete Präsident Wladimir Putin seit seinem Amtsantritt 2000 zielgerichtet auf die Wiederherstellung von Russlands Großmachtstatus hin. Spätestens mit dem georgisch-russischen Krieg 2008 zeichnete sich ab, dass Russland bereit war, auf weitere Eingriffe in seine Interessensphäre auch militärisch zu reagieren. Insbesondere nach der völkerrechtswidrigen Annexion der Krim und der militärischen Destabilisierung der Ostukraine, begann sich die strategische Bedeutung des Ostseeraums grundlegend zu ändern.

Die Ostsee als strategischer Raum

Die strategische Besonderheit des Ostseeraums ergibt sich aus geografischen Gegebenheiten, sie ist aber auch das Ergebnis historischer Entwicklungen. Die Nachbarschaft von kleinen und mittelgroßen Staaten westlicher Ausrichtung zur Großmacht Russland ist dabei das prägende Element.

Die geringe Ausdehnung der Ostsee zwischen den einzelnen Gestaden und die Tatsache, dass es nur einen Ausgang zu den Weltmeeren gibt, machen die Ostsee militärisch zu einem anspruchsvollen Einsatzgebiet. Als Binnenmeer ist sie ein typisches Beispiel für sogenannte Confined Shallow Waters, die durch von Inselgruppen und Buchten zerklüftete Küstengebiete sowie durch ein hohes Aufkommen zivilen Schiff- und Flugverkehrs gekennzeichnet sind. Hinzu kommen Unterseekabel und Pipelines.

Geopolitisch bedeutsam werden diese Gegebenheiten allerdings erst, wenn eine Region wie die Ostsee zur Projektionsfläche politischer Konflikte wird. Dazu zählen die erhöhte Aktivität des russischen Militärs, Cyber- und Propagandaangriffe oder Geheimdiensttätigkeit. Die baltischen Staaten sehen sich zusehends als Opfer »hybrider« Kriegführung (zu diesen Aspekten siehe auch den Beitrag von Gediminas Vitkus und den Infokasten von Hans-Joachim Reeb).

Strategieexperten beschäftigt aber vor allem die Frage, inwieweit Russland in der Lage ist, westlichen Streitkräften im Fall eines konventionellen Konfliktes den Zugang zum Baltikum zu verwehren. Diese Fähigkeit, bekannt unter dem Kürzel A2AD (Anti Access/Area Denial), bedeutet, dass moderne land- und seegestützte Raketensysteme es schwierig machen, einem Alliierten in Not zur Hilfe zu eilen oder eigene Streitkräfte zu verstärken. Von seiner Exklave Kaliningrad aus könnte Russland im Fall eines Konfliktes nicht nur die einzige Landverbindung zur Nordostflanke der NATO kappen (die 65 km breite Suwalki-Lücke, die Polen mit Litauen verbindet), sondern mit Hilfe moderner Raketensysteme auch große Teile des Ostseeraums bedrohen. Zu umgehen ist diese Strategie letztendlich nur durch eine dauerhafte Präsenz umfassender westlicher Streitkräfte in den baltischen Staaten sowie an anderen strategischen Punkten des

Ostseeraums. Abgesehen von dem Kostenaufwand muss dieses Vorgehen aber abgewogen werden gegen die Gefahr permanenter Spannung und potenzieller Eskalation. Auf dem Gipfel von Wales im August 2014 verabschiedete die NATO mit dem Readiness Action Plan (RAP) eine Reihe von Maßnahmen, mit denen die seit Jahren vernachlässigte Reaktionsfähigkeit und Einsatzbereitschaft der Allianz gestärkt werden sollte. Zudem bekannten sich die Alliierten dazu, mehr in die Verteidigung zu investieren. Zwei Jahre später einigten sich die NATO-Staaten in Warschau auf die Etablierung der Enhanced Forward Presence (EFP), die Entsendung rotierender multinationaler Bataillone in das Baltikum und nach Polen. Das EFP-Konzept ist ein Kompromiss zwischen jenen, die eine robuste permanente Präsenz der NATO in den osteuropäischen NATO-Ländern fordern, und jenen, die in der Stationierung westlicher Truppen in den östlichen Mitgliedsstaaten eine Verletzung der NATO-Russland-Grundakte aus dem Jahre 1997 und damit eine unnötige Eskalierung des Konflikts mit Russland sehen.

Traditionell prägen neben der geografischen Nähe zu Russland auch historische Erfahrungen die Verteidigungskonzeption der Ostseeanrainer. Dies gilt insbesondere für die ehemaligen Staaten des Warschauer Paktes, die nach Ende des Kalten Krieges nicht nur auf die Aufnahme in die westliche Sicherheitsgemeinschaft gedrängt, sondern auch massiv in nationale Fähigkeiten investiert haben. Während Polen sich militärisch zu einer Regionalmacht entwickelt hat, haben die baltischen Staaten großes Gewicht auf die Stärkung ihrer Fähigkeit im Kampf gegen hybride Bedrohungen gelegt.

Aber auch die strategische Ausrichtung der nordischen Staaten ist traditionell von der Nachbarschaft zu Russland geprägt. Finnland, das mit Russland eine lange Grenze teilt, hat aus den Kriegen des 20. Jahrhunderts und aus den Erfahrungen des Kalten Krieges die Lehre gezogen, sich militärisch in erster Linie auf sich selbst zu verlassen. Es setzt weiterhin auf eine umfassende Landmacht, die auf der allgemeinen Wehrpflicht basiert. Mit Blick auf die Schnelligkeit, mit der Russland 2014 die Kontrolle über die Krim ergriffen hat, wurde zwischenzeitlich [in Helsinki] erwogen, den autonomen und entmilitarisierten Status des strategisch am Eingang des Bottnischen Meerbusens gelegenen

Åland-Archipels aufzuheben. Anders als die anderen nordischen Länder verzichtete Finnland auch nach Ende des Kalten Krieges auf eine radikale Umgestaltung seiner Verteidigungsstrategie und somit auf den massiven Abbau seiner militärischen Kräfte. Es setzt weiterhin auf eine umfassende Landmacht, die auf der allgemeinen Wehrpflicht basiert.

In Schweden fand dagegen zunächst ein umfassender Abbau der militärischen Fähigkeiten und eine Konzentration auf Krisenmanagement statt. Erst unter dem Eindruck einer zunehmend angespannten Sicherheitslage hat Schweden jüngst beschlossen, wieder mehr in die nationale Verteidigungsfähigkeit zu investieren, einschließlich der Wiedereinführung der Wehrpflicht und der Remilitarisierung der strategisch wichtigen Insel Gotland. Selbst Dänemark, das nach 1990 den vielleicht radikalsten Umbau seiner Streitkräfte für global ausgerichtetes Krisenmanagement vollzogen hatte, ist sich nach einer Reihe russischer Provokationen wieder mehr seiner strategisch wichtigen Lage am Ausgang der Ostsee bewusst geworden. Im Sommer 2014 simulierte die russische Luftwaffe einen Raketenangriff auf die Insel Bornholm.

Norwegens sicherheitspolitisches Augenmerk gilt dem Nordatlantik und der Arktis. Gleichzeitig ist das Land aber durch die engen Verbindungen zu den skandinavischen und nordischen Nachbarn in die Sicherheitslage des Ostseeraums eingebunden. Umgekehrt hofft Norwegen, dass sich die Alliierten stärker für die Sicherheitslage im Hohen Norden – von der Barentssee bis zum Nordatlantik – interessieren, wo Russland im Konfliktfall die eigene Vorwärtsverteidigung aufbauen würde.

Die geostrategischen Interessen Norwegens und Dänemarks machen deutlich, dass der Ostseeraum nicht isoliert zu sehen ist, sondern gerade auch etwa von der Krim-Krise 2014 tangiert wird. Dass die Nord- und die Südflanke der Allianz nicht getrennt betrachtet werden dürfen, sondern im wechselseitigen Zusammenhang, zeigt ebenso die Debatte um den Raketenabwehrschirm der NATO. Alle Ostseeanrainer sind zudem durch Nachbarschaft und/oder durch ihre Mitgliedschaft in Organisationen wie NATO, EU und OSZE zur Solidarität mit Ländern außerhalb der Region verpflichtet.

Das wichtigste Zeichen des deutschen Engagements für die Sicherheit der Region ist indes die Übernahme der Führungsverantwortung als Teil der Enhanced Forward Presence in Litauen. Die deutsche Beteiligung an den Rückversicherungs- und Abschreckungsmaßnahmen der NATO ist umso bedeutsamer, als Berlin auch der wichtigste Anwalt eines politischen Dialogs mit Russlands ist und im Ostseeraum in die wirtschaftliche Zusammenarbeit investiert, etwa im Zusammenhang mit der Pipeline Nord Stream 2.

Der Ostseeraum als Teil der euro-atlantischen Sicherheitsarchitektur

Geografische Gegebenheiten und geschichtliche Entwicklungen haben im Ostseeraum ein komplexes Gefüge aus bilateralen, regionalen und multilateralen Kooperationsformaten entstehen lassen. Zu Beginn der 1990er Jahre löste sich die Sicherheitsarchitektur des Kalten Krieges auf, in der sich NATO-Alliierte, Allianzfreie und Staaten des Warschauer Paktes in der Ostsee gegenüberstanden. Das regionale Institutionengefüge war allerdings schon immer durch eine gewisse Dynamik gekennzeichnet. So unterhielt Schweden trotz seiner Neutralitätspolitik enge Verbindungen zum Westen. Gleichzeitig unterlag die NATO-Mitgliedschaft Dänemarks und Norwegens gewissen Vorbehalten, die auch heute noch teilweise gültig sind.

Die Anbindung der Nordischen Staaten an die EU ist bis heute von vergleichbarer Vielfalt gekennzeichnet. Während das Nicht-Mitglied Norwegen den engen Anschluss an die GASP (GSVP) sucht, nimmt das Mitgliedsland Dänemark daran nicht teil. Komplettiert wurde die regionale Sicherheitsordnung durch Initiativen zur Stärkung der nordischen Verteidigungskooperation, die aber aufgrund der unterschiedlichen sicherheitspolitischen Ausrichtung der einzelnen Staaten begrenzt blieben. Mit der Mitgliedschaft Polens und der baltischen Staaten in EU und NATO (1999 und 2004) dehnte sich die euro-atlantische Sicherheitsgemeinschaft bis an die Grenze Russlands aus. Parallel zu ihrem EU-Beitritt 1995 intensivierten und formalisierten Schwe-

Vor den Botschaften der nordischen Länder im Berliner Bezirk Tiergarten wehen am 11. Oktober 1999 die Fahnen der einzelnen Staaten. Erstmalig in ihrer Geschichte sind Dänemark, Finnland, Island, Norwegen und Schweden mit einem gemeinsamen Botschaftskomplex in Berlin vertreten. Damit kommt nicht nur die Bedeutung der gemeinsamen Beziehungen zu Deutschland, sondern insbesondere auch die Hoffnung auf gemeinsame Kooperation aller Ostseeanrainer zum Ausdruck.

den und Finnland auch ihre Anbindung an die NATO, ohne allerdings den Schritt der Vollmitgliedschaft zu vollziehen.

Die Zusammenarbeit unter den Anrainerstaaten intensivierte sich nach Ende des Kalten Krieges ebenfalls. Zum einen waren nun die Hindernisse für eine sicherheitspolitische Zusammenarbeit zwischen den nordischen Ländern geringer geworden, was sich 2009 mit der Etablierung der Nordic Defence Cooperation (NORDEFCO) konkretisierte. Zum anderen unterstützten die nordischen Staaten aktiv die Einbeziehung der baltischen Staaten in die regionalen Kooperationsstrukturen. Initiativen wie der britische Vorschlag einer Northern Group von 2010 zielten darauf ab, die nordeuropäischen Großmächte systematischer in die Sicherheitsbelange der Region einzubinden. Die angespannte geopolitische Lage seit 2014 hat erneut die Frage aufgeworfen, wie die Länder des Ostseeraums durch engere bilaterale und regionale Zusammenarbeit zur Sicherheit und Stabilität in der Region beitragen können. Nach wie vor zeichnet sich der nordöstliche Teil der euro-atlantischen Sicherheitsarchitektur aber durch die Vielfalt der Kooperationsformate und Anschlüsse aus, wobei die Anbindung an NATO und EU sowie die Beziehungen zu den USA für sämtliche Staaten Priorität haben.

Das Engagement der USA ist für alle westlichen Ostsee-Staaten, einschließlich der Allianzfreien, der zentrale Bestandteil ihrer Verteidigungskonzeption. Die USA setzten sich in den 1990er Jahren für eine engere Zusammenarbeit mit den baltischen Ländern ein und wurden Anfang der 2000er zum wichtigsten Fürsprecher ihrer NATO-Mitgliedschaft.

Auch heute engagieren sich einflussreiche Stimmen in Washington für eine robuste militärische Unterstützung des Baltikums. Dies wurde deutlich, als die USA im Frühjahr 2014 auf die angespannte Situation mit einer Aufstockung ihrer militärischen Präsenz in der Region und der Bewilligung bedeutender Finanzmittel durch die European Reassurance Initiative (ERI) reagierten. Das Engagement der USA vollzieht sich dabei nicht nur im Rahmen der NATO, sondern zu einem großen Teil auch bilateral. Insbesondere im Baltikum und in Polen wird das amerikanische Engagement als wirkungsvolle Ergänzung der alliierten Abschreckung geschätzt, aber auch die übrigen Alliierten sehen den strategischen Nutzen einer starken US-Präsenz. Die USA ihrerseits koordinieren den Großteil ihres militärischen Engagements in der Region mit den europäischen Alliierten, wünschen sich dabei aber insbesondere von Deutschland mehr Führungsverantwortung. Sowohl die amerikanische Forderung nach einem größeren Beitrag der Europäer zur Lastenverteilung innerhalb der Allianz als auch das offensichtlich geringe Interesse von US-Präsident Donald Trump für multilaterale Institutionen bieten den europäischen Alliierten die Möglichkeit, eine wichtigere militärische Rolle in der Region einzunehmen.

Abschreckung und Beruhigung

Für eine Bewertung, ob die derzeitige Sicherheitslage den Auftakt zu einer neuen Phase in der Geschichte des Ostseeraums darstellt und ob das Jahr 2014 als ein historischer Wendepunkt eingestuft werden kann, ist es noch zu früh, zumal über die potenziellen Auswirkungen weiterer »strategischer Schocks« – die

Brexit-Entscheidung Großbritanniens und die Wahl Donald Trumps zum amerikanischen Präsidenten 2016 – vorerst nur spekuliert werden kann. Sicher ist aber, dass der Umbruch von 2014 eine neue Debatte über die wichtigsten strategischen Dilemmata der Region angefacht hat.

Dazu gehört nach wie vor die Ausdehnung der NATO und die Frage, ob eine NATO-Mitgliedschaft Finnlands und Schwedens den Ostseeraum stabiler machen würde oder nicht. Politisch scheint eine Mitgliedschaft weder in Schweden noch in Finnland durchsetzbar zu sein. Beide Länder haben sich deshalb den Status der besonderen Partnerschaft erarbeitet, der sie so eng an die Allianz bindet, dass sie kaum noch aus der strategischen Planung des Westens ausgeklammert werden können. Damit werden zwar einige strategische Herausforderungen (z.B. Überflugrechte und gemeinsame Manöver) unter Umgehung der Mitgliedschaftsfrage gelöst. Gleichzeitig bleibt aber weiterhin offen, ob Partnerschaftsstatus, EU-Solidarität und bilaterale Abkommen ein ausreichender Ersatz für die Sicherheitsgarantie der Allianz sein können.

Das aktuellere Dilemma liegt in der Frage, ob die Allianz dem aggressiven Vorgehen Russlands mit einer Aufstockung seiner Präsenz in der Region antworten soll und wie umfassend diese Präsenz sein sollte. Dem Ziel, die osteuropäischen Alliierten zu beruhigen und einen Angriff Russlands abzuschrecken, steht die Sorge gegenüber, dass eine militärische Aufrüstung des Westens die Lage eskalieren würde, ohne nennenswerte Sicherheitsvorteile zu bringen. Anders als im Kalten Krieg versucht das »moderne« Abschreckungskonzept der NATO nicht ein konventionelles Gleichgewicht entlang der Grenze zu Russland aufzubauen, sondern es will stattdessen einen multinationalen »Stolperdraht« errichten, der im Falle eines Angriffs auf einen Mitgliedsstaat die gesamte Allianz einbezieht (Art. 5 Nordatlantikvertrag). Ob diese Maßnahmen ausreichen, um Russland dauerhaft von einem Übergriff abzuschrecken, und ob EFP dazu geeignet ist, auch sogenannte hybride Angriffe zu erkennen und sie zu erwidern – darüber wird weiterhin heftig diskutiert. Entscheidend ist, dass die Allianz mit den Beschlüssen von Warschau Einigkeit demonstrierte und dass einige der größten Mitgliedsstaaten – darunter Deutschland – militärische Führungsverantwortung übernahmen und sich damit explizit der kollektiven Sicherheit verpflichteten.

Ein drittes Problemfeld betrifft die Frage, ob der Stabilität des Ostseeraums damit gedient ist, als nordöstliche Flanke der NATO im Fokus des strategischen Interesses zu stehen. Ein Ergebnis der NATO-Gipfel von Wales und Warschau war die Erkenntnis, dass die Allianz den unterschiedlichen Sicherheitsinteressen aller Mitglieder Rechnung tragen und in alle Richtungen (»360 Grad«) agieren muss. Während die nordöstlichen Staaten Russland fürchten und eine Konzentration der NATO auf das »Kerngeschäft« von kollektiver Sicherheit und Abschreckung einfordern, wünschen sich die südeuropäischen Länder den Beistand der NATO bei der Stabilisierung des Mittelmeerraums. Für die Ostseeanrainer bedeutet dies, dass sie mit anderen Regionen um die sicherheitspolitische Aufmerksamkeit und auch die Ressourcen konkurrieren.

Insgesamt hat die Krise von 2014 dazu geführt, dass die NATO die strategische Bedeutung des Ostseeraums wiederentdeckt hat, ohne dass die Beruhigungs- und Anpassungsmaßnahmen den Konflikt mit Russland weiter verschärft haben. Die sicherheitspolitische Lage in der Region kann durch Änderungen in der Strategie der Großmächte, aber auch durch Maßnahmen der europäischen Staaten beeinflusst werden. Die Erfahrungen der letzten Jahre haben gezeigt, dass eine sorgfältige Balance von glaubwürdiger Abschreckung und Dialog die beste Garantie für eine Stabilisierung der Region und möglicherweise der Ausgangspunkt in eine erneute Phase der Kooperation im Ostseeraum ist. Damit würden entsprechende Konzepte der Allianz aus der Zeit des Kalten Krieges, die gleichzeitig sowohl militärische Stärke als auch Verhandlungsbereitschaft beinhalteten (etwa der Harmel-Bericht von 1967), zumindest im Grundsatz eine Fortsetzung finden.

Robin Allers, Paal Sigurd Hilde

Geschichte im Überblick

Vor- und Frühzeit	
11 000 v.Chr.	Erste Spuren der Besiedlung
ab 3100 v.Chr.	Beginn der Einwanderung Nordwest-Indogermanisch sprechender Gruppen, der Grundlage der baltischen Sprachen
200 v.Chr.–500 n.Chr.	Besiedlung des Südbaltikums durch ostgermanische Stämme
500–800	Verstärkte Einwanderung von Slawen zur Zeit der Völkerwanderung
1009	Erste Erwähnung des Namens Litua im Zusammenhang mit der Pruzzenmission des Erzbischofs Brun von Querfurt

Mittelalter und Vorherrschaft des Deutschen Ordens	
1200	Kreuzzug des Bremer Domherren Albert von Bekeshoveden nach Livland
1201	Gründung der Stadt Riga
1204/05	Gründung des Schwertbrüderordens
1207	Der Stauferkaiser Phillip von Schwaben wird Lehnsherr von Albert und Livland wird Teil des Heiligen Römischen Reiches
1208–1227	Im Estenkrieges werden fast alle estnischen Siedlungsgebiete vom Schwertbrüderorden erobert
1219	Gründung von Reval, dem späteren Tallinn
1237/38	Niederlage der Schwertbrüder gegen die Litauer und Eingliederung in den Deutschen Orden
1238	Teilung Estlands in einen deutschen und einen dänischen Teil

Mittelalter und Vorherrschaft des Deutschen Ordens

1242	Schlacht auf dem Peipussee
1246	Konversion von Fürst Mindaugas I. zum orthodoxen Christentum
1253	Gründung des Königreichs Litauen. Übertritt von Mindaugas zur katholischen Kirche, gleichzeitig Empfang der Königskrone vom Papst
1282	Riga tritt der Hanse bei
1341	Aufstand der Esten gegen die dänisch-deutsche Herrschaft
1346	Verkauf Dänisch-Estlands an den Deutschen Orden
1368	Schlacht von Rudau
1385	Polnisch-litauische Personalunion von Krewo
1386	Übertritt des Großfürsten von Litauen Jogaila zum Christentum und Krönung zum König von Polen als Władysław II. Jagiełło
1410	Niederlage des Deutschen Ordens gegen Polen-Litauen bei Tannenberg

Frühe Neuzeit

1524/25	Die Reformation erreicht Livland
1529	Kodifizierung des litauischen Stammes- und Gewohnheitsrechts im ersten Litauischen Statut
1558–1582	Livländischer Krieg
1561	Das weitgehend unabhängige Herzogtum Kurland entsteht unter polnischer Oberhoheit. Reval unterstellt sich der schwedischen Krone
1566	Zweites Litauisches Statut

1569	Die polnisch-litauische Realunion von Lublin führt zur Entstehung einer polnisch-litauischen Wahlmonarchie
1582	Riga unterwirft sich Polen-Litauen. Die Constitutiones Livoniae schafft Privilegien der livländischen Ritterschaft ab und ersetzt das Deutsche durch Polnisch als Kanzleisprache
1588	Infolge der Union von Lublin entsteht das dritte Litauische Statut, erstmals auch in gedruckter Form
1629	Beim Frieden von Altmark fallen große Teile des polnisch-litauischen Livlands an Schweden
1645	Beim Frieden von Brömsebro fällt Ösel unter schwedische Herrschaft
1648	Kosakenaufstand in Polen-Litauen und der Ukraine, begleitet von Ausschreitungen und Morden an Adligen, katholischen Priestern und Juden
1651	Kurland gründet die erste europäische Kolonie in Gambia
1655–1660	Schwedisch-Polnischer Krieg, begleitet von schweren Verwüstungen
1660	Beim Frieden von Oliva fällt Livland, mit Ausnahme Letgallens, an Schweden
1696	Polnisch wird im litauischen Reichstag zur Kanzleisprache.
1700–1721	Großer Nordischer Krieg
1700	Schwedischer Sieg in der Schlacht von Narva. 4 Jahre später erobert Peter der Große die Stadt
1710	Russland besetzt die schwedischen Ostseeprovinzen

Frühe Neuzeit

1721	Beim Frieden von Nystad fallen Estland, Livland und Ösel an Russland

Von den polnischen Teilungen bis zum Ersten Weltkrieg

1772	Im Zuge der ersten polnischen Teilung fallen alle litauischen Gebiete östlich von Düna und Dnepr an Russland
1783	Livland und Estland werden zu einem Gouvernement zusammengefasst
1793	Bei der zweiten polnischen Teilung erhält Russland Letgallen
1795	Im Zuge der dritten polnischen Teilung besetzt Russland das Kurland und Preußen besetzt das Memelgebiet
1804	Aufhebung der Leibeigenschaft in Livland
1807	Kleinlitauen wird Teil des von Napoleon errichteten Herzogtums Warschau
1812	Kurland wird von Frankreich besetzt
1815	Beim Wiener Kongress wird Ostlitauen Teil des russischen Nordwestgebietes
1816–1819	Bauernbefreiung in Estland, Livland und Ösel
1830/31	Polnisch-Russischer Krieg/Novemberaufstand. Beginn der Russifizierungspolitik
1861	Deportationen und Hinrichtungen im Zuge der Russifizierung
1863	Januaraufstand der Polen und Litauer wird niedergeschlagen. Auswanderungswelle nach Amerika
1866	Aufhebung der Zunftverfassung im Gouvernement Estland-Livland

Von den polnischen Teilungen bis zum Ersten Weltkrieg

1868	Bau der Eisenbahn zwischen Riga und Mitan
1889	Aufhebung der Privilegien der Ostseeprovinzen und Integration ins Russische Kaiserreich
1902	Gründung der Litauischen Partei
1902–1906	Russische Niederlage im Krieg gegen Japan. Die Seeschlacht von Tsushima und die Eroberung von Port Arthur 1905 erschüttern die Position des Zarentums
1905–1907	Revolution im Russischen Kaiserreich. Einführung eines litauischen Landtags. Litauische Abgeordnete in der Duma. Das kaiserliche Toleranzmanifest erlaubt den Glaubensübertritt
1905–1914	Versuche der russischen Regierung, den Einfluss der deutschen Oberschicht einzudämmen

Zeitalter der Weltkriege

28.7.1914	Beginn des Ersten Weltkrieges
Sept. 1915	Russischer Rückzug ins Baltikum und Besetzung des Kurlandes durch deutsche Truppen
Nov. 1917	Oktoberrevolution in Russland und Beginn des russischen Bürgerkrieges
Febr. 1918	Besetzung Estlands und Livlands durch deutsche Truppen. Litauen erklärt die Unabhängigkeit
März 1918	Ende der russischen Herrschaft über das Baltikum durch den Frieden von Brest-Litowsk
11.11.1918	Deutsche Kapitulation. Annullierung des Vertrags von Brest-Litowsk. Deutsche Truppen bleiben auf Wunsch der Alliierten im Baltikum, um eine sowjetische Übernahme zu verhindern
April 1919	Unabhängigkeitserklärung Estlands. Besetzung von Vilnius durch polnische Truppen

1920	Anerkennung der Unabhängigkeit der baltischen Staaten durch Sowjetunion. Erneute Besetzung von Vilnius durch Polen. Estnische Verfassung
1921	Aufnahme der baltischen Staaten in den Völkerbund
1922	Lettische und litauische Verfassung
1923	Besetzung des Memelgebietes durch litauische Verbände
1924	Kommunistischer Putschversuch in Estland
1926	Putsch in Litauen und Übergang zur Diktatur
1934	Übergang von Estland und Lettland zu autoritären Regimen
1935	Volkszählung in Lettland ergibt einen russischen Bevölkerungsanteil von 10 %
März 1939	Erzwungene Übergabe des Memelgebietes an Deutschland
23.8.1939	Ribbentrop-Molotow-Pakt: Estland und Lettland fallen an die Sowjetunion
Sept. 1939	Kriegsbeginn. Aufgrund des Deutsch-Sowjetischen Grenz- und Freundschaftsvertrag fällt Litauen an die Sowjetunion
Okt. 1939	UdSSR erzwingt Übergabe von Vilnius an Litauen
30.11.1939	Sowjetunion erklärt Finnland den Krieg
Winter 1939/40	»Heim ins Reich«: Umsiedlung von Deutschbalten in das Deutsche Reich
Juni 1940	Besetzung der baltischen Staaten durch Truppen der Roten Armee
Juli 1940	Eingliederung der baltischen Staaten in die Sowjetunion

10.1.1941	Deutsch-sowjetisches Abkommen zur Umsiedlung der verbliebenen Deutschbalten
22.6.1941	Das Unternehmen Barbarossa beginnt
24.6.1941	Mit dem Massaker in dem Ort Gargždai im Westen Litauens, bei dem 500 Juden von Einsatzgruppen ermordet werden, beginnen die Massenmorde im Baltikum, denen hundertausende Menschen zum Opfer fallen
1.7.1941	Die Wehrmacht erobert Riga. Antijüdische Pogrome durch Teile der lettischen Bevölkerung. Gründung des lettischen »Kommando Arājs«, das etwa die Hälfte der lettischen Juden ermordet
2.7.1941	Finnland erklärt der Sowjetunion den Krieg
21.7.1941	Ghettobildung in Riga
25.7.1941	Die baltischen Staaten und Teile Weißrusslands werden in der Verwaltungseinheit »Reichskommissariat Ostland« zusammengelegt
27.8.–31.8.1941	Evakuierung sowjetischer Einheiten aus Tallinn. Damit ist das gesamte Baltikum in deutscher Hand
8.9.1941	Belagerung von Leningrad beginnt
29.10.1941	Im 9. Fort bei Kaunas (Litauen) werden 9000 Juden ermordet. Insgesamt werden hier um die 50 000 Menschen hingerichtet
30.11.–9.12.1941	Im Rumbula-Wald bei Riga werden ca. 27 500 Juden ermordet, unter ihnen auch 1053 Berliner Juden
20.1.1942	Wannseekonferenz: Heydrich erklärt Estland für »judenfrei«

Sept. 1942	Rund 2000 tschechische und deutsche Juden werden bei Kalevi-Liiva (Estland) von estnischen Kollaborateuren erschossen
2.2.1943	Schlacht um Stalingrad endet
Febr. 1943	Aushebung der 15. Waffengrenadierdivision (WGD) der SS (lettische Nr. 1). Sie wird ab 1944 mit der 19. WGD die »Lettische Legion« formen
März 1943	Errichtung des KZ Riga-Kaiserwald
14.1.–1.3.1944	Sowjetische Leningrad-Nowgoroder Operation: Der Sieg der Sowjets beendet im Januar die Belagerung von Leningrad und bringt die Rote Armee in Position für einen Angriff auf das Baltikum
24.1.1944	Aufstellung der 20. WGD der SS (estnische Nr. 1) aus estnischen Wehrpflichtigen
März–Juli 1944	Schlacht um Narva (Estland) unter Beteiligung der 20. WGD. Sowjetischer Vormarsch wird durch deutsche und estnische Verbände aufgehalten
22.6.–19.8.1944	Im Rahmen der sowjetischen »Operation Bagration«, in deren Verlauf die Heeresgruppe Mitte vernichtet wird, stößt die Rote Armee ins Baltikum vor. Flucht der deutschen Bevölkerungsreste
26.7.1944	Sowjetischer Vormarsch kommt an der Tannenberg-Linie zum Stehen
1944–1956	Antisowjetische Guerillabewegung »Waldbrüder« leistet Widerstand gegen die Sowjetunion, unterstützt durch westliche Geheimdienste
8.5.1945	Kapitulation Deutschlands und der letzten in Kurland ausharrenden Truppen

1947	Kollektivierung der Landwirtschaft
1949	Massendeportationen nach Sibirien
1953	Tod Stalins
1956–1964	Beginn des »Tauwetters« unter Nikita Chruschtschow. Im Baltikum führt dies zu einem begrenzten wirtschaftlichen Wachstum
1957	Riga wird für den Tourismus innerhalb des Ostblocks geöffnet
1959	Säuberung der lettischen Kommunistischen Partei
1961	Holocaust-Prozesse gegen estnische Kollaborateure
14.5.1972	Selbstverbrennung von Romas Kalanta in Kaunas, gefolgt von Unruhen
1979	Der ehemalige lettische SS-Offizier Viktor Arājs wird von einem Gericht der Bundesrepublik des Mordes an 13 000 Menschen angeklagt und zu einer lebenslänglichen Haftstrafe verurteilt
1983	Resolution des Europa-Parlaments zur inakzeptablen Situation der baltischen Bevölkerung
1986	Beginn der »Perestroika«
1987	Ein Besuch Michail Gorbatschows im Baltikum weckt Hoffnung in der Bevölkerung
23.8.1987	Erste Demonstrationen in Estland anlässlich des Jahrestages des Hitler-Stalin-Paktes
1987–1991	»Singende Revolution« im Baltikum: gewaltloser Kampf um die Wiedererlangung der Unabhängigkeit
1988	Estnische Souveränitätserklärung und Gründung der baltischen Volksfronten

Kalter Krieg

1989	Lettische und litauische Souveränitätserklärung. Bildung des »Baltischen Weges«, einer rund 600 km langen Menschenkette von Vilnius über Riga bis Tallinn am 50. Jahrestag des Hitler-Stalin-Paktes
11.3.1990	Unabhängigkeitserklärung Litauens
4.5.1990	Unabhängigkeitserklärung Lettlands
13.1.1991	»Vilniusser Blutsonntag«: Demonstrationen für die Freiheit Litauens werden von prosowjetischen Kräften niedergeschlagen (14 Tote, mehr als 1000 Verletzte)
20.8.1991	Unabhängigkeitserklärung Estlands
21.8.1991	Anerkennung der Unabhängigkeit der baltischen Staaten durch die UdSSR

Unabhängigkeit

1992	Letzte russische Truppen verlassen Litauen. Dänemark, Estland, Finnland, Island, Lettland, Litauen, Norwegen und Schweden schließen sich zwecks besserer Kooperation zuden »Nordic-Baltic Eight« (NB8) zusammen
1994	Letzte russische Truppen verlassen Lettland und Estland. Die Russische Föderation und die baltischen Staaten treten dem Programm »Partnerschaft für den Frieden« bei
1995	Assoziierungsabkommen zwischen der EU und den baltischen Staaten
1996	Seegrenzabkommen zwischen Estland und Lettland
27.5.1997	Unterzeichnung der NATO-Russland-Grundakte, in der die NATO die Absicht bekundet, keine Kampftruppen dauerhaft in den Staaten

	des ehemaligen Warschauer Paktes zu stationieren
1998	Gründung einer gemeinsamen Militärakademie der baltischen Staaten in Tartu (Estland)
1999	Seegrenzabkommen zwischen Lettland und Litauen
2004	Aufnahme der baltischen Staaten in EU und NATO
2005–2011	Unmut in den baltischen Staaten über die geplante »Nord Stream Pipeline« zwischen Deutschland und Russland
2007	Bankenkrise und estnisch-russischer Zwist um die Umsetzung des Tallinner Bronzesoldaten, ein von den Sowjets 1947 errichtetes Denkmal
Febr. 2007	Polnisch-amerikanische Verhandlungen über Stationierung von Raketenabwehr beginnen. Russland droht mit Stationierung von Kurzstreckenraketen entlang der NATO-Grenze
1.1.2008	Aufstellung der »Nordic Battlegroup« durch die baltischen und skandinavischen Staaten, Finnland und Irland
13.1.2009	Gewaltsame Demonstrationen in Riga, die durch die Folgen der globalen Wirtschaftskrise (Massenentlassungen) seit 2008 ausgelöst werden
2011	Volkszählung in Lettland ergibt einen russischen Bevölkerungsanteil von 26,9 %
2012	Einführung des Euro in Estland
18.2.2012	Referendum zur Erhebung des Russischen zu einer Amtssprache in Lettland wird von der großen Mehrheit der Wähler abgelehnt
1.1.2014	Einführung des Euro in Lettland

4.5.2014	NATO-Gipfel in Wales: Verstärkung der NATO-Präsenz infolge der Krimkrise. Hybride Kriegführung durch Russland im Donbass
2015	Einführung des Euro in Litauen
Juni 2016	»Anconda 16«, größte Übung von NATO-Verbänden seit Ende des Kalten Krieges, unter polnischer Führung und unter Beteiligung zahlreicher NATO-Partner
Juli 2016	NATO-Gipfel in Warschau: Beginn der Enhanced Forward Presence (EFP) und der Transatlantic Capability Enhancement and Training (TACET)-Initiative
21.11.–24.11.2016	NATO-Übung »Iron Sword« in Litauen
Jan. 2017	Erste deutsche Soldaten treffen im Rahmen von EFP in Litauen ein
Febr. 2017	Versuch der Verbreitung von »fake news« durch E-Mails an litauische Medien und Regierungsstellen über eine angebliche Vergewaltigung einer Litauerin durch Bundeswehrsoldaten. Russland wird als Urheber der Gerüchte vermutet
Juni 2017	Litauen beginnt mit dem Bau eines Grenzzauns entlang der Grenze zur russischen Exklave Kaliningrad. Zertifizierung des EFP-Gefechtsverbandes in Litauen
Juli 2017	Die USA stationieren zum ersten Mal Flugabwehrsysteme vom Typ »Patriot« im Baltikum, wenn auch nur temporär
Sept. 2017	Großangelegtes russisches Militärmanöver »Sapad« nahe der NATO-Grenze

Erneute Ost-West-Spannungen

2018	Beginnend in Estland und Litauen im Februar feiern die Balten das 100-jährige Jubiläum ihrer erstmaligen staatlichen Unabhängigkeit.
29.1.2018	Präsident Putin benennt ein Regiment der russischen Luftwaffe nach der estnischen Hauptstadt Tallinn. Dies wird als Provokation und Anmeldung eines politischen Anspruchs auf die baltischen Staaten gesehen.
18.3.2018	Präsidentschaftswahlen in Russland: In Estland wird von russischer Seite gefordert, zusätzliche Wahlkabinen für russische Wähler außerhalb der Botschaften und Konsulate einzurichten. Dies wird abgelehnt. In Lettland geben knapp 21000 russische Wähler ihre Stimme ab.

Nationale Feiertage – Festtage – Gedenktage 2018/19

Schwarz: Gesetzliche Feiertage [ggf. mit Landesangabe]
Rot: Fest- oder Gedenktag

Januar..

1. Neujahr
6. Weihnachten [orthodoxe Kirche]
27. Holocaust-Gedenktag [Estland, Befreiung KZ Auschwitz]

Februar ....

16. Unabhängigkeitstag [Litauen]
24. Unabhängigkeitstag [Estland]

März..

11. Tag der Wiederherstellung der Unabhängigkeit [Litauen]
30. Karfreitag [Estland, Lettland, 2018]
30. Pessachfest [jüdisch, 2018, bis 7. April]

April ....

1. Ostersonntag [2018]
2. Ostermontag [Lettland, Litauen, 2018]
8. Ostersonntag [orthodoxe Kirche, 2018]
19. Karfreitag [Estland, Lettland, 2019]
19. Pessachfest [jüdisch, 2019, bis 27. April]
21. Ostersonntag [2019]
22. Ostermontag [Lettland, Litauen, 2019]
29. Ostersonntag [orthodoxe Kirche, 2019]

Mai...

1. Tag der Arbeit
4. Tag der Wiederherstellung der Unabhängigkeit [Lettland]
9. Tag des Sieges [wird von russischer Bevölkerung gefeiert]
12. Muttertag [2019]
13. Muttertag [2018]
20./21. Pfingsten [Estland, 2018]
27. Pfingsten [orthodoxe Kirche, 2018]

Juni ....

9./10. Pfingsten [Estland, 2019]
16. Pfingsten [orthodoxe Kirche, 2019]
23. Ligo-Fest [Lettland]/Tag des Sieges [Sieg in der Schlacht von Wenden 1919, Estland]
24. Johannistag/Mittsommerfest

Juli ....

4. Holocaust-Gedenktag Lettland [Beginn der Ermordung der lettischen Juden 1941]
6. Krönung von Mindaugas I. [Litauen]

August ....

15. Mariä Himmelfahrt [Litauen]
20. Tag der Wiedererlangung der Unabhängigkeit [Estland]

September ....

19. Yom Kippur [jüdisch, 2018]
23. Laubhüttenfest/Sukkot [jüdisch, 2018, bis 30. September]
23. Holocaust-Gedenktag Litauen [Zerstörung des Ghettos von Vilnius 1943]

Oktober ....

9. Yom Kippur [jüdisch, 2019]
13. Laubhüttenfest/Sukkot [jüdisch, 2019, bis 20. Oktober]

November ....
. Allerheiligen [Litauen]
18. Ausrufung der Republik [Lettland]

Dezember ....

2. Lichterfest/Chanukka [jüdisch, 2018, bis 10. Dezember]
22. Lichterfest/Chanukka [jüdisch, 2019, bis 30. Dezember]
24./25.
/26. Weihnachten
31. Silvester [Lettland, Estland]

Erinnerungsorte

(siehe hierzu Klappkarte am Ende des Buches)

Die Liste umfasst eine Auswahl vor allem (militär-)geschichtlicher Erinnerungsorte. In Klammer steht, sofern vorhanden, neben der heute landesüblichen Ortsbezeichnung der ehemals auch deutsche Ortsname. Für Informationen zu weiteren historischen Stätten im Baltikum siehe die einschlägigen Publikationen (Reiseführer usw.) sowie das Internet.

1. Grobiņa (Grobin): Im archäologischen Komplex Grobiņa finden heute die Ausgrabungen einer Stadt skandinavischer Händler aus dem 7.–9. Jahrhundert statt.
2. Kuressaare (Ahrensburg): Die Bischofsburg auf Ösel ist eine der besterhaltenen mittelalterlichen Burgen des Baltikums.
3. Peipusssee: Hier fand am 5. April 1242 eine Schlacht zwischen einem russischen Heer und dem Livländischen Orden statt, die der Ostexpansion des Ordens ein Ende setzte.
4. Narva (Narwa): 1256 errichteten die Dänen hier eine Festung, die später der Livländische Schwertbrüderorden erwarb. Narva gilt als die am besten erhaltene Festungsanlage in Estland. In der Schlacht bei Narva besiegten 1700 die Schweden im Großen Nordischen Krieg die russische Armee. Vier Jahre später erfolgte die Rückeroberung durch Zar Peter den Großen.
5. Valga (Walk): In Priimetsa, einem Stadtteil von Valga, wurde im Zweiten Weltkrieg ein Lager für sowjetische Kriegsgefangene eingerichtet. Etwa 30 000 Kriegsgefangene sollen auf dem Platz beerdigt sein. Nach der Rückeroberung richtete die Rote Armee dort ein Lager für Angehörige der Wehrmacht und ihrer Verbündeten ein.
6. Tallinn (Reval): Sowjetisches Ehrenmal »Bronzener Soldat« auf einem Soldatenfriedhof. Das Denkmal steht stellvertretend für die Vielzahl an Erinnerungsmalen der Sowjetunion und ihrer Streitkräfte, deren Standorte fortgesetzt Thema öffentlicher Debatten sind.
7. Vilnius (Wilna): Auf dem Friedhof Antakalnis befindet sich ein Mahnmal für die Opfer des Vilniusser Blutsonntags. Bei einer Demonstration für die Freiheit und Unabhängigkeit Litauens wurden am 13. Januar 1991 durch Soldaten der Sowjetarmee 14 Menschen getötet und über 1000 verletzt.

8. Cēsis (Wenden): Die Stadt ist bekannt für ihre im frühen 13. Jh. vom Livländischen Schwertbrüderorden gebaute Burg. Direkt neben den Ruinen steht das Neue Schloss, ein Herrenhaus aus dem 18. Jh.
9. Ile: Bunker in Semgalen (Lettland), errichtet im Oktober 1948 von antisowjetischen Partisanen. Bei einem Angriff des Staatssicherheitsdienstes der UdSSR einige Monate später kamen 15 Partisanen ums Leben.
10. Berg der Kreuze: Wallfahrtsort in der Nähe von Šiauliai (Schaulen), an dem die Litauer seit Mitte des 19. Jh. u.a. der zahlreichen Opfer von Unterdrückung und Widerstand gedenken. Seit dem Besuch von Johannes Paul II. gilt das Areal insbesondere für Katholiken auch international als heiliger Ort.
11. Liepaja (Libau): Festungskomplex (u.a. im [Kriegs-]Hafen der Stadt), der auf eine Ende des 19. Jh. erbaute Festungsanlage zurückgeht; einige Bestandteile wurden im lettischen Unabhängigkeitskampf genutzt. Das Gefängnis von Karosta (Stadtteil von Liepaja), errichtet Anfang des 20. Jh., diente 1905 als Inhaftierungsort für Matrosen, die an der Revolution gegen das Zarenreich teilgenommen hatten. Auch die Rote Armee nutzte den Komplex als Gefängnis.
12. Irbene: verlassene Armeestadt der Sowjets, in der einst 2000 Menschen lebten. Drei riesige Radioteleskope wurden für die militärische Abwehr genutzt. Heute bewirtschaftet das Zentrum für Radioastronomie der Wissenschaftlichen Akademie der Republik Lettland die Radaranlagen.
13. Haapsalu (Hapsal): Die mittelalterliche Bischofsresidenz in Haapsalu ist eine der besterhaltenen Burgen in Estland. Die Domkirche von 1279 ist die größte einschiffige Kirche in den Nordischen und Baltischen Staaten.
14. Lestene (Lesten): Auf dem Brüderfriedhof in Lestene sind mehr als 900 Soldaten bestattet, die vorwiegend 1944/45 in den Kurlandschlachten gefallen sind. Er ist der zweitgrößte Bestattungsplatz von im Zweiten Weltkrieg gefallenen lettischen Soldaten.
15. Jersika: An diesem bedeutenden Ort der lettischen Geschichte befand sich im 12./13. Jh. das politische, militärische und kulturelle Zentrum des alten lettgalischen Königreiches Jersika mit dem Sitz des Herrschers Visvaldis auf dem Burghügel am Ufer der Düna.
16. Schicksalsgarten (Liktendarzs): Südlich der Stadt Koknese (Kokenhusen) auf einer Insel in den Stauwässern des Wasserkraftwerkes Pļaviņas gelegen und gestiftet anlässlich des 100-jährigen Jubiläums

der Unabhängigkeit 1918, soll dieser Garten an all jene Bewohner Lettlands erinnern, die unter den totalitären Regimen gelitten haben.

17. Ložmetējkalns Tīreļpurvs (bei Valgunde) ist ein historisches Denkmal von nationaler Bedeutung. Zu Weihnachten 1916 verteidigten lettische Schützen gemeinsam mit Soldaten der russischen Armee Riga erfolgreich gegen die Deutschen. Die hohen Verluste führten bei den Letten jedoch zur Radikalisierung und zur Distanzierung vom Zarentum. Die Weihnachtskämpfe 1916 gelten in Lettland als eine der Wurzeln der nationalen Unabhängigkeit.
18. Līgatne (Ligat): In der Stadt wurde im Kalten Krieg für den Fall eines Atomkrieges ein geheimer Bunker für die Regierung der lettischen SSR errichtet, der heute ein Touristenmagnet ist.
19. Setumaa: In dieser historischen Landschaft im Südosten Estlands leben die Setus, eine ethnische Minderheit, in deren Kultur sich östliche und westliche Einflüsse vermischen. Einzigartig ist das Leelo, die Gesangstradition der Setus, die zur UNESCO-Liste der Meisterwerke des mündlichen und immateriellen Erbes gehört.
20. Baltischer Weg: rund 600 km lange Menschenkette am 23. August 1989 quer durch die baltischen Staaten, um für Freiheit und Unabhängigkeit von der Sowjetunion zu demonstrieren.
21. Kurische Nehrung: Auf der Halbinsel, die zum Teil in der russischen Exklave Kaliningrad liegt, gibt es bis heute über 500 Ausgrabungsstätten (v.a. Hügelgräber); seit 2000 Teil des UNESCO-Weltkulturerbes.
22. Tallinn (Reval): Seit 1997 zählt die Altstadt der ehemaligen Hansestadt zum UNESCO-Weltkulturerbe.
23. Riga: Sowohl die Altstadt als auch die Neustadt der lettischen Hauptstadt sind seit 1997 Teil des UNESCO-Weltkulturerbes.
24. Vilnius: Die Altstadt der estnischen Hauptstadt ist seit 1994 Teil des UNESCO-Weltkulturerbes.
25. Kernavė: Die archäologische Stätte (Überreste einer feudalen Stadt aus dem 13. Jahrhundert mit fünf Wehrburgen) im Nordwesten von Vilnius ist seit 2004 Teil des UNESCO- Weltkulturerbes.
26. Struve-Bogen: 1811 wurde an der Universität zu Dorpat (heute: Tartu) eine Sternwarte eingerichtet. Hier arbeitete u.a. der deutsche Astronom und Geodät Friedrich Georg Wilhelm (von) Struve. Die historische Sternenwarte ist Teil des Struve-Bogens, einer Kette von Landvermessungspunkten zwischen Nordnorwegen und dem Schwarzen Meer, die Struve Mitte des 19. Jh. errichten ließ.

27. Vaivara: Dem Konzentrationslager im Nordosten von Estland waren zeitweise 27 Nebenlager unterstellt (u.a. Klooga, wo nach »Evakuierung« von Stammlager und Nebenlagern die Angehörigen der verbleibenden Arbeitskommandos am 19. September 1944 in den Wäldern um Klooga erschossen wurden). Insgesamt durchliefen ungefähr 20 000 Gefangene das Stammlager.
28. Riga Kaiserwald: Das Lager nördlich von Riga diente v.a. der Internierung baltischer Juden. Es war kein Vernichtungslager, stattdessen wurden die Insassen als Zwangsarbeiter eingesetzt.
29. Konzentrationslager bei Kaunas: Die Gebäude des Stammlagers wurden nach der Räumung von deutschen Soldaten verbrannt und gesprengt, um sich versteckende Juden zu töten.
30. Jägala: Im Arbeitslager Jägala östlich von Tallinn wurden vor allem Juden aus anderen Ländern interniert. Im nahegelegenen Waldgebiet von Kalevi-Liiva fanden Massenerschießungen statt, bei denen bis zu 5000 Menschen starben.
31. Salaspils: Das Arbeitslager in der Nähe von Riga diente vornehmlich als Transitlager. Im Laufe des Zweiten Weltkriegs durchliefen schätzungsweise 23 000 Menschen das Lager. Hier waren auch über 1000 »Bandenkinder« aus Gebieten mit Partisanengefechten interniert.
32. Liepāja: (Libau): Bei einer Serie von Massentötungen in der zweiten Jahreshälfte 1941 wurden die meisten der ungefähr 7000 ansässigen Juden durch Angehörige der Einsatzgruppe A und durch lettische Hilfspolizei ermordet.
33. Kautla: Während ihres Rückzugs im Juli 1941 massakrierten sowjetische Truppen estnische Zivilisten.
34. Viru-Kabala: Im August 1941 wurde die gesamte Bevölkerung des Dorfes von sowjetischen Truppen ermordet.
35. Paneriai (Ponary): In dem Ort in der Nähe von Vilnius wurden zwischen 1941 und 1944 zwischen 60 000 und 100 000 Juden, Polen, Kriegsgefangene und politisch Verfolgte erschossen.
36. Marijampolė (Mariampol): Am 1. September 1941 wurden in der südlitauischen Stadt ca. 5000 jüdische Männer, Frauen und Kinder von SS-Angehörigen ermordet.
37. Kaunas: Beim 9. Fort in Kaunas wurden allein am 28. Oktober 1941 ca. 9000 Menschen ermordet, darunter viele Kinder. Im Laufe der Besatzung starben hier schätzungsweise 50 000 Menschen

38. Rumbula-Wald bei Riga: Hier wurden am 30.11., 8.12 und 9.12.1944 etwa 27 500 Juden überwiegend aus dem Ghetto Riga ermordet. Unter den Opfern befanden sich auch 1.053 Juden aus Berlin.
39. Biķernieki: In dem Wald im Osten von Riga wurden bis 1944 über 30 000 Menschen in 55 Gruben getötet.
40. Riga: In dem Ghetto am Rande der lettischen Hauptstadt wurden zunächst lettische Juden konzentriert. Im November 1941 wurden die Insassen in den Rumbula-Wäldern ermordet, um Platz für Juden aus dem Deutschen Reich zu schaffen.
41. Švenčionys: Nach Auflösung des Ghettos der ostlitauischen Stadt am 4. April 1943 wurden die verbliebenen Insassen nach Paneriai gebracht.
42. Vilnius (Wilna): Das Ghetto in der litauischen Hauptstadt war bis zu seiner Auflösung am 23. September 1943 in ein »großes Ghetto« und ein »kleines Ghetto« geteilt. Von den ca. 55 000 jüdischen Einwohnern der Stadt wurden die meisten ermordet.
43. Daugavpils (Dünaburg): In der ostlettischen Stadt wurde das zweitgrößte Ghetto des Landes eingerichtet. Die schätzungsweise bis zu 14 000 Insassen wurden in den folgenden Jahren ermordet oder in Konzentrationslager gebracht.
44. Šiauliai (Schaulen): Bis 1944 befand sich in dieser Stadt im Norden Litauens ein Ghetto. Zu Beginn der deutschen Besatzung wurden ca. 8000 Menschen in den nahegelegenen Lieponiai-Wäldern erschossen.

Literatur und neue Medien

Wissenschaftliche Literatur

Aufklärer im Baltikum. Europäischer Kontext und regionale Besonderheiten. Hrsg. von Ulrich Kronauer, Heidelberg 2011

Asche, Matthias, Die baltischen Lande im Zeitalter der Reformation und Konfessionalisierung. Livland, Estland, Ösel, Ingermanland, Kurland und Lettgallen. Stadt, Land und Konfession 1500–1721, 4 Bde. Hrsg. von Werner Buchholz und Anton Schindling, Münster 2012

Aufklärung in den baltischen Provinzen Russlands. Ideologie und Wirklichkeit. Hrsg. von Otto-Heinrich Elias [u.a.], Köln [u.a.], 1996

Averre, Derek, From Pristina to Tskhinvali: The Legacy of Operation Allied Force in Russia's Relations with the West. In: International Affairs, 85 (2009), 3, S. 575–591

Balkelis, Thomas, Von Bürgern zu Soldaten. Baltische paramilitärische Bewegungen nach dem Ersten Weltkrieg. In: Krieg im Frieden: Paramilitärische Gewalt in Europa nach dem Ersten Weltkrieg. Hrsg. von Robert Gerwarth und Ulrike Bischoff, Göttingen 2013

Baltic Postcolonialism. Ed. by Violeta Kelertas, Amsterdam, New York 2006

The Baltic Question during the Cold War. Ed. by John Hiden [u.a.], London 2008

Baltische Länder. Deutsche Geschichte im Osten Europas. Hrsg. von Gert von Pistohlkors, Berlin 1994

Die baltischen Länder und Europa in der Frühen Neuzeit. Hrsg. von Norbert Angermann [u.a.], Köln 2015

Behnke, Andreas, NATO's Security Discourse after the Cold War: Representing the West. The New International Relations, London, New York 2013

Berg, Eiki, Identity and Foreign Policy: Baltic-Russian Relations and European Integration, Burlington 2009

Berkis, Alexander Valdonis, The History of the Duchy of Courland (1561–1795), Towson 1969

Die Besatzung der Ukraine 1918. Historischer Kontext – Forschungsstand – wirtschaftliche und soziale Folgen. Hrsg. von Wolfram Dornik und Stefan Karner, Graz 2008

Bojtár, Endre, Forward to the Past: A Cultural History of the Baltic People, Budapest 1999

Boockmann, Hartmut, Der Deutsche Orden: Zwölf Kapitel aus seiner Geschichte, 5. Aufl., München 2012

Boysen, Jens, Imperial Service, Alienation, and an Unlikely National »Rebirth«: The Poles in World War I. In: Small Nations and Colonial Peripheries in World War I. Ed. by Gearoid Barry [u.a.], Leiden, Boston 2016, S. 157–176

Butterwick, Richard, The Polish-Lithuanian Monarchy in European Context, c. 1500–1795, Houndmills [u.a.], 2001, http://site.ebrary.com/id/10045570

Coloniality, Nationality, Modernity: A Postcolonial View on Baltic Cultures under Soviet Rule. Ed. by Epp Annus, London, New York 2018

Danilov, Dmitry, Russia and NATO: Dilemmas of Strategic Partnership. In: Russian International Affairs Council, 2013, http://russiancouncil.ru/en/analytics-and-comments/analytics/russia-nato-strategic-partnership-dilemmas

Davies, Norman, Im Herzen Europas: Geschichte Polens, München 2006

Deutscher Orden 1190–1990. Hrsg. von Udo Arnold, Lüneburg 1997

Dykyi, Evgen, The ›Hybrid‹ War of Russia: Experience of Ukraine for the Baltic States, Vilnius 2016, http://www.lka.lt/lt/moksline-veikla/leidiniai/moksliniai/download.html?id=991;pdf_id=37383

Einsatz im »Reichskommissariat Ostland«: Dokumente zum Völkermord im Baltikum und in Weißrussland 1941–1944. Hrsg. von Wolfgang Benz [u.a.], Berlin 1998

Expert Commission on Norwegian Security and Defence Policy, Unified Effort, Oslo 2015, https://www.regjeringen.no/globalassets/departementene/fd/dokumenter/unified-effort.pdf

Felder, Björn M., Lettland im Zweiten Weltkrieg. Zwischen sowjetischen und deutschen Besatzern 1940–1946, Paderborn [u.a.] 2009

Frear, Thomas [u.a.], Dangerous Brinkmanship, ELN (European Leadership Network) Policy Brief 2014

Garleff, Michael, Die baltischen Länder: Estland, Lettland, Litauen, Regensburg 2001

Goeckel, Robert F., The Baltic Churches and the Democratization Process. In: The Politics of Religion in Russia and the New States of Eurasia. Ed. by Michael Bourdeaux, Armonk 1995, S. 202–228

Graichen, Gisela, und Matthias Gretzschel, Die Prussen: Der Untergang eines Volkes und sein preußisches Erbe, Frankfurt a.M. 2010

Grzechnik, Marta, Regional Histories and Historical Regions: The Concept of the Baltic Sea Region in Polish and Swedish Historiographies, Frankfurt a.M. 2012

Hatlie, Mark R.. Riga at War, 1914–1919: War and Wartime Experience in a Multi-ethnic Metropolis, Marburg 2014

Hausmann, Guido, The Ukrainian Moment of World War I. In: Small Nations and Colonial Peripheries in World War I. Ed. by Gearoid Barry [u.a.], Leiden, Boston 2016, S. 177–192

Henrik Ø. Breitenbauch [u.a.], Options for Enhancing Nordic-Baltic Defence and Security Cooperation. An Explorative Survey, Kopenhagen 2017, http://cms.polsci.ku.dk/publikationer/options-for-enhancing-nordicbaltic-defence/CMS_Rapport_2017_Options_for_enhancing_Nordic-Baltic_Defence_and_Security_Cooperation.pdf

Hentilä, Marjaliisa [u.a.], Deutsches Finnland 1918, Helsinki 2016

Hoppe, Bert, und Hildrun Glass, Die Verfolgung und Ermordung der europäischen Juden durch das nationalsozialistische Deutschland 1933–1945: Sowjetunion mit annektierten Gebieten I: Besetzte sowjetische Gebiete unter deutscher Militärverwaltung, Baltikum und Transnistrien, München 2011

Jonsson, Oscar, and Robert Seely, Russian Full-Spectrum Conflict: An Appraisal After Ukraine. In: The Journal of Slavic Military Studies, 28 (2015), 1, S. 1–22, http://dx.doi.org/10.1080/13518046.2015.998118

Josephson, Paul R., The Conquest of the Russian Arctic, Cambridge, MS 2014

Kasekamp, Andres, A History of the Baltic States, Basingstoke 2010

Katz, Dovid, Lithuanian Jewish Culture, Vilnius 2004

Keßelring, Agilolf, »Finnische Legion«. Die Jägerbewegung im Ersten Weltkrieg. In: Militärgeschichte. Zeitschrift für historische Bildung, 4/2004, S. 10–13

Keßelring, Agilolf, Des Kaisers »finnische Legion«. Die finnische Jägerbewegung im Ersten Weltkrieg im Kontext der deutschen Finnlandpolitik, Berlin 2005

Keßelring, Agilolf, Die Nordatlantische Allianz und Finnland 1949–1961. Perzeptionsmuster und Politik im Kalten Krieg, München 2009 (= Entstehung und Probleme des Atlantischen Bündnisses, 8)

Kibelka, Ruth, Wolfskinder: Grenzgänger an der Memel, 5. Aufl., Berlin 2010

Kossert, Andreas, Damals in Ostpreußen: Der Untergang einer deutschen Provinz, München 2010

Kossert, Andreas, Ostpreußen: Geschichte und Mythos, München 2007

Kuźniar, Roman, Poland's Foreign Policy after 1989, Warschau 2009

Lakowski, Richard, Ostpreußen 1944/45: Krieg im Nordosten des Deutschen Reiches, Paderborn [u.a.] 2016

Lange, Thomas, Zwischen Reformation und Untergang Alt-Livlands: Der Rigaer Erzbischof Wilhelm von Brandenburg im Beziehungsgeflecht der livländischen Konföderation, Hamburg 2012

Lemke, Bernd, Die Allied Mobile Force 1961 bis 2002, Berlin 2015

Lieven, Anatol, The Baltic Revolution: Estonia, Latvia, Lithuania and the Path to Independence, New Haven, London 1994

Livland – eine Region am Ende der Welt? Forschungen zum Verhältnis zwischen Zentrum und Peripherie im späten Mittelalter. Hrsg. von Anti Sellart und Matthias Thumser, Köln 2017

Lumans, Valdis O., Latvia in World War II, New York 2006

Lynch, Dov, Russia's Strategic Partnership with Europe. In: The Washington Quarterly, 27 (2004), 2, S. 22–118

MccGwire, Michael, and Michael Clarke, NATO Expansion: ›A Policy Error of Historic Importance‹. In: International Affairs, 84 (2008), 6, S. 1281–1301

Meinander, Henrik, Finnlands Geschichte. Linien, Strukturen, Wendepunkte, 2. Aufl, Bad Vilbel 2017
Mertelsmann, Olaf, and Kaarel Piirimäe, The Baltic Sea Region and the Cold War, Frankfurt a.M., 2012
Michta, Andrew A., Paal Sigurd Hilde, The Future of NATO: Regional Defense and Global Security, Ann Arbor 2014
Monaghan, Andrew, ›An Enemy at the Gates‹ or ›From Victory to Victory‹? Russian Foreign Policy. In: International Affairs, 84 (2008), 4, S. 717–733
Moshes, Arkady, Russia's European Policy under Medvedev: How Sustainable Is a New Compromise? In: International Affairs, 88 (2012), S. 17–30
NATO After Sixty Years: A Stable Crisis. Ed. by James Sperling and S. Victor Papacosma, Kent 2012
NATO and Collective Defence in the 21st Century. An Assessment of the Warsaw Summit. Ed. by Karsten Friis, London 2017
NATO Beyond 9/11: The Transformation of the Atlantic Alliance. Ed. by Ellen Hallams [u.a.], London 2013
NATO: From Regional to Global Security Provider. Ed. by Yonah Alexander [u.a.], Lanham 2015
Neumann, Adrian J., Focus on the Baltic Sea. Proceedings from the Kiel Conference 2015. Ed. by Sebastian Bruns, Kiel 2015
Niendorf, Mathias, Das Großfürstentum Litauen: Studien zur Nationsbildung in der Frühen Neuzeit (1569–1795), Wiesbaden 2010
Northern Security and Global Politics: Nordic-Baltic Strategic Influence in a Post-Unipolar World. Ed. by Ann-Sofie Dahl, Milton Park, New York 2014
O'Connor, Kevin C., Culture and Customs of the Baltic States, Westport 2006
Die Ostfront 1943/44. Der Krieg im Osten und an den Nebenfronten. Hrsg. von Karl-Heinz Frieser, München 2007 (= Das Deutsche Reich und der Zweite Weltkrieg, 8)
Petri, Rolf, The Baltic Sea: A Space of Changing Expectations. In: comparativ, 26 (2016), 5, S. 7–75
Piotrowski, Tadeusz, Poland's Holocaust. Ethnic Strife, Collaboration with Occupying Forces and Genocide in the Second Republik, 1918–1947, 2. ed., Jefferson, NC [u.a.] 1998

Plakans, Andrejs, A Concise History of the Baltic States, Cambridge 2011
Poland: A New Power in Transatlantic Security. Ed. by Marcin Zaborowski and David H. Dunn, London, Portland 2003
Poland's Foreign Policy in the 21st Century. Ed. by Stanisław Bieleń, Warschau 2011
The Polish-Lituanian Monarchy in European Context, 1500-1795. Ed. by Richard Butterwick, Basingstoke 2001
Political State of the Region. External Earthquakes, Internal Adaptation? Brexit, Trump and the Baltic Sea Region. Ed. by Per Carlsen, Kopenhagen 2017
Preuße, Detlev, Umbruch von unten. Die Selbstbefreiung Mittel- und Osteuropas und das Ende der Sowjetunion, Berlin 2014
Rácz, András, Russia's Hybrid War in Ukraine: Breaking the Enemy's Ability to Resist, https://storage.googleapis.com/upi-live/2017/01/fiiareport43.pdf
Rausing, Sigrid, History, Memory, and Identity in Post-Soviet Estonia: The End of a Collective Farm, Oxford 2004
Religious Diversity in Post-Soviet Society. Ethnographies of Catholic Hegemony and the New Pluralism in Lithuania. Ed. by Milda Ališauskienė and Ingo W. Schröder, Farnham 2011
Ringvee, Ringo, Religion and Nation-Building in Estonia: Some Perspectives on Secular Society. In: Religion, Politics and Nation-Building in Post-Communist Countries. Ed. by Greg Simons David Westerlund, Farnham 2015, S. 143–161
Ruiz Palmer, Diego, Back to the Future? Russia's Hybrid Warfare, Revolutions in Military Affairs, and Cold War Comparisons, NATO Defence College, Rom, Research Paper Nr. 120, Oktober 2015, https://www.files.ethz.ch/isn/194718/rp_120.pdf
Maris Saagpakk, Koloniale Identitätskonstruktionen in den Erinnerungen einer deutschbaltischen Adeligen aus dem 20. Jahrhundert. In: Postkoloniale Lektüren. Perspektivierungen deutschsprachiger Literatur. Hrsg. von Anna Babka und Axel Dunker, Bielefeld 2013, S. 89–110
Sakwa, Richard, The Death of Europe? Continental Fates after Ukraine. In: International Affairs, 91 (2015), 3, S. 553–579
Sammartino, Annemarie H., The Impossible Border, Germany and the East, 1914–1922, London 2010Sarnowsky, Jürgen, Der Deutsche Orden, 2. Aufl, München 2012

Schloezer, Kurd von, Livland und die Anfänge deutschen Lebens im baltischen Norden, Berlin 1850

Schmidt, Johann, Hybride Kriegführung in Vietnam – Strategie und das center of gravity der Entscheidung. In: Zeitschrift für Außen- und Sicherheitspolitik, 3 (2017), S. 373–390

Schmidt, Thomas, Die Außenpolitik der baltischen Staaten. Im Spannungsfeld zwischen Ost und West, Berlin 2003

Die schwedischen Ostseeprovinzen Estland und Livland im 16.-18. Jahrhundert. Hrsg. von Aleksander Loit und Helmut Piirimäe, Stockholm 1993

Selart, Anti, Livland und die Rus' im 13. Jahrhundert, Köln 2007

Seresse, Volker, Des Königs »arme weit abgelegenne Vntterthanen«: Oesel unter dänischer Herrschaft 1559/84–1613, Frankfurt a.M. [u.a.] 1996

Shlapak, David A., and Michael W. Johnson (2016), Reinforcing Deterrence on NATO's Eastern Flank Wargaming the Defense of the Baltics, RAND Corporation, http://www.rand.org/pubs/research_reports/RR1253.html

Smele, Jonathan D., The ›Russian‹ Civil Wars 1916–1926. Ten Years That Shook the World, London 2015

Smith, Martin A., Russia and NATO since 1991: From Cold War through Cold Peace to Partnership?, London, New York 2006

Städtisches Leben im Baltikum zur Zeit der Hanse. Hrsg. von Norbert Angermann [u.a.], Lüneburg 2003

Staliunas, Darius, Making Russians: Meaning and Practice of Russification in Lithuania and Belarus after 1863, Amsterdam 2007

Statiev, Alexander, The Soviet Counterinsurgency in the Western Borderlands, New York 2010

Stein, George H., und H. Peter Krosby, Das finnische Freiwilligen-Bataillon der Waffen-SS. Eine Studie zur SS-Diplomatie und zur ausländischen Freiwilligen-Bewegung. In: Vierteljahrshefte für Zeitgeschichte, 14 (1966), 4, S. 413–453

Stradiņš, J., Martin Luther and the Impact of the Reformation on the History of Latvia. In: Dialogue between Christianity and Secularism in Latvia. Annals of European Academy of Sciences and Arts, 1996 15 (VI), S. 75

Strategic Cultures in Europe: Security and Defence Policies Across the Continent. Ed. by Heiko Biehl [u.a.], Wiesbaden 2013

Tamnes, Rolf, The Significance of the North Atlantic and the Norwegian Contribution. In: NATO and the North Atlantic. Revitalising Collective Defence, Ed. by John Andreas Olsen, London 2017

Thaden, Edward, Russia's Western Borderlands, 1710-1870, Princeton 1985

Thumser, Matthias, Geschichtsschreibung im mittelalterlichen Livland, Berlin 2011

Tuchtenhagen, Ralph, Geschichte der baltischen Länder, München 2016

Vardys, Stanley, The Partisan Movement in Postwar Lithuania. In: Slavic Review, 22 (1963), 3, S. 499–522

Vitkus, Gediminas, The Russia – USA – EU ›Triangle‹ and Smaller States in 2003–2004. In: Lithuanian Annual Strategic Review, 2004, vol. 3, S. 115–140, http://www.lka.lt/en/research/publications/periodical-publications/lithuanian-annual-strategic-review/download.html?id=464;pdf_id=6391

Wesley, Clark [u.a.], Report Closing NATO's Baltic Gap, Tallinn 2016, https://www.icds.ee/fileadmin/media/icds.ee/failid/ICDS_Report-Closing_NATO_s_Baltic_Gap.pdf

Westerhoff, Christian. Zwangsarbeit im Ersten Weltkrieg: Deutsche Arbeitskräftepolitik im besetzten Polen und Litauen 1914–1918, Paderborn [u.a.] 2012

Wette, Wolfram, Karl Jäger: Mörder der litauischen Juden, Frankfurt a.M. 2011

Wilpert, Gero von, Deutschbaltische Literaturgeschichte, München 2005

Zając Justyna, Poland's Security Policy. The West, Russia, and the Changing International Order, London 2016

Zając Justyna, The NATO Summit in Newport: Polish Perspective, Dossier Stratégique. Sécurité en Europe: les repercussions sur L'OTAN et l'UE, La Lettre de l'IRSEM, Paris 2014, No. 8, http://www.defense.gouv.fr/content/download/ 333082/4619540/ file/Lettre_IRSEM_n8_2014_Dossier_strategique.pdf

Zięba Ryszard, »Poland's Relationship with Russia«, Dossier stratégique: La Pologne, un acteur de la défense européenne, La Lettre de L'IRSEM, Paris 2014, No. 3, http://www.defense.gouv.fr/content/download/269749/3369907/file/Dossier%20strat%C3%A9gique%20Lettre%203-2014.pdf

Der Zusammenbruch des Deutschen Reiches 1945, 2 Bde. Hrsg. von Rolf-Dieter Müller, München 2008 (= Das Deutsche Reich und der Zweite Weltkrieg, 10/1 und 10/2)

Belletristik, Erinnerungsliteratur, Reiseberichte, Bildbände..........

Aizpuriete, Amanda, Baylonischer Kiez. Gedichte, Reinbek bei Hamburg 2000

Ališanka, Eugenijus, Risse: Streifzüge und Fluchtpunkte. Essays, Berlin 2017

Barz, Paul, Baltischer Herbst. Eine Familie im Osten, Wentorf 2013

Bergengruen, Werner, Der Tod von Reval. Kuriose Geschichten aus einer alten Stadt, München 2006

Bezmozgis, David, Die freie Welt. Roman, Köln 2012

Birze, Miervaldis, Grashalme aus Lettland. Erzählungen, Hürth bei Köln, Wien 2000

Butenschön, Marianna, Litauen, München 2002

Dovlatov, Sergej Donatanovič, Der Kompromiss. Roman, Zürich 2008

Eckardt-Skalberg, Elfriede, Märchen in sieben Bildern, Riga 1922

Enquist, Per Olov, Die Ausgelieferten, Frankfurt a.M. 2016

Franzkeit, Alfred, Aus der Lyrik des litauischen Dichters Maironis, Wehrbleck 1990

Franzkeit, Alfred, Sauerwein-Gedichte: Litauische Gedichte und deutsche Nachdichtung, Ratingen 1993

Freimane, Valentīna, Adieu, Atlantis. Erinnerungen, Göttingen 2015

Fülberth, Andreas, Tallinn/Reval: Ein kunstgeschichtlicher Rundgang durch die Stadt am Baltischen Meer, Regensburg 2011

Grinkevičiūtė, Dalia, Aber der Himmel – grandios, München 2016

Jaunsudrabiņš, Jānis, Ich erzähle meiner Frau von der Flucht aus Lettland und dem Exil in Westfalen, Münster [u.a.] 2006

Jaunsudrabiņš, Jānis, Kraniche über dem Möhnesee, Münster 1972

Kalniete, Sandra, Mit Ballschuhen im sibirischen Schnee. Die Geschichte meiner Familie, München 2008

Klier, Freya, Wir letzten Kinder Ostpreußens. Zeugen einer vergessenen Generation, Freiburg [u.a.] 2017

Kraus, Chris, Das kalte Blut, Zürich 2017

Kreutzwald, Friedrich Reinhold, Estnische Märchen, Berlin 2013

Kreutzwald, Friedrich Reinhold, Kalevipoeg: An Ancient Estonian Tale, 2007

Kriegsgedenken als Event. Der 9. Mai 2015 im postsozialistischen Europa. Hrsg. von Mischa Gabowitsch, Mischa [u.a.], Paderborn 2017

Kross, Jaan, Wikmans Zöglinge, Hamburg 2017

Kugler, Anita, Scherwitz: Der jüdische SS-Offizier, Köln 2004

Siegfried Lenz, So zärtlich war Suleyken, Hamburg 2015

Maironis (Jonas Mačiulis), Diverse Gedichte: https://web.archive.org/web/20120505231156/http://members.efn.org/~valdas/maironis.html, siehe auch unter Franzkeit, Alfred

Marshall, Leslie, The Builders of New Rome and Other Lettish Tales, London 1924

Mauring, Senta, Novellen, Riga 1921

Mentzendorff, Arne, Baltische Lebenswege – Neue Folge, Norderstedt 2017

Oksanen, Sofi, Als die Tauben verschwanden. Roman, Köln 2014

Oksanen, Sofi, Stalins Kühe. Roman, Köln 2012

Oplatka, Andreas, Lennart Meri – ein Leben für Estland: Dialog mit dem Präsidenten, Zürich 1999

Reimer, Johannes, Aufbruch in Tallinn: Wanja Richters abenteuerliches Leben zwischen russischer Gemeindetradition und staatlicher Verfolgung, Basel, Giessen 2008

Schneppen, Heinz, Ghettokomandant in Riga Eduard Roschmann: Leben und Fiktion, Berlin 2009

Sepetys, Ruta, Und in mir der unbesiegbare Sommer, Hamburg 2014

Šerelytė, Renata, Der Windreiter, Klagenfurt am Wörthersee 2017
Shirreff, General Sir Richard, War With Russia, London 2016
Škėma, Antanas, Das weiße Leintuch, Berlin 2017
Surminski, Arno, Jokehnen oder Wie lange fährt man von Ostpreußen nach Deutschland?, Berlin 2002 [1974, etliche Neuauflagen]
Surminski, Arno, Jokehnen oder Die Stimmen der Anderen, Hamburg 2013.
Taube, Clemens von, Ein Abend in Reval. Drei Erzählungen aus dem Baltikum, Paderborn [u.a.] 2007
Ulmann, Hellmuth von, Alle Orgeln von Reval, Husum 1988
Vegesack, Siegfried von, Die baltische Tragödie. Eine Romantrilogie, Graz 2004
Venclova, Tomas, Der magnetische Norden. Gespräche mit Ellen Hinsey: Erinnerungen, Berlin 2017
Vilde, Eduard, Milkman of the Manor, Tallinn 1976
Vilne, Wilna, Wilno, Vilnius. Eine jüdische Topografie zwischen Mythos und Moderne. Hrsg. von Elke-Vera Kotowski und Julius H. Schoeps, Berlin 2017
Winterberg, Sonya, Wir sind die Wolfskinder: Verlassen in Ostpreußen, München, Zürich 2014
Yourcenar, Marguerite, Der Fangschuß, München 2004

Filme

1944 Brüder/Feinde. Estland 2015, Regie: Elmo Nüganen [Dokudrama über den Zweiten Weltkrieg in Estland sowohl aus der Perspektive von Esten in SS-Divisionen anschlossen, als auch von Esten in der Roten Armee]

Alexander Newski. Sowjetunion 1938, Regie: Sergei Eisenstein [sowjetischer Propagandafilm über Newski, den Fürsten von Nowgorod, und die Abwehr der Invasion des Deutschen Ordens in der Schlacht auf dem Peipussee1242]

The Children of the Hotel America. Litauen 1990, Regie: Raimundas Banionis [Film über Teenager in der UdSSR, die sich für westliche Kultur und Musik interessieren. Wegen des Versuchs, einen Brief an Radio Luxemburg zu schicken, geraten sie ins Visier des KGB]

The Chronicles of Melanie. Lettland 2016, Regie: Viesturs Kairišs [Biografiedrama über die lettische Frau Melānijas, die mit ihrer Familie im Juni 1941 nach Sibirien deportiert wird]

Controversial History. Lettland 2010, Regie: Ināra Kolmane [Dokumentation über die unterschiedlichen Narrative und das Erinnern an den Zweiten Weltkrieg bei verschiedenen Volksgruppen wie Letten, Juden und Russen]

The Corridor. Litauen, Deutschland 1995, Regie: Sarunas Bartas [experimentelles Drama über das Alltagsleben in Vilinus]

December Heat. Estland 2008, Regie: Asko Kase [Actiondrama über die 1920er Jahre, in denen sich die junge estnische Republik gegen Versuche zunehmender Einflussnahme durch die Sowjetunion wehren muss]

Defenders of Riga. Lettland 2007, Regie: Aigars Grauba [Kriegsfilm über die Verteidigung Rigas gegen die Rote Armee im lettischen Unabhängigkeitskrieg]

Defiance – Für meine Brüder, die niemals aufgaben. USA 2009, Regie: Edward Zwick [Kriegsfilm über eine polnische Partisanengruppe in den Wäldern des Reichskommissariats Ostland]

Disco and Atomic War. Estland 2009, Regie: Jaak Kilmi [Dokumentarfilm über das Leben in der Sowjetunion, die Versuche des sowjetischen Regimes, die Gesellschaft zu kontrollieren, und den Einfluss westlicher Kultur]

Dream Team 1935. Lettland 2012, Regie: Aigars Grauba [Film über die lettische Basketballnationalmannschaft, die die erste Eurobasket im Jahr 1935 gewonnen hat]

Emilija. Litauen 2017, Regie: Donatas Ulvydas [Drama über junge Leute, die 1972 in den Straßen von Kaunas Freiheit für Litauen fordern]

Escaping Riga, Lettland 2014, Regie: Davis Simanis Jr. [Dokumentation über den jüdisch-britisch-russischen Philosophen Isaiah Berlin und den sowjetischen Regisseur Sergei Eisenstein, die ihre gemeinsamen Ursprünge in Riga erkunden]

Forest of the Gods. Litauen 2005, Regie: Algimantas Puipa [Dokudrama über einen Intellektuellen und Künstler, der zuerst von den Deutschen in einem Konzentrationslager und nach dem Krieg von den Sowjets interniert wird]

Ghetto. Deutschland/Litauen, Regie: Audrius Juzenas [Drama über den Versuch während der eingeleiteten Massenvernichtung der baltischen Juden innerhalb der litauischen Ghettos, das kulturelle Leben aufrecht zu erhalten]

Im Nebel. Deutschland, Niederlande, Weißrussland, Russland, Lettland 2012, Regie: Sergei Loznitsa [multinationaler Film über einen Mann, der 1942 der Kollaboration mit den Deutschen beschuldigt wird]

In the Crosswind. Estland 2014, Regie: Martti Helde [Drama über die Deportationen nach Sibirien 1941]

Kai apkabinsiu tave. Litauen 2010, Regie: Kristijonas Vildziunas [Drama über einen litauischen Vater und seine Tochter, die durch den Zweiten Weltkrieg getrennt wurden. Mutter und Tochter, die seither in den USA leben, versuchen 1961 ein Treffen zu organisieren]

Die Namen auf der Marmortafel. Estland 2002, Regie: Elmo Nüganen [Eine Gruppe von Gymnasiasten kämpft im estnischen Unabhängigkeitskrieg 1918–1920 gegen die Sowjetunion]

Nobody Wanted To Die. Sowjetunion 1966, Regie: Vytautas Zalakevicius [Film über die Sowjetisierung im Baltikum und die Konflikte zwischen Sowjets und den Waldbrüdern]

The Singing Revolution. USA 2006, Regie: James Tusty [Dokumentation über die Singende Revolution, die dabei half, Estland von der sowjetischen Vorherrschaft zu befreien]

The Soviet Story. Lettland 2008, Regie: Edvīns Šnore [Dokumentation über die deutsch-sowjetische Zusammenarbeit vor 1941 und die Ähnlichkeiten von Nationalsozialismus und Bolschewismus]

Stresstest für die Bundeswehr, ARD-Sendung vom 25.9.2017, http://www.ardmediathek.de/tv/Reportage-Dokumentation/ [Reportage über den NATO-Einsatz deutscher Soldaten in Litauen]

Wolfskinder. Deutschland 2013, Regie: Rick Ostermann [Film über deutsche Kinder, die nach Kriegsende von ihren Eltern getrennt wurden und sich alleine in Ostpreußen und dem benachbarten Litauen durchschlagen müssen]

Utterly Alone. Litauen 2004. Regie: Jonas Vaitkus [Schwarz-Weiß-Film über den Partisanen Juozas Lukša und seinen Kampf gegen die Sowjetunion]

Internet

(Nicht aufgeführt sind Websites gängiger Medien, Zeitungen und TV-Sender sowie die offiziellen Internetseiten von Parteien, Verbänden, Kirchen usw.)

http://www.bpb.de [Bundeszentrale für politische Bildung, mehrere Artikel und Themenhefte, auch zur Sowjetunion]
http://www.auswaertiges-amt.de
https://www.hrw.org [Human Rights Watch, u.a. Artikel zur Situation der Staatenlosen]
http://www.yadvashem.org/yv/de/index.asp [Website der Internationalen Holocaustgedenkstätte mit Artikeln über den Holocaust im Baltikum]
https://www.transparency.de [Transparency International, u.a. mit dem CPI-Index, der die Wahrnehmung von Korruption widergibt]
http://www.ikgn.de/cms/ [Institut für Geschichte und Kultur der Deutschen in Nordosteuropa]
https://www.herder-institut.de/startseite.html [Herder Institut für historische Ostmitteleuropaforschung]
http://aabs-balticstudies.org/ [Association for the Advancement of Baltic Studies]
http://www.zbsa.eu/centre?set_language=en [Zentrum für Baltische und Skandinavische Archäologie]
http://hdr.undp.org/en/content/human-development-index-hdi [Human Development Report]
http://www.nato.int/ [NATO-Website, u.a. mit Berichten über die Einsatzgruppen im Baltikum]
https://www.stat.gov.lt/en/ [Statistiken für Litauen]
http://www.estonica.org/en/ [Enzyklopädie für Estland]
http://www.stat.ee/?lang=en [Statistiken für Estland]
http://www.lettische-presseschau.de/ [Lettische Presseschau]
https://estinst.ee/en/ [Estnisches Kulturinstitut]
http://lietuvos.istorija.net/kleinlitauen/index.htm [in die Tage gekommene Seite über »Kleinlitauen« verfügt jedoch über einige wesentliche Informationen]
https://www.vu.lt/en/scientific-report-2013/study-and-research-centres/centre-for-religious-studies-and-research [Zentrum für Religionsstudien und -forschung, Vilnius]

https://www.baltdefcol.org/ [Baltic Defence College, eine militärische, gemeinsam von den drei baltischen Staaten betriebene Lehr- und Forschungseinrichtung. Hier werden Konferenzen und Seminare zu taktischen und strategischen Fragen für Soldaten und Zivilisten, v.a. der NATO-Staaten, aber auch anderer Partner, angeboten. Die Lehrsprache ist Englisch.]

https://estinst.ee/en/ [Das estnische Institut vermittelt Wissen über die Kultur Estlands]

http://mnemosyne.ee/ [Das Estnische Institut für historische Erinnerung klärt über Verbrechen totalitärer Regime auf.]

https://www.eki.ee/index.html.en [Das Institut für die Estnische Sprache ist kein Sprachlernzentrum. Vielmehr hat es sich zum Ziel gesetzt, die estnische Sprache zu regulieren.]

https://www.goethe.de/ins/ee/de/index.html [Der Ableger des Goethe-Instituts in Estland]

http://instituutit.fi/en/institutes/finnish-institute-in-estonia/ [Zusammenschluss finnischer Bildungs- und Kultureinrichtungen, mit dem Ziel, die finnische Sprache und Kultur zu verbreiten. Eine Zweigstelle des Instituts befindet sich in Tallinn]

http://www.esztorszag.hu/?langchange=en [Das Estnische Institut in Ungarn bietet Sprachkurse und eine Bibliothek an.]

https://www.tlu.ee/en/Estonian-Institute-for-Population-Studies [Estnisches Institut für Bevölkerungsforschung]

http://www.humanrightsestonia.ee/en/ [älteste Menschenrechtsorganisation Estlands]

http://www.li.lv/en [Das Lettische Institut befindet sich unter direkter Verwaltung durch das lettische Außenministerium. Sein Hauptziel ist es, zu einem positivem Image Lettlands in der Welt durch Projekte, Informationsbereitstellung und internationale Kooperation beizutragen.]

http://theatre.lv/eng/ [Das Neue Theater Institut Lettlands bietet Projekte zu zeitgenössischer Kunst an, oft auch in Kooperation mit Partnern wie dem Goethe-Institut.]

http://www.liia.lv/en/about-liia [Außenpolitischer Think-Tank, der die lettische Politik und Bevölkerung in außenpolitischen Belangen informiert und berät, u.a. durch Publikationen, Veranstaltungen und Forschung.]

https://www.lvi.lu.lv/en/contents.htm [Das Institut für Lettische Geschichte besteht seit 1936 unter wechselnden Namen.]

http://lithuanianculture.lt/?lang=en [Das Litauische Kulturinstitut ist eine gut vernetzte Einrichtung, deren primäres Ziel der Erhalt und die Förderung litauischer Kultur ist.]

http://www.truelithuania.com/ [Die nach eigenen Angaben größte englischsprachige Website zu Kultur, Geschichte, Lifestyle in Litauen.]

http://www.istorija.lt/about-us/about-the-institute/ [Litauisches Institut für Geschichte, Schwerpunkt auf litauischer Geschichte]

http://archyvas.llti.lt/archyvas/index_en.html [Das Institut für litauische Literatur und Folklore wurde 1925 in Kaunas gegründet und verfügt über ein umfassendes Tonträgerarchiv.]

https://www.jewishstudies.lt/ [Zentrum für die Erforschung der Kultur und Geschichte osteuropäischer Juden, eine 2004 gegründete akademische Institution]

http://genocid.lt/centras/en/ [Zentrum für Genozid und Widerstand Litauens. Die staatlich geförderte Institution beschäftigt sich mit Verbrechen gegen die Menschlichkeit und Widerstand gegen totalitäre Regimes in Litauen.]

http://briai.ku.lt/en/about-the-briai/ [Als Teil der Universität Klaipedias beschäftigt sich das Institut für Geschichte und Archäologie der Baltischen Region (BRIAI) mit der Erforschung der Frühgeschichte des Baltikums.]

http://www.ostpreussen.net/index.php [Die umfangreichste deutschsprachige website zu Ostpreußen, mit vielen Hinweisen zu den einzelnen Orten, zu Reise u.v.a.m.]

http://www.lemkegeschichte.de/schaaksvitte.htm [website zu Geschichte und Schicksal dreier Familien in einer Gemeinde im Samland, dies auch aus der Perspektive der nachgeborenen Kinder der Flüchtlinge]

http://www.agoff.de/ [website der Arbeitsgemeinschaft ostdeutscher Familienforscher, die Familienforschung und Regionalgeschichte historischer deutscher Siedlungsgebiete in Mittel- und Osteuropa betreibt]

Abkürzungen

A2/AD	Anti Access/Area Denial
BALTNET	Baltic Air Surveillance Network
BATRON	Baltic Naval Squadron
BIP	Bruttoinlandsprodukt
BMD	Ballistic Missile Defence
CAOC	Combined Air Operations Centre
CIA	Central Intelligence Agency
CSTO	Collective Security Treaty Organisation
EELC	Estnische Evangelisch-Lutherische Kirche
EFP	Enhanced Forward Presence
EPAA	European Phased Adaptive Approach
ERI	European Reassurance Initiative
EU	Europäische Union
GUS	Gemeinschaft Unabhängiger Staaten
HUMINT	Human Intelligence
IISS	International Institute for Strategic Studies
ISAF	International Assistance Force
ISKCON	International Society for Krishna Consciousness
KFOR	Kosovo Force
KSE	Vertrag über konventionelle Streitkräfte in Europa
KZ	Konzentrationslager
LAF	Litauische Aktivistenfront
NATO	North Atlantic Treaty Organisation
NKWD	Narodnyj kommissariat wnutrennich del (Volkskommissariat für innere Angelegenheiten)
NORDEFCO	Nordic Defence Cooperation
NRC	NATO-Russia Council
NRF	NATO Response Force
OMON	Otryad Mobilny Osbogo Naznacheniya; Sonderheit der russischen/sowjetischen Bundespolizei
OSZE	Organisation für Sicherheit und Zusammenarbeit in Europa
PfP	Partnership for Peace
RAP	Readiness Action Plan
SCO	Shanghai Cooperation Organisation
SD	Sicherheitsdienst
SHAPE	Supreme Headquarters Allied Powers Europe

SIPRI	Stockholmer Internationales Friedensforschungsinstitut
SS	Schutzstaffel
UdSSR	Union der Sozialistischen Sowjetrepubliken
UN	United Nations
VJTF	Very High Readiness Joint Task Force

Personenregister

Adamkus, Valdas 235
Adam von Bremen, Kleriker, Chronist 19
Adolf Friedrich, Herzog von Mecklenburg 82
Albert von Bekeshoveden, Bischof von Riga 23, 37, 262
Albrecht Friedrich, Herzog von Preußen 58
Albrecht, Markgraf von Brandenburg-Ansbach 37, 43, 58
Alexander II., Kaiser des Russischen Reiches 55
Alexius II., Patriarch von Moskau 168
Algirdas, Großfürst von Litauen 27
Arājs, Viktor 126, 270
al-Assad, Baschar 208
Balk, Hermann 33, 38
Bangerski, Rudolf 114
Barons, Krišjānis 172
Baryshnikov, Mikhail 175
Bermondt-Awalow, Pawel M. 85, 89
Berzins, Andris 197
Braun, Otto 105
Brazauskas, Algirdas 143
Čakste, Jānis 82
Celminš, Gustav 112, 114
Chruschtschow, Nikita 270
Čiurlionis, Mikalojus 179
Dankers, Oskar 112 f.
Drechsler, Otto 112
Fölkersahm, Hamilkar von 70
Friedrich II., röm.-dt. Kaiser 33
Friedrich Wilhelm, der Große Kurfürst, Kurfürst von Brandenburg 48, 54, 58 f., 64
Friedrich III., Kurfürst von Brandenburg, siehe Friedrich I.
Friedrich IV., König von Dänemark 59, 61
Friedrich I., König in Preußen 58 f.
Friedrich II., der Große, König in/von Preußen 33, 64, 65
Friedrich, Prinz von Sachsen, 36. Hochmeister des Deutschen Ordens 37
Friedrich August I., Kurfürst von Sachsen, als August III. König von Polen-Litauen 59, 61
Friedrich IV., Herzog von Schleswig-Holstein-Gottorf 61
Gediminas, Großfürst von Litauen 26
Godmanis, Ivars 235
Goltz, Rüdiger von der 84
Gorbatschow, Michail 12, 138, 141–143, 203, 218, 270
Gregor IX., Papst 33, 37
Grybauskaitė, Dalia 190, 197
Halder, Franz 108

Hamann, Joachim 124
Hedwig von Anjou, »König« von Polen 27
Heerse, Johann Waldhaus von 43
Heinrich der Lette, dt. Chronist 21
Herder, Johann Gottfried 172
Hermann von Salza, 4. Hochmeister des Deutschen Ordens 38, 57
Heydrich, Reinhard 125, 268
Himmler, Heinrich 111 f., 114
Hindenburg, Paul von 76, 101
Hitler, Adolf 105, 108, 110 f., 113, 115, 117, 120, 125, 188
Höß, Rudolf 89
Hussein, Saddam 143
Ilves, Toomas Hendrik 197, 235
Iwan IV., der »Schreckliche«, Zar von Russland 43, 45, 47
Iwanow, Sergei 216
Jach, Michał 238
Jäger, Karl 124
Jakob (Jakob Kettler), Herzog von Kurland 48 f., 52
Janukowytsch, Wiktor 208, 241 f.
Jelzin, Boris 196, 205, 218
Joachim Friedrich, Kurfürst von Brandenburg 58
Jogaila siehe Władysław II. Jagiełło
Johannes Paul II., Papst 165
Jones, Paul W. 238
Judenitsch, Nikolai 85
Juschtschenko, Wiktor 235
Kaczyński, Lech 235
Kalanta, Romas 270
Kant, Immanuel 101
Karl X. Gustav, König von Schweden 54
Karl XI., König von Schweden 59
Karl XII., König von Schweden 59, 61–63
Kasimir II. Jagiełło, König von Polen 29
Kęstutis, Großfürst von Litauen 27
Kettler, Gotthard 45
Koch, Erich 106 f.
Konrad I., Herzog von Masowien 57
Krastkalns, Andrejs 79
Kremer, Gidon 139
Kubiliunas, Petras 116
Kukliansky, Faina 189
Laidoner, Johan 83 f., 94
Landsbergis, Vytautas 179
Leeb, Wilhelm Ritter von 110
Lenin, Wladimir Iljitsch 84, 91, 178
Lennon, John 178
Leyen, Ursula von der 190
Litzmann, Karl 110
Ludendorff, Erich 76
Ludwig von Erlichshausen, Hochmeister des Deutschen Ordens 36
Luther, Martin 58
Macierewicz, Antoni 238
Mäe, Hjalmar 110
Mazepa, Iwan 61
Medwedew, Dmitri 212

Meinhard, Bischof der Liven 23
Meri, Lennart 179
Milošević, Slobodan 206
Mindaugas I., König von Litauen 24, 263
Mindaugas II. siehe Wilhelm von Urach
Nestor von Kiew, ostslaw. Mönch und Chronist 19
Newski, Alexander 30 f.
Niedra, Andrievs 84
Nikolaus II., Kaiser des Russischen Reiches 79, 91
Obama, Barack 207
Ots, Georg 139
Otto von Dänemark, Herzog von Lolland und Estland 41
Pärt, Arvo 139, 175
Päts, Konstantin 82, 84, 94, 178
Papen, Franz von 105
Paprocki, Bartosz 32
Pauls, Raimonds 139, 179
Peter I., der Große, Kaiser des Russischen Reiches 59, 61, 64, 218, 264
Phillip von Schwaben, röm.-dt. König 262
Piłsudski, Józef 87, 93
Pitka, Johan 226
Plechavičius, Povilas 117
Plinius d. Ältere 18
Podnieks, Juris 175
Poska, Jaan 79 f.
Prabhupada, Sri 163
Putin, Wladimir 196, 202, 204, 208, 216, 218 f., 234, 253
Rasmussen, Anders Fogh 197
Renteln, Theodor Adrian von 116
Rimbert 19
Robertson, George 205
Röhm, Ernst 89
Roques, Franz von 110
Roßbach, Gerhard 89
Rothko, Mark 178
Rust, Mathias 136
Saakaschwili, Micheil 206, 250
Salman, Elijah Ben Salomon 161
Sargsjan, Sersch 244
Sarkissjan, Wasken 245
Schewardnadse, Eduard 250
Schoigu, Sergei 236
Sigismund II. August, König von Polen 45, 57
Sigismund III. August, König von Polen 50
Sikorski, Radosław 234, 237
Škirpa, Kazys 114, 116
Smetona, Antanas 93, 104, 178
Smetona, Antonas 81, 94, 104, 178
Stalin, Josef W. 90, 108 f., 120, 130, 132, 136, 270
Steinmeier, Frank-Walter 189
Stephan Báthory, König von Polen-Litauen 53
Stučka, Pēteris 84
Sutzkever, Abraham 126
Švitrigaila, Großfürst von Litauen 27
Tacitus, röm. Historiker 18
Trump, Donald 209, 259

Ulmanis, Kārlis 82, 84, 88, 94, 177 f.
Uluots, Jüri 110 f.
Veiss, Voldemars 112
Venclova, Tomas 139, 188
Vīķe-Freiberga, Vaira 179
Voldemaras, Augustinas 81, 86
Vytautas, Großfürst von Litauen 27
Waldemar II., König von Dänemark 23, 41, 57
Waszczykowski, Witold 238
Werefkin, Marianne von 66
Werner von Orseln, 17. Hochmeister des Deutschen Ordens 34
Wilhelm von Modena, päpstl. Legat 33
Wilhelm (II.), Herzog von Urach, Graf von Württemberg 81
Winrich von Kniprode, 22. Hochmeister des Deutschen Ordens 35 f.
Wittrock, Hugo 112
Władysław II. Jagiełło, König von Polen-Litauen 22, 27, 263
Wolter von Plettenberg, Landmeister in Livland 42 f.
Work, Robert 238
Wulfstan von Haithabu, angelsächs. Reisender 21
Žalakevičius, Vytautas 139
Zappa, Frank 178
Żeligowski, Lucjan 87
Žemaitis, Jonas 132